금융은 어떻게 세상을 바꾸는가

금융은 어떻게 세상을 바꾸는가

2014년 7월 11일 초판 1쇄
2021년 3월 25일 초판 4쇄

지은이 | 이종태

편   집 | 김희중, 이민재
디자인 | 이창욱
제   작 | 영신사

펴낸이 | 장의덕
펴낸곳 | 도서출판 개마고원
등   록 | 1989년 9월 4일 제2-877호
주   소 | 경기도 고양시 일산동구 호수로 662 삼성라끄빌 1018호
전   화 | (031) 907-1012, 1018
팩   스 | (031) 907-1044
이메일 | webmaster@kaema.co.kr

ISBN 978-89-5769-237-0 03320
ⓒ 이종태, 2014. Printed in Goyang, Korea

금융은
어떻게 세상을 바꾸는가

이종태 지음

개마고원

머리말

오늘 당신은 신문에서 이런 문장을 읽었다.

글로벌 미국 국채 수요가 공급을 크게 앞지르면서 국채 금리를 지난 1년 동안 최저 수준으로 떨어뜨렸다. (…) 국채 금리의 하락은 암울한 경제 전망을 반영한다.

그런데 이 문장이 쉽게 이해가 가시는지? 경제학을 조금 아는 독자라면 '수요-공급의 원칙'을 떠올리고는 '국채 수요가 공급을 크게 앞지르면서'라는 표현에서 '아하! 국채의 가격이 올랐겠다'라고 짐작할 수 있을 것이다. 그런데 뜬딴지같이 국채의 금리가 떨어졌다니? 더욱이 국채 금리의 하락이 왜 암울한 경기 전망을 나타낸다는 거지?

이 문장을 이해하지 못했다고 해서 절대 기죽으실 필요는 없다. 사실을 말하면, 이 문장을 확실하게 이해하는 사람은 한국에서 몇 퍼센트 이하다. 국채 같은 간단한 금융 제도도 충분히 이해하지 못하는 사람들이 대다수인 것이다. 과감히 고백하건대 필자도 경제학과대학원에서 석사학위까지 받았지만, 10여 년 전까지만 해도 국채 같은 기본적 금융 개념을 많이 헷갈렸다. 더 극적인 사례도 있다. 지난 2008년 미국의 거대 투자은행 리먼브러더스의 파산으로 금융위기가 전세계로 확산되었을 때 취재를 하는 언론의 많은 경제부 기자들은 막상 '투자은행'이 뭔지 잘 몰랐다. '세계금융위기의 원인은 거대 투자은행의 탐욕에서 비롯되었다'는 주장이 무슨 유행어처럼 번지던 상황에서도 그랬다. 심지어 주요 기관 수장까지 지낸 유명 교수와 사설 경제연구소 소장이 국채의 기본 개념만 알아도 할 수 없는 이야기를, 공개적으로 보도자료까지 돌리며 주장하는 것을 보고 아연실색한 경험도 있다.

그러나 금융은 우리가 그냥 모르고 살기에는 너무나 중요한 문제다. 최근 수많은 예금자들이 피해를 입으면서 큰 이슈가 되었던 '저축은행 사태'만 해도, 시민들이 '후순위 채권' 같은 개념을 이해하지 못해 속아 넘어간 안타까운 경우다. 만약 약간의 노력으로, 우리 사회생활 곳곳에 '은폐된 지뢰'처럼 놓인 위험들을 피할 수 있다면, 공부하지 않을 이유가 없지 않겠는가. 괜히 어렵다고 잘 모르고 있다가는, 금융의 원리를 꿰뚫고 있으며 이를 악용해서 큰 돈을 당길 줄 아는 '녀석'들에게 이용당하기 일쑤다. 이런 녀석들은 원래 돈이 많은 데다 금융에 대해 잘 알고 머리 잘 쓰는 놈들이라 법까지 잘 피해 나간다.

오늘날 금융은 상상도 못하는 방법으로 우리의 일상생활에 깊숙이 들어와 있다. 설사 은행이나 증권사에 드나들지 않는 사람이라고 해도 마찬가지다. 우리들 한 사람 한 사람의 미래는 이미 한국을 넘어 세계 금융시장의 움직임과 뗄 수 없게 얽혀 있다. 예컨대 우리가 내는 세금이나 연금은 전세계 곳곳의 국채나 주식에 투자되고 있다. 금융은 이미 대출이나 주식투자와 관련된 문제만이 아니다. 언뜻 보면 금융과 전혀 상관없는 현상들이 사실은 금융의 원리에 따라 이뤄지고 있다. 혹 줄곧 흑자를 내는 기업이 왜 그렇게 정리해고를 못 해서 안달인지 궁금했던 적이 없는가? 또 시민들이 그토록 두려워하고 반대하는 '공기업 민영화'나 '공공 서비스 영리화'를 정부가 끊임없이 시도하는 이유는 무엇일까? 일자리 불안이나 공공시설 민영화 등은 우리 삶에 엄청난 영향을 미치지만, 금융(과 그 배후의 관계자들)을 모르면 그 사건의 본질을 제대로 이해할 수 없다. 그러면 그와 관련해서 올바른 정치적 선택도 불가능할 것이다.

이처럼 금융에 무지無知하기 때문에 '기분 나쁘지만 똑똑한 녀석'들에게 속고 살아가야 한다면 너무 억울하지 않은가? 금융이라는 복잡하고 낯선 영역을 어느 정도는 이해해야, 어떤 금융상품 또는 어떤 금융정책이 자신에게 이익인지 불이익인지 알고, 작게는 자신의 경제생활에, 크게는 정치적 선택에 그 지식을 활용해나갈 수 있을 것이다. 이쯤에서 필자가 좋아하는 일본 드라마 〈드래곤 플라이〉(한국에서는 〈공부의 신〉이라는 제목으로 리메이크됐다)에 나오는 대사 한 구절을 인용해본다.

사회에는 룰rule이 있다. 그 속에서 살아가지 않으면 안 된다. 그런데 그 룰이라는 건 모두 머리 좋은 놈들이 만드는 거야. 무슨 뜻인가 하면, 그 룰은 전부 머리 좋은 놈들이 자신에게 유리하게 만들어놓은 것이라는 이야기다. (…) 당신들, 이대로라면 평생 속고만 산다. (…) 속지 않으려면, 손해 보고 살지 않으려면 당신들, 공부해!

금융은 사실 어려운 분야가 아니다. 글의 처음에 사례로 든 문장 정도는 국채에 대한 몇 가지 지식만 습득하면 바로 이해할 수 있다. 독자 여러분이 지금 앞에 있다면 도표나 도식 같은 것 없이 15분 정도의 이야기로 충분히 이해시켜드릴 수 있을 만큼 쉽다! 금융에 대해서 너무 겁먹을 필요가 없다. 빅뱅이나 양자 물리학, 유전자의 구조 따위를 알려면 상당히 체계적인 독서와 시간이 필요하다. 반면, 금융과 관련된 어렵고 복잡해 보이는 현상이나 용어 중 상당 부분은 의외로 쉽다.

물론 시중엔 금융과 관련된 자료가 엄청나게 많이 나와 있다. 인터넷에서도 쉽게 찾을 수 있다. MBS, 커버드본드, 투자은행 같은 금융 용어를 검색하면 실로 많은 설명들이 나온다. 그러나 그 설명이 참 어렵다. 금융 전문가가 자신이 아는 개념을 복습하는 경우라면 모르겠으나 원래 그 개념을 모르는 사람이 읽고 새롭게 이해하기엔 어림도 없다. 책이나 신문의 경우도 비슷하다. '국채 수요가 많아져서 금리가 내려간다'면서 어떤 이유로 그렇게 되는지에 대해서는 빠뜨리고 지나가는 경우가 많다. 아마 그 과정이 '너무 뻔하기' 때문일 것이다. 그러나 금융을 잘 모르는 일반 독자들에게 필요한 것은 그 '너무나 뻔한 과정'이다. 필자는 이 책을 금융이라고는 대출과 이자 정도만 알고 있는 일반 독자들이 금융의 작동 원리를 이해할 수 있게끔 하고자 썼다.

어떻게 보면 이 책은, 금융을 잘 몰랐던 필자가 지난 10여 년 동안 금융을 조금씩 알게 되었던 과정을 기록한 것이다. 필자는 직업이 기자인 탓에 현실의 어떤 사건을 취재하고 이해나가는 과정에서 금융 문제와 부딪히게 되는 경우가 많았다. 그래서 '금융을 조금씩 알게 되는' 과정은 언제나 당대의 어떤 사건을 취재하고 쓰는 작업과 일치했다. 금융을 모르면 기사를 쓰기에도 곤란했기 때문에 관련 공부를 할 수밖에 없었다. 그러다 보니 이 책은, 실제 사건의 구체적 맥락을 통해 금융을 풀어내는 형식을 취하고 있다.

예컨대 1997년 외환위기 당시엔 '기업 해외매각'으로 난리였는데, 필자는 '기업을 해외에 판다는 것'이 무엇을 의미하는지조차 당시엔 잘 이해할 수 없었다. 이게 결국 '금융 문제'라는 것 자체를 몰랐다. '빌려주는 것(대출)'과 '투자'가 아주 다르다는 기초적인 금융지식 역시 외국인 투자자(주주)들과 한국 기업들 간에 발생한 이런저런 사건들을 취재하면서 비로소 이해할 수 있었다. 독자 여러분 역시, 중국의 마오쩌둥 전 주석이 벌인 코미디 같은 '제철산업 육성 전략'을 읽으면, '외국자본'이 무엇이고 왜 문제가 되는지 좀 더 실감하실 수 있을 것이다. 스티브 잡스 사후의 애플 상황을 읽어보시면, 이른바 '주주자본주의'가 무엇인지 그리 어렵지 않게 이해하실 수 있을 것이다. 일본의 장기 불황을 통해, '물가가 계속 내려가는' 어떻게 보면 서민 입장에서는 바람직한 현상(디플레이션)이 왜 국민경제에 치명적이라고 하는지 그 내막을 들여다보실 수도 있겠다. 미국의 양적완화에 관한 설명을 따라가다 보면 자연스럽게 국채와 국가재정에 대해 복합적으로 알게 될 것이다. 지난 2012년 세상을 떠들썩하게 만들었던 서울지하철 9호선의 '통행료 기습

인상 시도 사건' 부분에서는, 민영화를 통해 금융자본이 어떻게 이익을 거두는지 파악할 수 있다.

　이 책의 첫머리는 금융경제 체제를 이해해나가기 위한 첫걸음으로 썼다. 금융을 이해하는 데 필요한 핵심 개념을 전하기 위해 썼지만, 본문 중에서 실제 사건들을 설명해나갈 때도 다루고 있는 내용이니 그냥 넘어가고 책을 읽기 시작해도 된다. 책을 읽는 중이나 다 읽고 나서 개념 정리를 위해 봐도 괜찮을 것이다. 혹 바쁘신 분은 그 부분만 읽어도, 금융이 과연 어떤 것인지 대략은 감을 잡을 수 있을 것이다.

　1부는 금융이 경제와 사회의 중심이 된 오늘날의 시스템이 어떻게 형성되었는지에 대한 이야기다. 어떻게 하여 금융이 '세계의 왕'이 되고 현대사회의 대다수가 금융으로부터 영향을 받게 되었는지 과정을 설명해놓고 있다. 2부는 금융자본이 현실에서 어떤 일들을 하고 있느냐에 대한 구체적인 이야기다. 현실에 나타난 금융자본주의에서는 승자와 패자가 분명히 나뉘고 있다. 애플과 맥쿼리인프라가 금융을 잘 이용한 승자라면 최신 아이폰을 만들면서도 낮은 임금을 받는 폭스콘 노동자와 민영화된 부실 지하철을 이용하는 시민들은 패자다. 이 이야기들은 투자에는 관심이 없는 사람들도 금융을 알아야 하는 이유를 말해준다. 3부는 2008년 세계금융위기 이후의 이야기다. 금융자본주의 체제는 이후로도 계속 지속될 수 있을까? 우리나라에 큰 영향을 미치는 미국·일본·중국을 중심으로 경제위기에 대한 각국의 대응과 앞으로의 전망을 살펴봤다.

필자가 이 책을 읽어주셨으면 하고 바라는 독자는, 금융을 거의 모르는 분들이다. 금융을 잘 몰랐던 필자가 금융을 조금씩 이해해 나간 경험대로 썼기 때문에, 독자 여러분도 흥미와 현장감을 느끼며 읽어나갈 수 있을 것이다. 설명의 편의와 쉬운 이해를 돕기 위해 말도 안 되는 수치와 유치한 가정을 동원하기도 했는데(그런 부분에는 '비현실적인 가정'이라는 단서를 붙이긴 했다) 이에 대해서는 독자 여러분의 혜량을 부탁드린다. 한편 이 책에 나오는 여러 실제 사건들엔 불가피하게 필자의 가치판단이 들어가 있다. 가능하시다면, 필자의 가치판단에 주목하기보다 금융을 쉽게 이해하는 데 필요한 예화로, 그 사건들을 읽어주시기 바란다. 필자는 '금융의 강화'에 상당히 비판적 입장을 취해왔으며, 이 사실을 미리 알려드리는 것이 이른바 '페어플레이'가 아닌가 생각한다.

끝으로 문외한이었던 필자가 금융을 주제로 책까지 낼 수 있게 된 것에 대해 이찬근 인천대 무역학과 교수께 이런 형식으로나마 감사의 말씀을 드리고 싶다. 1997년 IMF사태 이후 사실상 스승으로 모셔온 이찬근 교수는 때론 친절한 격려로 혹은 은근한 학습 강요와 사정없는 욕설(나름 입이 거친 필자로서도 한수 배웠다!)로 우둔한 필자를 금융이란 영역에 입문하게 해주셨다. 선생님, 지금도 얼마나 고생이 많으십니까?

2014년 7월

이종태

차례

'금융 입문'을 위한 디딤돌 정보

미국 소설가 댄 브라운의 베스트셀러『다빈치 코드』로 잘 알려진 서구 비교秘敎 전통의 '비밀'이 있다. "예수는 십자가에서 죽지 않았다"이다. 이에 따르면 예수는 막달라 마리아와 함께 유럽으로 도주해 프랑스 메로빙거 왕조의 시조가 되었다고 한다. 마이클 베이전트 등의『성혈과 성배』(1970년대에 출간된 이 책은『다빈치 코드』등 서구 비교 전통을 파헤친 수많은 소설과 연구서의 원조 격인 르포 문학이다)는 이 '비밀'을 둘러싼 서구의 '역사적 권력 투쟁'을 추적한 책이다. 베이전트는 '예수가 십자가에서 죽지 않았다'는 '비밀'이야말로 서구 역사에서 "가장 소름끼치는 지식"이었을 것이라고 말한다. 4세기 초 로마 황제 콘스탄티누스가 기독교를 공인한 이후 서구 봉건 권력구조의 가장 밑바닥을 지탱했던 것이 바로 '예수의 죽음과 부활에 대한 믿음'이었으니까. 아우구스티누스나 아퀴나스 등 중세 신학자들이 한 일은 이런 믿음과 그리스 철학을 결합시켜 당대의 지배-피지배 권력관계를 학문적으로 정당화한 것이다. 민중들은 모든 권력의 원천인 하나님으로부터 교황, 왕, 귀족으로 내려오는 지배권을 공기처럼 자연스러운 것으로 받아들였다.

중세의 믿음과 현대의 믿음

그렇다면 오늘날 이 세계(중세나 서구가 아니라)의 가장 밑바닥에서 우리의 생각과 행위를 제어하고 있는 '믿음'은 과연 무엇일까. 결론부터 말한다면, "국가와 산업, 개인, 그리고 국제 사회가 '돈을 빌려주거나 투자할 수 있는 자'의 요구에 부응해야 세계가 돌아간다"는 것이다. 다만 여기서 '돈을 빌려주거나 투자할 수 있는 자'는 단지 부자만 가리키는 개념이 아니다. 은행에 1000만 원의 예금이 있는 당신, 3000만 원 상당의 주식을 보유한 그녀가 모두 해당된다. 이렇게 부자들뿐 아니라 보통의 대중들까지 이해관계의 망으로 포섭하고 있기에 '현대 사회의 믿음'은 실제로 세상을 움직이는 원리로 자리 잡을 수 있었으리라.

이 '현대 사회의 믿음'은 흔히 '금융자본주의'라고 불린다. 어떻게 보면 금융자본주의는 '돈을 빌려주거나 투자할 수 있는 자' 측의 요구를 제도화한 것이다. 아주 오래전에 나타난 것도 아니다. 이 믿음은 1950년대부터 서서히 형성되었고, 1980년대에 급성장해 '진리'로 등극했으며, 2008년 세계금융위기로 한풀 죽었지만 앞으로도 한동안 위세를 이어갈 지식 체계이며 이데올로기다. 이 지식 체계를 이해해야, 세계의 여러 정부가 왜 국민들의 엄청난 반발을 무릅쓰고 민영화를 강행하는지 혹은 금융·무역 자유화와 노동시장 유연화, 부유층에 유리한 세제 개편을 추진하는지 간파할 수 있다. 금융자본주의는 결국 금융 측(돈을 빌려주거나 투자할 수 있는 자)의 논리에 맞춰 세상을 바꾸고 유지하는 것이 효율적일 뿐 아니라 윤리적으로도 옳다는 정치·경제 사상이며 실천인 것이다.

그러나 이 지식 체계와 그에 따른 금융 질서를 이해한다는 것은 쉬운 일이 아니다. 좋은 일화가 있다.

1980년대 중반의 스웨덴. 영민하기로 이름 높았던 총리 올로프 팔메(사민당)는 당시 재무부장관에게 '외환 시장 자유화'를 끈질기게 요구당하고 있었다. 끝내 팔메가 할 수 있었던 일은 고작 머리를 감싸 쥐며 이렇게 말하는 것이었다. "원하는 대로 하시오. 나는 지금 상황을 도무지 이해할 수 없소." 그러나 팔메의 이런 '몰이해'는 결국 국가적 재앙으로 이어진다. 이때 단행된 외환 자유화는 1990년대 초 스웨덴 외환위기의 주요 원인 중 하나가 된다.

이 부분은 이런 체계를 이해해나가기 위한 첫걸음이다. 대출이 뭐고 투자가 뭔지, 상업은행과 투자은행은 어떻게 다른지, 채권과 주식의 차이는 뭔지, 가끔 신문 지상에 등장하는 금융기관 자본규제나 BIS는 무엇이고 왜 필요한지, 이후의 내용을 이해하기 위해 꼭 짚고 넘어가야 할 부분만 골라 가급적 평이하게 서술하고자 한다. 이는 현대 사회의 믿음인 금융이란 이데올로기를 이해하기 위한 디딤돌이 될 수 있을 것이다.

우선 금융에 대하여

어떤 금융인은 "돈은 아름다운 꽃"이라고 했다. 그러나 돈이 '꽃'이 되기 위해서는 우선 돌고 돌아야 한다. 돈의 용도는 단지 상품을 사는 것(돈과 상품의 교환)에 그치지 않는다. 좀 낯설게 들리겠지만, 최근 들어 '돈의 주된 사용처'는 이미 상품구입이 아니라 '다른 돈(금융상품)'을 사는 것이다. 좀 더 엄밀하게 표현하자면 '미래의 돈'을 사는 것이다. 세계적 차원에서는, '다른 돈'을 사기 위한 돈의 규모가 상품구입에 사용되는 돈보다 수십 배나 많다.

그렇다면 '돈으로 돈(금융상품)을 산다'는 것은 무엇을 의미하는가. 자신의 돈을 다른 이에게 사용하도록 허용하고 그 대가를 취하는 것이다. 예컨대, 자신의 돈으로 주식을 사서 해당 기업이 그 돈을 투자하도록 하고 이후에 배당금을 얻을 수 있다. 혹은 은행에 적금을 해서 일정한 기간 뒤에 원금과 이자를 챙길 수 있다. '은행에 적금을 하는 것' 역시 '일정한 기간 뒤 약속한 이자를 주겠다'는 '약속', 즉 '금융상품'을 사는 것이다. 이처럼 돈으로 돈을 사서 수익을 취하는 경제활동을 '금융'이라고 할 수 있다. 여기서 돈으로 사는 '다른 돈'은 금융상품이라고 불리며, 제각기 크든 작든 혹은 확실하든(예금) 불확실하든(주식 등), '미래에 실현될 수익'을 약속하고 있다. 어떻게 보면 금융은 '현재의 돈'을 '미래의 돈(수익)'과 바꾸는 행위인 것이다.

이처럼 수많은 사람들이 자신의 '여윳돈'을 '자금 수요자'에게 사용하도록 기꺼이 허용했기 때문에 반도체나 자동차처럼 수조 원에서 수십조 원이 드는 산업도 가능했다. 금융이 발전하지 않았다면 현대의 산업사회는 존재할 수 없었을 것이다. 그러나 이처럼 '여윳돈'을 '괜찮은 자금 수요자'에게 전달하는 일은, 곰곰이 따져보면, 결코 쉽지 않다. 여기서 '괜찮은 자금 수요자'란, '내 돈'을 생산적인 부문에 사용하고 열심히 일해서 올린 수익을 '나'에게 돌려줄 수 있는 사람이다. 그러나 지금 여윳돈을 제공하려는 자금 공급자는 자금 수요자에 대해 잘 알 수 없다. 어릴 때부터 같이 놀고 공부하며 자란 친구라면, 그가 성실한지 약속을 잘 지키는지 혹은 총명한지 자연히 알고 있을 것이다. 그러나 금융시장에서 우연히 만난 이가 성실한 사람인지 게으른 사람인지, 혹은 최악의 경우엔 사기 쳐서 돈 떼먹을 사람인지 쉽사리 알 수 없다. 사실 이런 사항을 가장 잘 아는 사람은 자금 수요자 본인이다. 또한 설사 성실해 보이는 자금 수요자에게 '내 돈'을 제공했다 해도, 이후에 그가 변심할 수도 있고 혹은 대박 칠 수도 있지만 극히 위험한 사업으로 뛰어들어 '내 돈'을 날려버릴 수도 있다. 그래서 돈을 빌려준 뒤에도 그 사업을 감시할 필요가 있다.

지금까지의 내용을 경제 용어로 '정보 비대칭의 문제'라고 한다. '자금 공급자'가 '자금 수요자'를 잘 모르기 때문에 발생하는 문제다. 이런 정보 비대칭의 문제가 해결되지 않는다면 누구도 다른 사람에게 돈을 빌려주려 하지 않을 것이다.

어떻게 보면 은행 등 금융시스템이 존재하는 가장 큰 이유는, 바로 이 '정보 비대칭 문제'를 최소화해서 서로 돈을 제공하고 제공받는 일을 원활하게 하기 위해서다. 예컨대 은행은 전문적인 역

량을 투여해 어떤 기업이 건실하며 어떤 기업은 빚을 상환할 능력
도 없다는 '정보'를 보유(생산)할 수 있다. 당신이 은행에 돈을 맡
기면, 은행은 그 돈을 기업에 대출하기 전에 해당 기업이 어떤 곳
인지를 먼저 검증하고 대출 여부를 결정한다. 또한 당신이 은행을
거치지 않고 주식시장을 통해 '직접' 기업에 돈을 제공하는 경우도
있다. 이럴 때 국가는 회사법 등으로 기업이 재무 등 내부 정보를
공개하도록 강제한다. 당신이 해당 기업에 대해 무지하지 않도록
하기 위해서다. 기업의 사업 내용을 감시하도록 이사회를 둘 것도
법으로 정해놓았다. 여기서도 은행이 기업에 대한 정보를 생산해서
투자자들에게 공급한다. 이처럼 민간과 정부가 함께 '정보 비대칭'
을 해소하기 위해 각각의 역할을 하고 있는 것이다.

이런 금융시스템을 이해하려면 우선 '자금 공급자'가 '자금 수요
자'에게 어떤 경로로 돈을 제공하는지부터 살필 필요가 있다. 돈의
경로는 크게 '간접금융'과 '직접금융'으로 나눌 수 있고, 각 영역에
서 각각의 금융기관들이 활동한다.

간접금융

간접금융은, '자금 공급자'가 '자금 수요자'에게 금융중개기관
을 통해 돈을 제공하는 경우다. 여기서 금융중개기관은 '상업은행
Commercial Bank'이다. '자금 공급자'인 가계·기업·정부 등은 은행에
빌려주고(예금), 이자(은행 입장에서는 수신금리)를 받는다. 은행은
이렇게 모은 예금을 다시 기업·가계 등에 빌려주고(대출) 이자(은행

입장에서는 여신금리)를 받는다. 당연히 여신금리가 수신금리보다 높기 때문에 은행은 수익(예대마진: 예금으로 모은 돈을 대출해주고 얻는 이익)을 얻을 수 있다. 지금까지의 과정을 총체적으로 보면, 자금 공급자가 은행을 통해 '간접적'으로 자금 수요자에게 빌려준 것이다. 그래서 간접금융이라고 한다.

그런데 여기서 이루어지는 일은 빌리고 빌려주는 것(대출)이다. '빌려준다'는 것은 일정한 기간 이후 다시 원금과 이자를 돌려받는다는 의미다. '빌린다'는, 일정한 기간 이후 원금과 이자를 상환한다는 것을 의미한다. 여기서 '빌리다'를 강조하는 이유가 있다. 자금 공급자가 자금 수요자에게 돈을 제공하는 방법은 크게 두 가지인데, '빌리다'는 그중 하나에 불과하기 때문이다. 다른 하나인 '투자'는 '직접금융' 부분에서 설명한다.

그리고 간접금융에 등장하는 '상업은행'은, '상업활동에 필요한 은행'이란 의미가 아님을 기억해주시기 바란다. 상업은행은 예금수신과 대출을 본업으로 하는 업종인데, 한국에서는 보통 '은행'이라고 부른다. '빌려주는 것'이 자금을 제공하는 방법 중 하나인 것과 마찬가지로, '상업은행' 역시 은행 중 한 종류에 불과하다. 상업은행과 대비되는 다른 종류의 은행은, 직접금융 부문에서 설명할 투자은행Investment Bank이다.

상업은행

상업은행의 주된 업무는 예금을 받고 이를 기반으로 기업·개인 등에 대출해서 예대마진(수신금리와 대출금리의 차액)을 얻는 것이다. 예금을 받는다는 것 자체가 상업은행의 가장 큰 특권이고 이를 위해서는 엄격한 심사를 거치고서 '수신 면허'를 받아야 한다. 예컨대 투자은행·캐피털·보험사·자산운용사·증권사 등 다른 금융기관은 예금을 받을 수 없다. 또한 상업은행은 만에 하나 은행이 도산해 예금을 돌려줄 수 없게 되는 경우 국가가 일정한 한도 내에서 대신 지급해주는(한국의 경우는 5000만 원) 예금보험에 들어가 있다. 이런 특권을 허락받는 대신 상업은행은 다른 금융기관에 비해 강도 높은 규제를 받는다.

정부가 제공하는 예금보험은, 일반 시민들에게 안심하고 돈을 맡기라는 일종의 권유다. 정부가 이런 특권을 제공하는 이유는, 상업은행이 그만큼 사회적으로 중요한 기관이기 때문이다. 상업은행은 그 자체가 수많은 사람들로부터 돈을 빌리고(예금) 빌려주는(대출) 사회적 신용네트워크의 핵심에 자리 잡은 기관이다. 이런 상업은행이 예금을 돌려주지 못하게 되면 모든 예금자들이 앞다퉈 은행으로 쇄도해 돈을 인출할 것이고(뱅크런), 이는 신용네트워크의 마비로 이어져 국가경제를 침몰시킬 것이다.

통화와 현금

또 하나의 중요한 이유는, 상업은행은 국가경제의 동맥이라고 할 수 있는 통화를 창출하는 기관이라는 것이다. 독자들은 보통 통화라고 하면 일단 현금을 떠올릴 것이다. 그런데 이 현금은, 중앙은행이 발행하는 일종의 어음이라고 할 수 있다. 정부의 정치적 권위를 기반으로, 현금이라는 종이쪽지에 가치를 부여한 것이다. 현금을 가져가면 해당 가치에 걸맞은 물건을 살 수 있다고 국가가 보증한다. 그러므로 이 현금(중앙은행권)을 보유한 사람은 일종의 채권자다. 채무자는 그 돈을 발행한 중앙은행이다.

그러나 현금(중앙은행권)만이 통화일까? 그렇지 않다. 상품을 매입하거나 빚을 갚거나 거래에 사용할 수 있다면, 그것을 모두 통화혹은 돈이라고 부를 수 있다. 어떻게 보면 '지불능력' 또는 '결제능력' 자체가 통화라고 할 수도 있을 것이다. 가장 일상적인 사례로는 전자거래 시스템을 들 수 있을 것이다. 온라인으로 상품을 구입할 때 현금을 제시할 필요는 전혀 없다. 은행에 예금 잔고가 있다면 그 사실만으로도 얼마든지 물건을 살 수 있다. 다시 말하자면 '통화량'은, 중앙은행이 찍어 사회로 내보낸 현금(중앙은행권)의 총량(화폐 발행액)이 아니다. 일반적으로 통화량이 화폐발행액보다 훨씬 많다. 물론 화폐발행액이 많아지면 통화량도 늘어날 수 있다. 그러나 여기서 화폐발행액은 일종의 마중물에 불과하다. 이 마중물을 이용해서 얼마나 많은 물을 퍼낼 것인지는 '상업은행'에 달려있다. 이제 상업은행이 어떻게 통화를 늘리는지 살펴보기로 하자.

통화량 늘리기와 지급준비율

중앙은행이 현금을 찍어내면 일단 시중으로 내보내야 한다. 그런데 그냥 주는 것이 아니다. 상업은행이 보유한 증권(국채 등)을 사들이거나 혹은 대출해준다. 중앙은행이 상업은행의 증권을 매입하면, 중앙은행은 증권을, 상업은행은 현금을 가지게 된다.

이제 중앙은행이 민간의 A은행으로부터 100만 원 상당의 국채를 매입했다고 가정하자. 그 결과 A은행은 현금 100만 원을 보유하게 되었다. A은행은 이 돈을 ㄱ씨에게 대출한다. 그리고 ㄱ씨는 100만 원을 다시 B은행에 예금했다고 치자.

그런데 어느 나라나 상업은행에 대해서는 지급준비제도라는 것을 시행하고 있다. 은행이 예금을 받을 때 그 돈의 일정 비율(지급준비율)을 중앙은행에 의무적으로 예치하도록 하는 것이다. 은행은 수중에 들어온 돈을 많이 빌려줄수록 이익이다. 그러나 은행이 예금을 있는 대로 모두 사용해버리면 비상사태가 발생했을 때 예금자에게 돈을 돌려주지 못하게 될 수 있다. 그래서 이런 제도를 시행하고 있는데 여기서는 지급준비율을 일단 10%라고 가정하자.

그렇다면 B은행은 ㄱ씨가 예금한 100만 원 중 10만 원을 중앙은행에 예치해야 한다. 그렇다면 남은 돈은 90만 원이고 이 돈을 다시 ㄴ씨에게 대출한다. 그리고 ㄴ씨는 다시 C은행에 90만 원을 예금하고, C은행은 지급준비금 9만 원을 뺀 81만 원을 다시 ㄷ씨에게 대출한다.

지금까지 중앙은행이 내보낸 100만 원으로 어떤 사건이 벌어졌나? ㄱ씨는 100만 원, ㄴ씨는 90만 원, ㄷ씨는 81만 원의 예금을 가지게 되었다. 모두 271만 원이다. 이들은 통장에 예금된 돈으로 그만큼의 재화를 살 수 있다. 사회 전체적으로는 지불능력(통화량)이 '화폐발행액' 100만 원만큼이 아니라 271만 원만큼 증가한 것이다.

금융은 어떻게 세상을 바꾸는가

그리고 이런 대출-예금-대출 과정이 계속되면 궁극적으로 1000만 원의 예금이 창출된다.

그런데 이번엔 지급준비율이 20%로 오른다고 치자. 그러면 B은 행은 100만 원 중 80만 원밖에 대출하지 못할 것이고(ㄴ씨 예금 80만 원), C은행은 80만 원 중 지급준비금(16만 원)을 제외한 64만 원밖에 대출하지 못할 것이다(ㄷ씨 예금 64만 원). 위의 경우에 비하면 예금 총액이 271만 원에서 244만 원으로 준다. 거꾸로 지급준비율이 5%라면, B은행은 95만 원(ㄴ씨 예금 95만 원), C은행은 85만2500원을 대출(ㄷ씨 예금 85만2500원)할 수 있다. 예금총액(통화량)이 280만2500원으로 늘어난다. 그래서 정부는 지급준비제도를 통화량을 늘리고 줄이는 수단으로 사용하기도 한다.

상업은행을 사고팔기가 힘든 이유

이처럼 상업은행은 단지 하나의 회사가 아니라 정부의 가장 중요한 경제정책인 통화량 조절에 엄청난 영향을 미치는 기관이다. 당연히 상업은행에 대한 규제가 강할 수밖에 없다. 가장 기본적인 규제는 산업자본(일반 기업)이 상업은행을 지배하지 못하게 하는 것이다(금산분리). 언제나 돈에 굶주린 산업자본이 상업은행을 가졌다가는 은행을 자기 금고처럼 여기고 큰돈을 빌려 위험한 사업에 투자했다가 수많은 예금자들에게 피해를 입힐 수 있다. 그래서 어느 나라나 거의 예외 없이 산업자본은 은행 주식을 일정 수준 이상으로 보유하지 못하도록 규제한다. 특히 미국의 경우, 산업자본이 상업은행 주식을 너무 많이 가지게 되면, 자칫 '은행지주회사'로 지정되어 금융 이외의 업종을 하지 못하게 되는 수가 있다. 예컨대 삼성그룹이 특정 은행 지분을 많이 샀다가 삼성전자 경영을 포기하게 되는 식이다.

심지어 외국인이 자국 상업은행을 지배하게 되는 것도 규제한다. 미국의 경우, 은행법으로 이렇게 규정하고 있다. "모든 은행 이사는 재직 중 미국 시민이어야 한다. 또한 이사 가운데 3분의 2는 취임 1년 전부터 은행이 소재한 주州, 혹은 그 은행으로부터 100마일(160킬로미터) 내에 거주해야 한다. 그 은행이 외국 은행에 합병되었거나 자회사인 경우에도 미국 시민이 이사회에서 다수를 차지해야 한다."

이 밖에 캐나다·싱가포르·필리핀·독일·영국 등이 '내국인 이사 과반수' 규정을 법률로 명문화하거나 금융 감독당국 차원에서 규제하고 있다. 외국 자본이 시중은행 지분을 과반수(외환은행) 혹은 100%(SC제일은행) 보유토록 허용했던 것은 한국의 독특한 현상이라 할 수 있다.

자기자본

지금까지 봤듯이, 상업은행은 외부에서 받은 예금(은행 입장에서는 부채)을 기반으로 영업(대출)해서 수익을 얻는 업종이다. 그런데 경제위기 때마다 은행에 대해 '자기자본'이나 BIS(자기자본비율)가 충분하다거나 부족하다거나 혹은 '자기자본을 보강하라'는 이야기가 어김없이 나온다. 골치 아프게 들리지만 사실 크게 어려운 내용은 아니다. 지금부터 차근차근 알아보자.

당신이 상업은행 하나를 설립하려 한다고 가정하자. 가장 먼저 필요한 것이 무엇일까? 바로 '밑천'이다. 사실 상업은행뿐 아니라 어떤 기업을 운영한다 해도 밑천이 필요하다. 밑천은 결국, 어떤 사업활동을 유지하기 위해 안정적으로 오랫동안, 그리고 큰 비용 부담 없이 보유할 수 있는 돈이다. 그래서 '외부에서 빌린 돈'은 밑천으로 부적합하다. 언젠가는(심하게는 하루나 일주일, 한 달 내에) 돌려줘야 하고 이자까지 내야 하기 때문이다. 그리고 누구도 밑천 한 푼 없이 장사하겠다고 나서는 사람에게는 돈을 빌려주지 않을 것이다. 사실 남의 돈만으로 장사하겠다는 사람은, 설사 그 사업이 망해도 자신은 큰 손실을 보지 않기 때문에 굉장히 무책임하거나 게으르게 처신할 수 있다. 그러나 본인의 돈(밑천)을 상당히 투입했다면 사업이 망할 때 큰 손해를 보기 때문에 책임감을 가지고 열심히 일할 가능성이 크다. 그리고 다른 사람들 입장에서는, 빌리는 사람의 밑천이 두둑해야 그 사업이 잘 안 된다 해도 자기 돈 중 일부라도 찾을 수 있다고 생각해서 빌려줄 것이다. 즉, 밑천이 있어야 남의 돈도 빌릴 수 있는 것이다. 이래서 금융계엔 '정말 돈이 필요해서 빌려달라는 자에겐 빌려줘서는 안 된다'는 유서 깊은 격언도 있다.

각설하고, 상업은행이 이런 '밑천'을 만들려면 어떻게 해야 할까? '안정적으로 비용 부담 없이 오랫동안' 보유할 수 있는 돈이란, 결국 '자기 돈'이 아닐까? 즉, 기업의 밑천은 '기업 소유의 돈'인 것이다. 그럼 어떻게 하면 '기업 소유의 돈'을 만들 수 있을까? 상업은행을 주식회사 형태로 설립하면 된다. 즉, 해당 상업은행의 주식을 발행해서 파는 것이다. 뒤에 자세히 쓰겠지만, 이 주식을 매입한 사람은 돈을 빌려준 것이 아니라 '투자'한 것이다. 빌려준 돈은 돌려받을 수 있지만 '투자'한 돈은 돌려받지 못한다. 그 돈은 해당 상업은행의 돈으로 간주되기 때문이다. 대신 투자자는 은행의 소유권(주식) 중 일부를 매입한 것이므로, 은행 '자산'에 대한 권리를 일부 가지게 된다. 이에 따라 은행이 올린 수익 중 일부를 배당금 형태로 받거나 혹은 은행의 기업가치가 오를 때 주식을 팔아 매매차익(기업가치가 오르면 예컨대 100원이었던 주가가 200원으로 오른다)을 챙길 수 있다.

거꾸로 해당 상업은행의 입장에서 보면, 투자받은 돈은 돌려주거나 이자를 낼 필요가 없는 '자기 돈', 즉 밑천이다. 이를 자기자본(자본금equity capital)이라고 부른다. 그리고 이 은행이 이후 수익을 내는 경우, 세금이나 배당금 등을 낸 뒤 자기자본에 합산할 수 있다. 아무튼 당신이 상업은행을 설립하려고 100억 원 상당의 주식을 팔아 100억 원의 자본금을 마련했다고 가정하자.

부채와 자산

그러나 이 정도로는 대출사업을 크게 벌일 수 없다. 그래서 외부에서 돈을 900억 원(부채) 구한다. 이 900억 원은 어떻게 마련되었을까? 일단 500억 원 상당은 예금을 받아 마련했다. 예금은 은

금융은 어떻게 세상을 바꾸는가

행이 돌려줘야 하는 돈이므로 부채다. 그리고 다른 금융기관이나 기업, 중앙은행 등으로부터 400억 원을 빌렸다. 자본금(100억 원)과 부채(900억 원)를 합치면 1000억 원이다. 이처럼 자본금과 부채는 다른 성격의 돈이다. 전자는 해당 상업은행의 돈이고 후자는 외부의 돈인 것이다. 그러나 공통점도 있다. 은행이 '장사'를 하기 위해 '조달'한 자금이라는 점이다. 이는 대차대조표의 오른쪽에 기입하는 항목이기도 하다.

이렇게 자본금과 부채를 합쳐 1000억 원을 조달했으니 이제 운용해야 한다. 어떻게? 일단 600억 원 정도는 대출한다. 대출은 상업은행의 가장 큰 수익원이다. 약속한 기일 내에 원금과 이자가 회수되면 은행은 괜찮은 이익을 낼 수 있다. 그리고 300억 원 정도는 채권이나 주식에 투자한다. 채권과 주식의 가격이 오르면 이익을 낼 수 있다. 한편 예금으로 500억 원을 받았으니 그중 50억 원은 지급준비금(지급준비율을 10%로 가정)으로 중앙은행에 예치해야 한다. 나머지 50억 원은 그냥 현금으로 보유한다. 예금을 찾으려는 고객들에게 줄 돈이다. 이 같은 운용내역(대출 600억 원+채권 및 주식 투자 300억 원+지급준비금 50억 원+현금 50억 원)을 모두 합쳐서 재무관리학에서는 '자산'이라고 한다. 대차대조표에서는 왼쪽에 기입하는 항목이다.

우리나라에서 '자산asset'은 마치 '재산'과 비슷한 의미로 사용될 때가 있다. 그러나 지금까지 이야기한 맥락에서 알 수 있듯이 자산은 재산과 엄청나게 다른 개념이다. 자산은, 자본금과 부채로 조달한 돈을 운용한 내역이다. 상업은행 입장에서 표현하자면, '현재 보유하고 있거나(여기서는 지급준비금과 현금) 앞으로 받을 돈(대출이나 채권, 주식 투자한 돈은 일정한 시기 뒤에 회수할 것이다)을 의미한다.

다시 한 번 정리하자. 상업은행은 자본금과 부채 형태로 조달한 돈(대차대조표 오른쪽)을 그냥 보유하거나 운용한다(대출이나 투자, 대차대조표 왼쪽). 그러니까 돈의 규모로 보면 '자본금+부채=자산'이 된다. 그런데 은행 입장에서 부채는 정해진 만큼의 이자를 줘야 하고, 자산은 운용을 통해 이익을 얻는 부문이다. 대차대조표 왼쪽에서 자산을 통해 얻는 이익이 오른쪽에서 부채 때문에 물어야 하는 이자를 웃돌아야 수익이 난다.

자본금 규제의 필요성

그런데 이 상업은행이 주택자금 대출을 많이 했는데 요즘 같은 부동산 불경기로 인해 원금과 이자를 못 받는 경우가 많아졌다고 가정하자. 혹은 미국에 금융위기가 발생해서 자산으로 보유하고 있는 주식과 채권의 가격이 폭락했을 수도 있다. 그래서 은행이 50억 원 정도의 손실을 봤다고 치자. 그러나 손실을 봤다고 부채가 줄어들지는 않는다. 그렇다면 결국 자본금 100억 원에서 50억 원을 빼야 한다. 그래도 자본금은 50억 원이나 남았다. 덕분에 은행은 예금자들이 상환을 원할 때 돈을 돌려줄 수 있고 그래서 지급 불능 상태가 되지는 않는다. 그러나 손실이 150억 원이라면 이 은행의 자기자본은 마이너스 50억 원으로 떨어지고 예금도 지급해

줄 수 없는 상태에 빠지게 된다.(이렇게 자본금을 깎아 먹은 상태를 자본잠식이라고 한다. 자본금의 일부만 깎인 상태는 부분 자본잠식, 전부 다 없어진 상태는 완전 자본잠식이다.)

이게 바로 은행의(사실은 은행뿐 아니라 모든 기업의) 자기자본이 중요한 이유다. 만약 이 은행의 자본금이 200억 원이었다면, 설사 150억 원 손실을 입어도 고객에게 돌려줄 수 있는 돈이 남았을 것이다. 그러므로 자기자본이 충분해야 고객이 안심하고 예금할 수 있다. 일반 기업 입장에서도 자기자본이 많아야 대출을 잘 받을 수 있다. 즉, 자기자본은 어떤 바깥의 충격이 있더라도 해당 기업이 얼마나 잘 견딜 수 있느냐를 결정하는 일종의 완충재 역할을 한다. 그래서 자기자본 규제(자본금 규제)라는 것이 필요하다.

자본규제의 방법

그렇다면 자본규제엔 어떤 것이 있을까? 일단 은행 입장에서는 자본금을 최소화하고 싶어한다는 것을 기억해야 한다. 그냥 돈을 쌓아두기보다 돌려야 이익을 볼 수 있기 때문이다. 그래서 정부는 크게 두 가지 수단으로 동원해 은행 자본을 엄격히 규제하고 있다.

하나는 비교적 간단한 것인데 부채비율 규제(레버리지 규제)다. 돈을 많이 빌리고 싶으면, 그에 비례하는 만큼 자기자본을 쌓으라는 이야기다. 주식을 추가 발행하거나 수익금을 더 많이 자기자본으로 전환시키면 된다.

다른 하나는, 조금 더 복잡한 자기자본비율이다. 부채비율이 빌린 돈에 비례해서 자기자본을 쌓게 하는 것인 반면 자기자본비율은 좀 더 세밀하다. 예컨대 같은 돈 100억 원을 대출해도 그것을 대기업에 빌려줄 때와 중소기업에 빌려줄 때는 위험도(리스크)가 다를 것이다. 그리고 이를 '대출했을 때 손해를 볼 수도 있는 금액'으로 나타낼 수 있을 것이다. 예컨대 신용등급이 AAA인 기업이 못 갚을 가능성이 1%라면, BB+ 등급 기업은 10%쯤 될 것이다. 그래서 은행이 양 기업에 10억 원을 빌려줬을 때 예상손실액을 AAA 등급 기업의 경우는 1000만 원, BB+ 등급 기업의 경우는 1억 원으로 나타낼 수 있다. 혹은 100만 원짜리 국채를 보유하는 경우엔 예상 손실액이 0원이지만, 같은 금액의 민간 기업 회사채를 보유하면 예상 손실액을 심지어 (위험도에 따라) 100만 원으로 상정할 수도 있다. 또한 은행이 주식이나 채권에 투자했는데 그 금융상품의 가격이 떨어질 수 있다. 예컨대 코스피 주식보다는 코스닥 주식이 위험하다. 만약 시가가 100만 원인 코스피 주식과 코스닥 주식이 있다면, 코스피 주식은 주가가 10% 떨어질 수 있는데, 코스닥 주식은 20% 떨어질 수 있다. 이 경우 코스피 주식의 예상손실액은 10만 원, 코스닥 주식은 20만 원이 된다.

아주 단순화한 사례로 계산해보자. 예를 들어 어떤 은행이 시가 1000억 원 상당의 코스닥 주식을 보유하고 있고, 신용등급 BB+인 기업에 500억 원 상당을 대출해두었다. 그런데 주식가격은 내릴 가능성이 있고('시장위험'), 대출한 돈은 돌려받지 못할 수 있다('신용위험').

이 경우, 시장위험액은 1000억 원에 손실 가능성 20%를 곱한

금융은 어떻게 세상을 바꾸는가

200억 원이다. 신용위험액은 대출금 500억 원에 10%를 곱한 50억 원이 된다. 총 예상손실액(전문 용어로는 위험가중치라고 한다)은 합해서 250억 원이다. '자기자본'을 이 '예상손실액'으로 나눈 것이 바로 자기자본비율이다. 바젤위원회(주요 선진국의 중앙은행 및 은행감독 당국의 대표들로 구성된 국제적 위원회)는 자기자본비율BIS을 8% 이상으로 규정하고 있다. 이 정도의 자기자본을 가져야, 유사시 예상한 손실액이 현실이 되어도 은행이 적절히 대처할 수 있다는 이야기다. 이는 대출을 많이 할수록 혹은 금융상품을 많이 사서 보유할수록, 그에 비례하는 규모의 자기자본을 보유해야 한다는 의미이기도 하다.

그렇다면 이 은행의 경우, 예상손실액 250억 원에 대해 그 8%인 20억 원 이상을 자기자본으로 보유하고 있어야 한다. 그리고 바젤위원회가 자기자본비율을 10%로 올린다면 25억 원 이상의 자기자본이 필요해진다. 예상손실률 역시 바젤위원회가 정한다는 것도 기억해두자. 즉, 예상손실률은 특정 국가의 은행감독기구나 은행 스스로 결정할 수 있는 것이 아니다.

예상손실액의 최소 8% 이상을 자기자본으로 보유하도록 규정한 바젤협약은 미국을 포함해 세계 100여 개국에서 채택하고 있다. 1990년대 말과 지난 2008년 금융위기 이후 세부 규정이 상당히 바뀌기도 했으나 기본적 원리는 크게 다르지 않으니 여기서는 생략한다.

직접금융

이제 직접금융을 알아보자. 직접금융은, 한마디로 자금 수요자가 증권(주식·채권)을 발행해 자금 공급자에게 팔아서 자금을 '제공'받는 행위다. 간접금융에서는 은행을 통해서 자금의 수요-공급이 연결된다. 그러나 직접금융에서는 자금 수요자가 증권을 팔아 공급자로부터 '직접' 자금을 제공받는다고 할 수 있다. 여기서 '증권을 매입한 자(자금 공급자)'는 '증권을 발행한 자(자금 수요자)'로부터 어떤 형태로든 이후에 금융수익을 얻어낼 권리를 가지게 된다. 또한 이렇게 증권을 보유한 뒤에는 제3자에게 판매할 수도 있다. 이 증권의 가격이 상황에 따라 시시때때로 변한다는 것을 기억해두는 것도 매우 중요하다.

직접금융의 기본 개념은 간접금융보다 조금 복잡하지만, 금융에서 점점 더 직접금융의 비중이 커지고 있으므로 정확히 이해할 필요가 있다. 직접금융의 수단인 채권과 주식부터 이해하자.

채권: 본질은 빌리고 빌려주는 것

우선 채권은, 발행자가 '일정한 기간 동안 원금과 이자를 상환하겠다'고 약속한 채무증서라고 할 수 있다. 말하자면, 이 채권의 발행자는 매입자로부터 돈을 '빌린' 것이고 만기가 되는 날까지 약속된 돈을 줘야 한다. 그러므로 아까 나온 간접금융과 '채권을 통한 직접금융'은 '빌리고 빌려주는' 부문에 속한다고 할 수 있다. 이를 다시 강조하는 이유는, 직접금융 중에서 주식은 '빌리는' 것이 아니라 '투자'에 해당되기 때문이다.

또 하나 기억해둘 점은, 채권의 경우 발행할 때부터 보유자에게 줘야 하는 돈의 규모(원금과 이자)가 미리 정해져 있다는 것이다. 만약 1년 동안 표면금리(채권에 적혀 있는 이자율) 20%를 기입한 액면가 1억 원의 채권이 있다고 가정하자. 이 경우, 1억 원을 주고 이 채권을 사면 1년 뒤에 1억2000만 원을 받는 것으로 정해져 있는 것이다. 그리고 이때 시중에서 일반적으로 통용되는 금리 역시 20%였다고 가정하자.

그런데 유의해야 할 점은, 액면가와 채권가격은 그 개념이 다르다는 것이다. 또 앞으로 채권수익률이라는 용어가 숱하게 나올 텐데, 이 채권수익률은 표면금리와 완전히 다른 개념이라는 것도 기억해두자. 액면가와 표면금리는 채권에 이미 기록되어 있다. 그러나 채권가격과 채권수익률은 그렇지 않다. 이 두 가지의 계산에서 가장 중요한 것은 1년 뒤에 받을 돈의 규모다. 간단히 말하자면, 예컨대 1년 뒤에 1억2000만 원을 받으려면 지금 시중은행에 '얼마'를 예금해야 할 것인가에 따라 채권가격이 결정된다.

너무나 비현실적이지만, 오전에 1억 원을 주고 이 채권을 사자마자 '시중에서 통용되는 금리('일반금리'라고 부르기로 한다)'가 엄청나게 변화하는 경우를 가정해서 채권가격을 구해보자. 일반금리가 오전의 20%에서 오후에 30%로 올랐다면, 그 시점에서 얼마를 예금해야 1년 뒤에 1억2000만 원을 받을 수 있을까? 계산해보면 대충 9200만 원이다. 그에 따라 채권가격은 9200만 원이 된다. 이 채권 보유자는 사자마자 800만 원 정도 손해 본 것이다(1억 원에 샀는데 9200만 원으로 떨어졌기 때문). 그러나 시중금리가 오후에 10%로 떨어지는 경우, 같은 방법으로 계산해보면 채권가격은 대충 1억 900만 원이 된다. 사자마자 900만 원 정도의 수익을 거둔 것이다. 지금까지 보면 일반금리가 오르면 채권가격이 떨어지고, 일반금리가 내리면 채권가격은 올라간다는 것을 알 수 있다.

또한 채권 역시 금융상품이므로 수요에 따라 채권가격과 채권수익률도 변화된다. 위의 사례에 나오는 채권처럼 1년 뒤에 1억 2000만 원을 받게 되어 있는데, 수요에 따라 그 가격은 1억 원이 될 수도 있고 8000만 원이 될 수도 있다. 채권수익률은 해당 채권을 샀을 때 얻을 수 있는 수익을 매입가격으로 나눠서 산출한다. 즉, 채권가격이 1억 원일 때는 20%(2000만 원/1억 원)이지만, 수요가 줄어 8000만 원으로 떨어지면 50%(4000만 원/8000만 원)로 오른다.

국채수익률: 모든 금융수익의 저변

그런데 이 채권수익률은, 그 채권이 국채(국가가 발행한 채권)일 때 특히 중요한 의미를 가진다. 국채의 경우, 채무자는 국가다. 그리고 국가는 여러 채무자(기업·가계·국가) 중 가장 안전한 채무자라고 할 수 있다. 설마 국가가 내 돈을 떼먹겠는가? 그렇다면 국가에게 돈을 빌려주고 얻는 수익은 다른 채무자에게 빌려줬을 때 얻을 수 있는 수익보다 적어야 한다.(안 그렇다면 모두가 다 국채를 살 것이다.) 그래서 이자는 채무자가 돈을 갚지 못할 위험 정도에 비례한다. 신용등급이 낮은 서민들이 빌리는 사채私債 금리가 상상을 초월할 정도로 높은 것은 이 때문이다.

즉, 국채수익률(어떤 시점에서 국채를 매입했을 때 거둘 수 있는 수익률)은, 모든 금융수익보다 낮아야 하는 것이 정상이다. 혹은 특정 시점의 국채수익률에 기반해서 그보다 높게 다른 금융상품(대출상품이나 주식, 다른 채권)의 수익률이 책정된다. 예컨대 국채수익률이 2%라면, 기업에 대한 대출금리는 5~10%가 된다. 이와 마찬가지로 주식을 살 때 기대되는 수익률도 2%보다는 훨씬 높아야 한다. 즉, 국채수익률은 모든 금융수익(이자와 투자수익)의 가장 밑에 깔린 디딤돌이라고 할 수 있다. 그래서 어떤 국가의 신인도가 떨어지면, 그 나라 국채의 인기 역시 하락하면서 수요가 줄어 국채수익률이 오르고 이에 따라 그 나라의 다른 이자율도 상승하면서 나라 경제 전체가 어려워지는 일이 발생하는 것이다.

이런 측면을 보면 국채 중의 국채인 미국 국채와 그 수익률이 세계 경제에 얼마나 중요한지 이해할 수 있을 것이다. 세계 최강대국이며 최고 부국인 미국의 국채수익률은 전세계 금융시장의 맨 밑바탕을 이룬다고 말할 수 있다.

주식

지금까지 채권은 직접금융에서 '빌리는' 부문이라 할 수 있다. 그런데 직접금융 중엔 '빌리는' 것 이외의 영역도 있다. 바로 주식을 통한 자금의 흐름, 즉 '투자'다. 채권을 팔아 자금을 조달했다면 일정 기간 내에 원금과 이자를 갚아야 한다. 그러나 어떤 기업이 주식을 팔아 자금을 조달했다면 그 돈은 갚을 필요가 없다. 기업이 주식을 팔았다는 것은, 자신(기업)의 소유권 중 일부를 주식 매입자에게 넘겼다는 의미이기 때문이다. 다시 말해 주식 매입자(주주)는, 해당 기업의 외부인(돈 빌려준 채권자)이 아니라 내부인, 즉 소유권 중 일부를 가지는 주인이 된 것이다. 그리고 주인으로서 그 기업의 이윤과 자산을 분배받을 권리(청구권)를 가지게 된다. 이에 비해 기업에 돈을 빌려준 채권자들은 해당 기업의 소유권과는 아무런 상관이 없다. '빌려주는 것'과 '투자' 간엔 이처럼 큰 차이가 있다.

여기서 유의할 점은, 기업의 입장에서 '빌리는 것'과 '투자받는 것' 사이엔 엄청난 차이가 있다는 것이다. 요약하면, 기업에 빌려주는(대출이든 채권 매입이든) 경우, 원금과 이자를 정해진 기일에 받기만 하면 된다. 기업 경영에 개입할 이유는 없다. 그러나 투자(주식 매입)한 경우는 다르다. 주식회사는 재정 상태나 정책에 따라 주주에게 배당금을 줄 수도 있고 안 줄 수도 있다. 그래서 주주는 아무래도 기업이 짧은 기간 내에 큰 경영수익을 올려 많은 배당금도 주고 주식가치도 올리도록 강제하고 싶은 입장이다. 이에 따라 주주(투자자)는 기업을 돈주머니로 간주하고 가능한 한 짧은 시일 내에 큰 수익을 올리도록 요구하게 된다.

이 순간 기업의 존재 방식이 바뀐다. 일반적 시각에서 기업은 부와 고용을 창출하는 사회적 단위 중 하나다. 그러나 투자자의 관점 혹은 금융의 관점에 포섭된 기업은, 수익을 창출하는 '재료'일 뿐이다. 그리고 수익을 창출할 수 있다면 부와 고용의 사회적 의미는 부차적 문제가 되는 것이다.

사실 1970년대까지도 기업 입장에서 투자자들은 그냥 '외부인'에 불과했다. 주주들은 주식을 매입해서 해당 기업에 자금을 공급했지만 경영엔 영향을 미치려 하지 않았다. 주식을 사놓고 주가가 오르기를 기다리는 것이 투자자(주주)가 주로 하는 일이었다. 어떻게 보면 기업 입장에서 투자자는 채권자(기업에 돈을 빌려준 사람)보다 훨씬 편한 상대였다.

당시엔 기업 경영의 목표로 '사회적 책임'이 중시되기도 했다. 예컨대 기업은 고용을 창출하고 더 많은 부를 생산해서 경제 발전에 이바지하면 된다는 관점이다. 이런 상황에서 경영자의 주요 역할 중 하나는 기업에 얽힌 이해관계자들, 즉 노동자-주주-채권자-소비자-지역 사회 등의 이익을 조율하는 것이었다. 말하자면 기업의 '주인'이 누구이며, 기업이 누구를 위해 경영되어야 하는지 자체가 뚜렷하지 않았다. 따지고 보면 주주와 채권자는 기업에 자본을 조달하는 방법으로, 노동자는 상품을 생산하고 소비자는 소비하는 방법으로 기업의 유지에 기여하고 있다. 이 중 누구를 감히 기업의 '주인'이라고 딱 잘라 말할 수 있겠는가.

그런데 이런 상황은 1970년대 후반 들어 급격하게 바뀌고 만다. 그 효시가 바로 1976년에 나온 마이클 젠선의 논문 「기업 이론: 경영자 행동, 대리인 비용 및 소유 구조」다. 이 논문에서 젠선은 "기업의 주인은 주주"라고 딱 잘라 말한다.

예컨대 기업이 망해서 빚잔치 하는 경우를 생각해보자. 이해관계자 중 소비자나 지역 사회는 어떤 책임도 지지 않는다. 채권자와 노동자는 못 받은 빚과 임금을 어느 정도까지 챙겨간다. 그러고 나서 남는 돈이 있다면 주주에게 돌아가지만 얼마나 되겠는가. 한 푼도 건지지 못하는 경우가 대다수다. 말하자면 주주는 '잔여 청구권자residual claimant', 즉 '(기업이 망했을 때) 다른 이해관계자들이 빚잔치 하고 남은 재산'에 대해서만 권리를 가지는 입장인 것이다. 그래서 젠선은 주주가 기업의 주인이며, 그러므로 기업은 주주의 이익을 위해 경영돼야 한다고 주장했다. 이른바 주주자본주의 논리다.

일리 있는 이야기다. 다만 이 같은 젠선의 주장에 상당히 많은 반론을 제시할 수 있다는 것은 짚고 넘어가야 한다. 2008년 금융위기나 1997년 동아시아 금융위기에서 볼 수 있듯이, 은행 및 대기업들이 위태로워지거나 도산위기에 처했을 때, 이런 기업(은행)에 공적자금을 제공해서 최종적인 위험을 부담한 것은 국가였다. 더욱이 주주는 해당 기업이 벌이는 사업에 대해 유한하게 책임을 질 뿐이다. 예컨대 어떤 사람이 구멍가게를 하다 망한 경우, 그는 사업 도중 빌린 빚의 전액에 책임을 져야 한다. 그러나 주주는 해당 기업이 아무리 많은 빚을 지고 사회에 큰 피해를 줬더라도 투자한 금액만 포기하면 된다.

아무튼 1970년대 후반의 미국 사회에서, 기업의 주인을 '밝혀' 낸 젠선의 논리는 매우 혁명적인 것이었고 이후 기업의 질서를 바꿨다. 주주가 '주인'이라면 경영자는 한낱 '대리인'에 불과하다. 그런데 1970년대까지의 '대리인'들은 '주인'을 배신해오지 않았는가. 경영자들은 기업가치(=주식 가격)를 올려 주주에게 봉사하기보다 '쓸데없이' 기업 규모나 매출 늘리기 혹은 고용유지를 통해 자신의 명예욕을 채우고 노동자들에게 아부해왔다는 것이다.(주주 입장에서는 자산 규모 100억 원으로 10억 원의 수익을 내는 기업보다 자산 규모 10억 원으로 5억 원의 수익을 내는 기업이 훨씬 낫다. 전자의 수익률은 10%에 불과하지만 후자는 50%에 달한다. 물론 고용 규모는 전자가 훨씬 크겠지만 말이다.)

어떤 경영자는 노동자의 고용을 쓸데없이(?) 유지하거나, 이익을 내려면 오랜 기간에 걸리는 데다 엄청나게 큰돈이 필요한 위험 사업을 하고 싶을 수 있다. 그러나 이는 빠른 기간 안에 큰 수익을 뽑아내야 하는 '주인(주주)'들에게는 어느 정도 '배신'일 수 있다. 이런 배신 행위를 막으려면 어떻게 해야 할까. 더 이상 주주가 넋 놓고 있을 것이 아니라 기업 경영에 적극 개입해서 기업가치, 즉 주식 가격을 올리도록 압력을 행사해야 한다는 게 젠선의 논리였다. 이를 위해 젠선은 주주가 적극적으로 경영 방향을 제시하고, 주주들의 대표(이사)를 통해 경영자가 기업가치를 올리는 방향으로 경영하는지 감시하자고 주장했다. 여기서 이사회의 직무는, 경영진이 '주주의 이익을 위해 최선을 다하고 있는지' 감독하는 것이 된다.

또 다른 방법은, 주주의 이익이 곧 경영자의 이익이 되는 장치를 설치하는 것이다. 예를 들어 경영자에게 자신이 경영하는 기업의 주식을 현재 가격(예컨대 100원)으로 매입할 수 있는 권리를 준다.

경영자가 1년 뒤에 자사 주식가치를 200원으로 올린다면, 그는 주식을 100원으로 사서 200원에 팔아 큰 이익을 얻을 수 있다. 말하자면 주인(주주)과 대리인(경영자)의 이익을 '기업가치 올리기'로 일치시키는 방법이다. 이처럼 기업의 주인이 '주주'로 확정되자, 경영의 목표 역시 '기업가치 높이기'로 고정되었다.

'기업가치'란 개념

그렇다면 이제 문제는, 경영자가 높여야 하는 '기업가치'가 뭐냐는 것이다. 일상적으로 보면 기업가치는 굉장히 중립적이고 애매한 용어다. 많은 고용을 창출하거나, 국내총생산GDP을 높이거나, 수출을 많이 하는 기업이 '가치 높은 기업'으로 불릴 수도 있을 것이다. 실제로 1990년대 이전의 한국에서 그랬다.

그러나 여기서 말하는 기업가치는, 우리가 생각해온 것과는 매우 다르다. 기업이 물건 잘 만들고 잘 팔아서 돈을 많이 버는 것을 가리키는 용어도 아니다. 기업이 얼마나 많이 투자하고 고용해서 국민경제 성장에 기여하는지, 얼마나 많은 세금을 내서 복지 재원을 충당하는지 등은 중요하지 않다. 투자자(금융)가 지배하는 세상에서 기업의 가치는, 해당 기업이 얼마나 많은 돈을 투자자에게 돌려주느냐에 따라 결정된다. 그리고 기업이 투자자에게 돌려줄 수 있는 돈은, '기업이 벌어들인 돈 전체'에서 노동자 임금, 경영자 보수, 세금, 설비 투자 지출 등을 뺀 금액이다. 결국 기업가치는 '해당 기업이 투자자의 요구에 대해 얼마나 많은 돈으로 보답할 수 있는가'로 평가되는 것이다. 즉, "금융 혹은 투자자의 관점에서 기업의 가치를 평가하는 사고체계"라고 할 수 있다.

그리고 이런 개념에 따라, 애널리스트(투자분석가)들은 기업을 평가하고, 이 평가에 따라 투자자들이 투자한다. 말하자면 어떤 기업에 자금을 투자하고, 어떤 기업엔 하면 안 된다는 식의 자금 흐름이 형성된다. 개념이 현실에 적용되면서 세계를 재창조하는 것이다. 기업에 가치가 있다면, 그 기업은 거래될 수도 있을 것이다. 기업은 상품을 기획·제조·판매하는 단위에 그치지 않고, 그 자체로 금융·거래의 대상이 된다. 이에 따라 기업을 사고파는 새로운 시장(M&A 시장)이 열린다.

주가가 오르내리는 것에 따라 경영자의 성적이 평가되고 이에 따라 그의 진퇴가 좌우된다. 경영자들은 기업가치(주가)를 올리기 위해 고용을 유연화하고, 해외 부품 업체로 거래선을 옮기고자(아웃소싱) 노력한다. 애널리스트들은 기업가치 이론으로 산출한 '이론적 주가'를 투자 지침으로 배포하고, 이에 따라 자금 흐름이 결정된다.

이런 활동들은 국가 단위가 아니라 전세계에 걸쳐서 행해진다. 금융자본의 활동 영역이 지구적 차원으로 확대된 것이다. 한국에서 1997년 환란換亂 이후 이루어진 국제통화기금IMF의 개혁은 사실 '기업가치 평가가 가능하고 이에 따라 기업 그 자체가 거래되는 환경'을 국내에 창출하는 대역사이기도 했다.

투자은행

지금까지 직접금융 시장에서 채권과 주식에 대해 이야기했다. 이처럼 채권과 주식이 거래되는 시장을 자본시장이라고 한다. 또한 대출시장에서 주로 노는 금융기관이 상업은행인 반면 자본시장에서는 투자은행이 활동하고 있다. 이제 투자은행에 대해 살펴보자.

투자은행의 가장 기본적인 업무는, 기업이 증권시장에서 주식·채권 발행을 통해 자금을 조달하도록 도와주는 것이라고 할 수 있다.

예컨대 A라는 '개인 기업'이 주식을 발행(상장)해서 자금을 조달하려 한다고 가정하자. A사는 먼저 자사의 시장가치(1억 원이든, 10억 원이든)부터 평가받아야 한다. 그래야 그 금액에 상당하는 주식을 발행할 수 있다. 투자은행은 이 단계에서부터 개입해 해당 기업의 시장가치를 평가해주고 이에 맞춰 주식 발행 절차를 대행해준다.

이런 과정을 거쳐 A사는 100억 원 상당의 기업가치를 가진 것으로 평가되었고, 이에 따라 액면가 1만 원권 주식을 100만 장 발행했다고 치자. 그러나 A사가 직접 100만 장을 시장에 내다팔 수는 없다. 회사 주식을 살 만한 투자자를 찾기도 여의치 않을뿐더러 무엇보다 100만 장을 한꺼번에 시장에 내놓으면 주가가 폭락할 수도 있다. 이 경우, A사는 주식 100만 장을 일단 투자은행에 일괄적으로 넘긴다. 이때 투자은행은 100만 장을 100억 원이 아니라 예

금융은 어떻게 세상을 바꾸는가

컨대 90억 원쯤에 인수underwriting할 수 있다. 이때 차액인 10억 원이 투자은행에 돌아가는 인수 수수료라고 할 수 있을 것이다. 그다음은 투자은행의 몫이다. 투자은행은 A사 주식 100만 장을 일반 투자자에게 가급적 비싼 값으로 내다팔려고 노력할 것이다. 기업이 발행하는 회사채의 경우에도 비슷한 메커니즘이 존재한다.

이런 '증권인수 업무'를 '전통적 투자은행업'이라고 한다. 서구에서는 이미 18세기부터 해온 일이다. '전통적 투자은행업' 중 하나를 더 꼽는다면 '인수합병 자문'이다. 다른 업체를 인수하려는 기업이 있다면, 적절한 업체를 물색하고 인수 방법이나 자금을 알아봐주는 대신 수수료를 받는다. 그러나 20세기 후반 들어서 '증권인수 업무'와 '인수합병 자문'은, 투자은행이 실제로 하는 업무의 일부에 불과하게 되었다. 어쨌든 투자은행가들은 주식(기업), 채권, 나아가서는 각국의 통화 등에 대한 정보를 집중적으로 수집하고 있으며 이를 통해 돈 버는 노하우를 꿰뚫고 있는, 이 분야의 전문가들이다. 자연스럽게 고객에게 유망한 주식이나 채권을 소개하고 이를 매입할 수 있게 돕거나 혹은 고객의 재산을 위탁받아 각종 금융자산에 투자하는 자산운용업(브로커)까지 수행하게 된다.

20세기 후반 들면 투자은행업은 매우 다양해진다. 사실상 단순한 대출업무가 아니라 자본시장(주식·채권·파생상품·인수합병 등)을 무대로 돈을 버는 금융업은 모두 투자은행업으로 불릴 정도다. 그래서 "투자은행가가 하는 일은 모두 투자은행업"이라는 신종 격언이 나올 정도였다. 위의 증권인수 업무나 인수합병 자문, 증권중개, 자산운용 등은 어디까지나 '중개업'이다. 자금 공급자와 기업 사이를 이어주고 수수료를 받거나(증권인수), 타인이 증권을 매입할 때 이를 도와주고 수수료를 받는다. 혹은 타인의 재산을 위탁받아 각종 증권에 투자하고 그 수익에서 수수료를 받기도 한다. 어쨌든 모두 다른 사람의 돈을 운용하고 수수료를 받는다는 측면에서 '타인계정 거래', 즉 '남의 돈으로 하는 금융거래'를 하는 것이다.

그러나 1990년대 이후의 투자은행들은 '자기자본 투자PI, Proprietary Investment'를 급격히 늘린다. 투자은행이 자기자본, 즉 '자기 돈'을 들이거나 직접 돈을 빌려서 고위험-고수익 업무인 기업 M&A(인수합병), 사모펀드, 프로젝트 파이낸싱, 헤지펀드 등에 뛰어드는 방식이다. 예컨대 이전에는 다른 기업의 M&A를 도와주고 수수료나 챙기는 식이었다면, 2000년대 이후에는 스스로 조달한 자금으로 직접 기업을 사들이고 구조조정(노동자 해고나 일부 부문 구조조정)한 다음 기업가치를 올려 비싸게 내다 파는 단계에 이르게 된 것이다. 헤지펀드에 돈을 빌려주기도 하고(프라임 브로커리지) 혹은 파생금융상품을 개발해서 팔거나 거래하기도 한다.

그런데 자기자본 투자는 투자은행 입장에서 매우 위험한 장사다. '남의 돈'을 운용할 때는 고작해야 수수료를 못 받는 데 그친다. 반면 자기자본 투자는 실패할 경우 엄청난 손해를 직접 감수해야 한다. 그렇지만 국제금융시장이 최전성기를 누리던 지난 10여 년 동안, 미국 투자은행들은 자기자본 투자로 고수익을 누리면서 세계적인 벤치마킹 대상이 되었다. 심지어 자기자본 투자를 하기 위해 대다수가 비상장 기업이었던 투자은행들이 주식을 발행·매각(기업공개, 상장)해 덩치를 크게 불리기도 했다. 특히 투자은행들은

1990년대부터 파생금융상품 개발 및 거래에서 엄청난 수익을 올리기도 했는데 이는 나중에 2008년 세계금융위기의 주요 원인이 되었다.

공매도와 레버리지

이런 과정에서 기기묘묘한 금융기법이 개발되기도 한다. 가장 기본적인 것은 공매도空賣渡인데 간단하게나마 설명하고 넘어가기로 한다. 일반 주식 투자자들이 돈을 버는 방법은, 주식을 사놓고 주가가 오르기를 기다리는 것이다. 그러나 주가가 내려가도 돈을 버는 방법이 있다. 예컨대 어떤 주식의 시가가 10만 원이라고 가정하자. 그런데 어떤 금융회사가 이 주식의 가격이 내려갈 것이라고 예상한 경우엔 주식을 빌리면 된다. 돈이 아니라 주식을 빌리는 것이라는 데 주목하자. 예컨대 이 주식 1만 주(1주당 10만 원이니 10억 원 상당)를 한 달 뒤에 돌려주는 조건으로 빌린다. 그리고 빌린 주식을 전부 팔아 10억 원을 챙긴다. 한 달 뒤 이 주식의 가치가 5만 원으로 내려갔다고 가정하자. 이 경우엔, 5억 원으로 1만 주를 산 다음 돌려주면 된다. 금융회사엔 5억 원의 수익이 남은 셈이다. 주가가 내리는 상황에서도 거액을 번 셈이다.

그런데 금융회사 입장에서는 언제나 돈이 부족하다. 싼 이자로 더 많이 빌려서 투자할 수 있다면 더 큰돈을 벌 수 있다. 그래서 금융회사가 자기 책임으로 돈을 빌려 투자하는, 이른바 레버리지 투자 기법이 성행한다. 다만 아까 말했듯이 금융기관들은 부채비율

규제(레버리지 규제)를 받는다. 그런데 미국에서는 일부 대형 금융기관에 대해 이런 규제를 철폐하는 황당한 사건이 벌어졌다. 2000년대 중반, 골드만삭스·리먼브러더스·모건스탠리 등 이른바 5대 투자은행에 대해서 레버리지 규제를 해제하고 심지어 예상손실액도 해당 은행이 알아서 산정하도록 허용한 것이다. 이른바 '자발적 감독 프로그램'이다. 이 같은 조치는, 정부보다 해당 투자은행이 시장과 위험 가능성을 훨씬 잘 안다는, 시장주의적 도그마에 기반한 것이었다. 덕분에 이 투자은행들은 엄청나게 많은 돈을 빌려 위험한 상품에 투자할 수 있었는데 결국 이 투자가 큰 손해를 보면서 전세계를 초토화시키는 데 이르렀다. 이 '자발적 감독 프로그램'은 금융위기 직후인 2008년 9월 말, 미국 의회청문회를 거친 뒤 폐지되었다.

금융의 시대

그러나 2008년 가을 이전은 그야말로 '금융의 시대'였다. 자본시장을 무대로 하는 미국 투자은행들이 엄청난 실적을 거두면서 거의 모든 산업국가가 이를 벤치마킹하려고 노력했다. 금융은 '실물경제에 대한 조력자'라는 구차한 직분을 벗어던지고, 금융 그 자체로 엄청난 돈을 벌어들이는 '고부가가치 산업'으로 눈부신 변신을 거듭했던 것이다.

그리스 신화에서 미다스가 자신이 만지는 모든 사물을 황금으로 바꿀 수 있었다면, '금융의 시대'에는 모든 사물을 '금융자산'으

금융은 어떻게 세상을 바꾸는가

로 바꾸었다. 우선, 기업이 금융자산으로 전락했다. '기업 그 자체'
가 자본시장을 통해 자유롭게 사고 팔 수 있는 상품으로 존재 형
태를 바꾼 것이다. 금융자산으로서의 기업에게 제일 중요한 것은
고용이나 시장 점유율 확대가 아니라 자사의 기업(주식)가치를 올
리는 것이다. 기업가치가 떨어지면 다른 기업에게 쥐도 새도 모르
게 인수당하는 수가 있다. 또한 기업가치를 올리려면 고용형태를
최대한 유연하게 하고 연구개발R&D 등 장기간에 걸쳐 효과를 낼
수 있는 투자는 가급적 억제해야 한다. 안정된 고용형태나 연구개
발은 국민경제에 장기적으로 이롭겠지만, 단기간에 금융수익을 내
야 하는 투자자들에겐 좋은 일일 수 없다.

　이런 '금융자산으로 바꾸기'는 이미 자본시장에 나와 있는 민간
기업에 국한되는 것이 아니다. 국가가 소유하고 있는 공기업을 민
영화하면, 정부 지분이 그대로 흘러나와 자본시장을 키우게 된다.
또한 이런 민영화된 공기업을 대상으로 기업공개IPO, M&A 등 짭
짤한 금융 장사를 할 수 있다. 교육이나 의료 등 공공적 성격의 서
비스 부문도 금융자산으로 만들 수 있다. 바로 교육기관이나 의료
기관의 영리화이다. 대학을 주식시장에 상장할 수 있다면 이를 통
해 돈을 벌어들일 수 있는 기회가 또 얼마나 많겠는가. 혹은 국민
의 노후생활과 관련되는 연기금을 제한 없이 주식이나 채권, 그리
고 헤지펀드나 사모펀드에 투자할 수 있다면 자본시장을 얼마나
키울 수 있겠는가. 이처럼 '금융의 시대'엔 기업이든 공공서비스든
혹은 개인의 노후생활이든, 자유롭게 사고팔 수 있는 금융자산의
형태를 갖춰야 했고, 이에 따라 모든 시민들의 삶은 자본시장에 직

간접적으로 묶여버렸다.

이런 '금융의 시대'에 특징적인 현상 하나는 기업과 금융기관 심지어 국가에까지 신용등급이 붙었다는 것이다. 신용등급은 '얼마나 안심하고 금융거래할 수 있는지'를 나타내는 지표라고 할 수 있는데, 이는 국가(의 서비스)마저 금융자산으로 바라보는 시각이 일반화되었음을 의미한다. 또한 금융자산으로 전락해버린 국가의 역할은 자국을 금융거래가 자유롭고 활발하게 이뤄질 수 있는 공간으로 바꾸는 것이었다. 그렇다! 사람의 눈물까지 황금으로 바꿀 수 있었던 미다스는 기껏 소아시아의 작은 지역인 프리기아의 왕에 불과했지만, 금융은 세계의 왕이었던 것이다.

금융의 세계적 폭주

모든 사물을 금융자산화하는 노하우의 원조는 물론 미국의 월스트리트이다. 그런데 이런 '괜찮은' 장사를 미국 내에서만 하라는 법 있는가. 그래서 1990년대의 미국은 금융산업을 전략산업으로 격상시키면서, 금융혁명의 수출에 골몰했다. 예컨대 한국이나 독일이 1990년대 중반 이전처럼 대기업과 은행의 주식을 자유롭게 거래할 수 없는 나라라면 미국의 금융 자본가들은 '장사'를 할 수가 없다. 말하자면 '호환'이 불가능한 상태다. 다수의 산업국가들이 자국 자본시장에서 기업 주식을 자유롭게 사고팔 수 있게 하고, 나아가 외국 투자자와의 거래도 허용해야 전세계적 범위에서 '금융자산화' 및 이에 따른 거래가 이뤄질 수 있었다. 이에 따라 심지어

금융은 어떻게 세상을 바꾸는가

IMF나 세계은행 같은 국제기구도 미국의 금융혁명 수출에 동참하면서, 유동성 위기를 당한 국가들에게 '돈을 빌려 주는 대신 제도를 바꾸라'고 윽박질렀다. 바로 10여 년 전, 한국·타이·인도네시아 같은 국가들이 이런 꼴사나운 일을 겪었다.

말하자면 미국은, 금융자산이 국경을 넘어 빠르고 자유롭게 오갈 수 있는 '금융의 고속도로'를 닦은 것이다. 전세계를 거미줄처럼 엮은 금융 고속도로는 물론 로마가 아니라 미국으로 통했다. 세계의 산업국가들은 거의 미친 듯이 주식과 채권 발행 규모를 늘렸고, 이런 증권을 기반으로 또 새로운 증권을 만들었으며, 심지어 이 새로운 증권을 기반으로 다시 '더욱 새로운 증권'(이른바 파생상품)을 발행했다. 또한 다른 나라의 금융자산에 투자하거나, 그곳의 주식시장에서 자금을 조달하기 위해 증권을 발행했다. 이는 무엇을 의미하는가. 엄청난 규모의 채권-채무 관계(즉 신용)가 발생했으며, 이 '관계'가 한 나라 안에서만이 아니라 국가간에 이루어졌다는 것이다. 간단한 사례를 살펴보기로 하자.

세계적인 경제 전문 연구소인 맥킨지 연구소에 따르면, 2006년 말 세계의 금융자산(주식·국채·회사채·은행예금 등. 파생상품은 제외)의 총 가치는 167조 달러에 달했다. 이는 2005년 말에 비하면 17%나 상승한 수치였는데, 지구적 금융자산화가 얼마나 급속하게 진행되었는지 알 수 있다. 그리고 전세계 금융자산의 가치는 전세계 총 GDP의 3.5배에 달하고 있다. 또한 금융위기의 주범인 파생금융상품의 명목가치는 477조 달러 정도인데, 1990년 이후 매년 32% 증가해왔다고 한다. 그리고 국경간 금융거래(즉, 국가 간 채권-채무 관계) 역시 2006년 말에 8조2000억 달러에 달했는데 이는 2002년 말의 3배에 달하는 수치이다.

이처럼 무서운 속도로 금융자산의 규모가 증가하고, 국가간 금융거래도 긴밀해지고 있었던 것이다. 그리고 이런 자금의 흐름은 금융화된 지구의 두 중심, 즉 뉴욕과 런던을 중심으로 형성되었다. 상황이 이러하니 '금융입국立國'은 거의 모든 산업국가의 목표가 되었고, 뉴욕-런던 같은 금융허브가 되겠다는 국가가 줄을 이었다. 한국·독일 같은 비非 영미형 자본주의국은 물론 아일랜드·룩셈부르크·아이슬란드 같은 소국, 봉건주의의 잔영이 짙은 아랍에미레이트 같은 나라들도 한결같이 미국형 금융모델을 벤치마킹했다.

금융자본주의와 정치

이런 세계적 분위기는 정치에도 엄청난 영향을 미쳤다. 1990년대 이후 미국 민주당과 영국 노동당은 기존의 사민주의적 기조에서 벗어나 '신진보 노선'을 채택한다. 그런데 이 노선은 금융자본주의의 지식 체계에 기반한 것이다.

미국의 빌 클린턴 대통령과 영국 토니 블레어 총리는 파격적인 규제완화를 감행하며 금융산업을 성장 동력으로 채택했다. 이들은 지구화를 되돌릴 수 없는 경향으로 받아들이면서 자국 금융산업의 업무 영역을 전세계로 확장시키기 위해 IMF 등 국제기구를 이용하기도 했다. 거센 압박을 통해 사실상 강제로 다른 나라의 금융 시장을 개방시킨 것이다.(대표적인 대상이 바로 한국이다!)

또한 자본 이동이 자유로운 국제 환경에서는 고급 인력을 육성하는 것이 유일하게 가능한 고용 정책이라고 생각했다. 그렇게 하면 자본이 인력을 찾아서 국내로 들어올 것이라는 생각이다. 이것이 바로 클린턴과 블레어 그리고 오바마가 그토록 교육을 강조하는 배경이기도 하다. 나름대로 이는 '평등' 정책이기도 했다. 이러한 정치·경제·사회 노선은 흔히 '제3의 길' 내지 '사회투자국가론' 등으로 불린다.

한국에서는 김대중, 노무현정부가 이 노선을 수용했다. 노무현정부의 보건복지부 장관 유시민은 사회투자국가론으로 책을 쓴 바도 있다. 어떻게 포장하든 이 노선의 다른 이름은 신자유주의 혹은 금융자본주의라고 할 수 있다.

그러나 지금 상황에서 '신자유주의 반대' '금융자본주의 반대'가 대안일까? 주식 거래를 억제하고(이렇게 하면 최고 수혜자는 재벌일 것이다!), 대기업의 아웃소싱을 막고, 노동시장을 경직되게 재구성하면 '신자유주의 반대'란 정치적 목표는 일단 성취할 수 있을 것이다. 이를 주장해온 진보 성향의 정당이나 지식인들은 '우리야말로 진정한 신자유주의 반대자'라며 선명성을 과시할 수도 있을 것이다.

그러나 곧이어 외국 자본이 썰물처럼 빠져나가며 국내 기업들의 주가가 폭락하고, 원화 가치가 용납할 수 없을 정도로 폭락함에 따라 소비자 물가가 급등하고, 실업률이 도리어 크게 올라가는 사태가 실제로 도래하면 어떻게 할 것인가. 이는 전세계적으로 촘촘하게 깔린 금융 네트워크에서 홀로 이탈하는 국가가 실제로 치를 수 있는 대가로, '길은 복잡하지 않다'거나 '다른 세계는 가능하다'고 역설하거나 노동자의 단결을 강조한다고 해결할 수 있는 문제가 아니다. 우리가 지금 금융을 고민해야 하는 이유가 바로 여기에 있다.

1부

금융이
세계를
지배할 때

1장
외자를 어떻게
바라볼 것인가

　'외자'라는 용어를 안 들어보신 분은 없을 것이다. '외자유치'니 '외자 주도의 경제발전' '외자도입 반대' 등⋯⋯. 이처럼 경제 뉴스를 제대로 이해하기 위해서는 그냥 적당히 넘어갈 수 없는 단어가 바로 외자다.

　외자外資의 뜻은 아주 간단하다. '외국자본外國資本'의 준말이니까. '외국인 소유의 돈'이라고 생각하면 쉽다. 그런데 외자를 둘러싼 정치경제적, 그리고 지구적 맥락은 매우 복잡하고 삼엄하다. 외자에 대해 어떤 태도를 가지느냐에 따라 한 나라의 경제발전이 좌지우지되고, 심지어 정치적 파벌이 나뉘어 살벌한 쟁투를 벌인다. 특히 1990년대 중반 이후 지구적 차원에서 외자(외국 돈)가 국경을 넘어 오가는 것이 상당히 자유롭게 된 이후엔, '외자는 좋은 것'이라는 진영과 외자를 반대하는 진영이 치열하게 대립하고 있다. 한국뿐 아니라 세계적으로 그렇다. 지금 미국과 함께 G2로 불리는 중국이 가장 고민하고 있는 것 역시 외자 문제다. '외국 돈이 얼마나 중국을 자유롭게 드나들 수 있게 할 것인가'의 문제를 놓고, 중국 공산당은 물론 다른 나라 정부나 금융가들이 촉각을 곤두세우고 있는 것이다.

이른바 '금융지구화'의 시대에 외자를 모르면 국민경제도 이해할 수 없다. 그래서 이 장에서는, 외자가 좋은 의미에서든 나쁜 의미에서든 각국 국민경제에 얼마나 중요한지부터 설명하기 위해 두 가지의 역사적 사례를 들고자 한다. 중국 공산당과 한국 진보세력의 '외자에 대한 시각'과 이로 인한 정치적 실패가 바로 그것이다. 좀 극단적인 경우들이지만, 오히려 그렇기 때문에 외자의 의미를 좀 더 쉽게 이해할 수 있을 것이다.

자립경제와 경제성장의 꿈

예컨대 제2차 세계대전 이후 지구경제의 틀(일명 브레튼우즈 체제)이 짜인 뒤 한국, 중국, 남미 등지의 개발도상국들이 경제개발을 하려면 외자가 필요했다. 이유는 간단하다. 경제개발에 필요한 기계와 철강 같은 생산재와 주요 기술이 서방 선진자본주의국에 집중되어 있었기 때문이다. 개도국 입장에서는 그런 생산재와 기술을 대량으로 살 필요가 있다. 그러나 예컨대 한국의 원화를 아무리 많이 내밀어봤자 미국이나 유럽의 철강회사들이 강철을 팔지는 않는다. 지금은 그렇지 않지만, 당시 세계 최빈국인 한국의 원화는 외국에 나가면 돈도 아니었기 때문이다. 후발 산업국의 입장에서는 선진국이 사용하는 달러화나 파운드화를 어떻게든 확보해서 생산재와 기술을 사들여야 했다. 어떻게 보면 이는 경제발전의 필요조건이었다.

그러나 개도국 입장에서 경제개발에 필요한 만큼 외자를 확보하는 것은 쉽지 않다. 국내에서 뭔가 만들어 외국에 팔아야 외국 돈이 들어올 텐데, 수출할 수 있는 상품 자체가 없었다. 외국 정부나 국제기구에서 빌리는 방법도 있지만 그렇게 하려면 외국, 특히 미국과 친밀한 관계여야 한다. 더욱이 대다수가 식민지였던 개도국 입장에서는, 외자를 끌어들여 경제를 개발하는 노선에 거부감을 가질 수밖에 없는 사정도 있었다.

이런 가운데 신생 사회주의 국가들은 경제개발의 필요성을 강조하면서도 외국자본에 의존한 경제발전 노선은 거부했다. 게다가 미국과 친밀한 관계를 맺는 것도 기대할 수 없었다. 이엔 나름대로의 역사적 맥락이 있다.

사회주의자들이 식민지 문제에 본격적으로 개입하기 시작한 것은 1928년 8월 모스크바에서 열린 제6차 코민테른 대회(레닌이 창설한 국제공산당동맹, 제3인터내셔널)다. 당시 국제 공산당의 열망 중 하나는 제국주의(당시의 자본주의 대국인 영국 등 서유럽 국가들과 일본, 미국)에 맞서 식민지 피압박 민족들을 국제적으로 조직하는 것이었다. 여기서 등장한 이론이 바로 식민지반봉건사회론이다. 이 논리에 따르면, 식민지에서 제국주의의 역할은 봉건세력과 결탁해서 그 나라의 생산력이 발전하지 못하도록, 즉 자본주의 체제가 성립할 수 없도록 차단하는 것이었다. 그래서 이런 상태를 타개하는 혁명이 필요하다는 것이 6차 코민테른 대회의 입장이 된다.

그렇다면 국제 공산당은 "무엇을 할 것인가?" 코민테른은 공산당답게 프롤레타리아트 혁명을 제안했을까. 아니었다. 대안은 오히려 제국주의에 맞서는 '부르주아 민주주의 혁명', 간단하게 말하면 민족 부르주아, 즉 민족자본가 주도로 자본주의를 건설하기 위한 혁명을 일으키는 것이었다. 여기서 민족자본가란, 외자가 아니라 국내에서 형성한 돈을 기반으로 성장한 자본가란 의미다. 식민지의 산업화와 생산력 발전, 즉 자본주의화를 저해하는 주범이 제국주의라면, 제국주의에 대항하는 최선의 투쟁은 자본주의 건설 아니겠는가. 그래서 식민지의 부르주아 혁명은 민족해방투쟁이기도 하다는 것이다.

여기서 유의할 것은 코민테른의 인식이다. 식민지에서는 제대로 된 산업화와 생산력 발전이 불가능하다. 그렇다면 식민지 민중이 제대로 된 경제를 건설하기 위해서 해야 할 일은 민족 자주성의 확립, 즉 정치·경제적 독립이다. 이는 외세로부터 정치적으로 자유로운 정부와 외국자본에 의존하지 않는 경제발전으로 요약할수 있다. 외국자본을 받아들이면 선진자본주의국에 '종속'되어 경제발전이 불가능하므로 어떻게든 국내자본을 형성해서 '자립경제' 시스템을 만들자는 것이다.

이 같은 인식은 식민지 해방의 시기였던 1940년대를 관통하고, 1960년대 이후까지 이어진다.

이런 내용을 가진 식민지반봉건사회론은 비록(?) 공산당이 '창

금융은 어떻게 세상을 바꾸는가

시'했지만 신생 독립국들의 근대적 자립경제를 향한 '시대정신'을 반영한 것이었다. 이 시대정신, 바로 자립경제와 경제성장에 대한 갈망은 박정희의 '잘 살아보세'는 물론 김일성의 '이밥에 고깃국을 먹는 나라'까지 관통하고 있다.

마오쩌둥의 망상

이런 기조를 가장 극단적으로 실천한 인물이 바로 중국의 마오쩌둥 전 주석이었다.

1958년 모스크바를 방문하고 귀국한 마오쩌둥은 급진적인 경제발전 계획을 발표했다. 그 목표인즉슨 중국이 "15년 안에 미국과 영국을 따라잡아" 경제 및 군사 부문에서 세계 최강대국이 되어야 한다는 것이었다. 마오(마오쩌둥)는 정치대국이 되고자 하는 야무진 꿈도 가지고 있었다.

"지구통제위를 설치하여 지구의 통일 계획을 수립하겠다!"

〈로보트태권V〉의 카프 박사나 〈마징가Z〉의 헬 박사, 〈007〉 시리즈의 블로펠트 등 지구정복 야망에 불타는 악당 계보의 원형이 여기 있다. 아무튼 이렇게 대약진운동은 시작되었다.

그런데 중국이 15년(대내적으로는 10년) 안에 미국과 영국을 따라잡으려면 어떻게 해야 할까. 상상을 초월하는 속도로 제조업 및 농업 부문의 생산력을 발전시켜야 했다. 무엇보다 '산업의 씨앗'인 강철의 생산량을 대폭 늘려야 한다.

문제는 결국 철강산업을 어떻게 육성할 것인가로 집약된다. 개발도상국의 입장에서 가장 일반적인 철강산업 육성 방법은 어떻게든 '외국 돈'을 만들어서(빌려오든, 식량이나 원자재 수출로 벌어들이든) 해외의 노하우와 기술, 설비를 사들이고 이를 통해 대규모 산업시설을 세우는 것이다. 이는 한국이 일본으로부터 돈을 빌려 포항제철을 키운 방식이기도 하다. 그러나 마오는 '외자에 의존하는' 이런 방식을 거부하고 그야말로 '민족자본'과 '민족기술'에 의존하기로 한다. 어떻게?

그는 전全 중국 인민들에게 '뒷마당 용광로'를 세우라고 지시했다. 집마다, 학교마다, 직장마다 작은 용광로를 설치해놓고, 이곳에 인민들이 소유하고 있는 거의 모든 금속제품들을 무조건 기부하도록 강요했다. 중국 출신 영국 작가인 장융에 따르면 "조리기구, 쇠로 된 문손잡이, 여성의 머리핀은 물론이고 농기구와 심지어는 물탱크마저 용광로 속으로 들어갔다." 심지어 용광로의 연료로 사용하기 위해 농민들의 집을 헐고, 인근의 산과 언덕들은 벌목으로 민둥산을 만들어버렸다. 그러나 이렇게 만든 강철은 당연히 산업에 사용할 수 있는 것이 아니라서 거의 전량이 폐기되었다. 이 사업에 거의 1억 명의 중국 인민이 동원되었다.

식량생산에서도 마오는 상식을 심하게 비켜갔다. 인민공사를 설립해 농민들의 생산수단과 생활수단을 모조리 공유 재산으로 만든 극좌적 노선은 차치하고라도 공상에 가까운 생산량 증대 선전을 벌였던 것이다. 중국공산당 기관지인 『인민일보』는 정상적인 산출량의 수백 배에 달하는 식량을 생산하는 사례를 날조해 모범지역이라고 선전했다. 당은 곤봉과 총으로 생산 책임자에게 말도

안 되는 증산목표를 강요했다. 『인민일보』는 무게가 200킬로그램인 양배추, 트럭의 절반 크기인 오이, 암소만한 돼지가 생산되었다고 '사기'를 쳤고 인민들은 이를 모두 믿는 척했다. 안데르센의 '벌거벗은 임금님'이 당시 중국 현실에서 그대로 나타났다.

이 시기 중국의 농촌에 가면 농민들이 빗자루를 들고 논두렁을 뛰어다니며 굉음을 내지르는 광경을 쉽게 볼 수 있었다. 식량을 좀 먹는 참새를 박멸하라는 마오 주석의 지시에 따른 행동이었다. 참새가 논밭에 앉지 못해 지쳐 떨어지면 그것을 '박멸'한다는 기막힌 전술이었다. 그러나 이 운동으로 참새가 박멸되자 해충들이 크게 번성하는 파멸적 결과가 초래되었다. 결국 중국 정부는 '극비'로 소련에 서한을 보내 "참새 20만 마리만 보내 달라"고 애원해야 했다.

대약진 운동의 결과는 굶주림과 과도한 노동으로 인한 3800만 명의 아사였다. 이 같은 광란 어디에도 '계급투쟁을 통한 사회발전'이라는 사회주의 원리의 흔적은 찾아보기 힘들다. 대약진운동의 참상은 한편으로는 마오쩌둥이라는 광기의 지도자가 '인민의 독재'를 '인민에 대한 당의 독재'로 대체했기 때문이었다. 그러나 다른 한편으로는 중국의 국민경제가 세계 경제 혹은 세계시장과 유리된 채 독자적으로 발전할 수 있다고 믿었던 '마오식 민족경제론'의 결과이기도 했다. 북한의 목탄 자동차, 비날론 등도 중국의 '뒷마당 제철소'와 같은 발상의 결과라고 볼 수 있다.

박현채의 민족경제론은 옳았을까

1960~1970년대, 박정희정권의 개발독재에 학문으로 맞서 싸웠던 박현채 선생의 민족경제론은 이후 한국 사회의 진보적 경제학자들에게 엄청난 영향을 미친 이론 체계다. 그런데 이 민족경제론 역시 아까 언급한 식민지반봉건사회론의 '종속과 경제발전'의 문제의식(종속된 경제엔 성장이 없다!)을 거의 그대로 답습하고 있다.

박현채의 민족경제론은 '종속에 대한 이론'이다. 한마디로 말해서 한국 경제는 재생산과 시장에서 제국주의 국가에 종속되어 있기 때문에 "국내적 분업 관련은 보잘것없는 것으로 되면서 경제는 비자립적이고 대외의존적인 것으로 되었다"는 것이다. 여기서 '재생산과 시장의 종속'이란 무엇일까? 우선 '재생산의 종속'부터 보면, 노동력을 재생산하는 식량, 상품을 재생산하는 원자재 및 중간재 등을 국내가 아니라 해외에서 수입해온다는 것이다. '시장의 종속'은 국내에서 생산된 상품을 국내에서 팔 수 없기 때문에 해외에 수출해야 하는 상황을 의미한다.

더욱이 박현채의 시각에서 한국 경제는 금융적으로도 외국에 종속되어 있었다. 그래서 "1962년 이래의 경제개발 계획은 (…) 외견상 자립경제의 요구를 내걸고 있음에도 불구하고 외자의존형이며 외국자본을 주축으로 한 수출입국형의 대외의존적 경제구조를 실현하는 것이었다"고 평가한다. 당시 한국이 외자를 빌려와 외국의 설비나 기술을 매입하고, 이를 활용해 상품을 생산해 수출했던 것을 '외자의존형' '수출입국형 대외의존'이라고 비판한 내용이다.

금융은 어떻게 세상을 바꾸는가

그래서 한국 경제는 "양적 성장과 외부적 화려함의 뒷전에서 (…) 멍들어가고 텅 빈 강정으로 되어간다"고 박현채는 주장했다.

솔직히 지금 돌이켜본다면 박현채 선생의 민족경제론은 넌센스다. 수출과 수입 자체를 부정적인 요소로 간주하는 것 아닌가라는 생각까지 든다. 외자의존의 문제도 마찬가지다. 1960~1970년대 당시엔, 국내에서 수출할 수 있는 상품이 섬유와 농산물에 불과했는데 그 규모는 크지 않았다. 그 돈으로는 비싼 기계설비를 해외에서 구입할 수가 없었다. 그래서 외자를 빌려야 했던 것이다. 빌려온 돈(부채)은 잘 쓰면 된다. 지금도 남미나 중동의 친서방 정부들에서 횡행하는 것처럼 정치인이나 공무원이 빌려온 외자를 횡령하지 말고 경제발전에 투입해서 원금과 이자를 상환하면 되는 것이다. 그러면 '민족 구성원'들의 고용을 늘리고 소비 수준을 높일 수 있다. 예컨대 한국의 개발기엔 빌려온 외국자본으로 포항제철을 설립하고 거기서 생산된 철강을 수출해 대부금을 갚는 선순환이 이뤄졌다.

그러나 "상대적 자급자족체계의 실현"을 꿈꿨던 박현채에게 '외자에 의존한' 당시의 경제개발은 몹시 부정적인 것이었다. 박현채의 바람처럼 국내 자본이 빈약했던 당시 상황에서 "민족자본", 즉 "민족경제에 자기재생산의 기반을 갖는 자본" 혹은 "민족계 자본"만을 "밑천"으로 삼았다면 지금 한국엔 포항제철도 현대자동차도 존재하지 않을 것이다.

외자를 어떻게 활용할 것인가

1940년대 중반 이후 해방된 신생 독립국들은 '외국자본(외자)을 적극적으로 활용한 국가'와 '배격한 국가'로 나눌 수 있다. 그런데 이후 반세기의 결산 결과를 보면 전자 중에서는 극소수의 국가나마 선진 산업국에 대한 1단계 따라잡기에 성공한 반면 후자는 완벽하게 실패했다. 한국이 '성공한 극소수 국가' 중의 하나라면, 후자의 가장 비극적인 케이스는 마오쩌둥 시절의 중국과 북한이다. 신생 독립국들의 운명을 이렇게 갈라놓은 핵심적 변수는 바로 외자였다. 후발 산업화 단계를 밟아야 했던 신생 독립국의 입장에서 외자는 경제도약을 위한 필요조건이었던 것이다. 한국은 이렇게 확보한 외자를 국민경제의 장기적 성장에 적합한 방식으로 활용해서 세계 최빈국에서 선진국 문턱까지 도약하는 데 성공한 나라라고 할 수 있다.

그런데 이쯤에서 외자를 들여오는 형태가 크게 두 가지로 나뉠 수 있다는 점을 짚고 넘어갈 필요가 있다. 하나는 경제개발기에 한국의 주된 외자도입 방식이었던 대출, 즉 '빌리는 것(부채)'이다. 외자를 빌린 한국 기업들은 그 돈을 정해진 시일 내에 갚기만 하면 된다. '빌려준 측(외국자본)'이 기업의 경영엔 영향을 미칠 수 없다. 덕분에 한국 기업들은 철강(포스코), 반도체(삼성전자) 등 장기·모험·대형 투자(큰돈이 들고 성공 여부도 불확실한 데다 수익이 나올 때까지 긴 세월이 소요되는 투자)를 감행할 수 있었다. IMF와 세계은행 등 국제금융기구들과 다른 나라 정부는 1960년대 철강산업에 뛰어들려는 한국에게 사실상 '미쳤다'고 했다. 당시 한국이 철강을 생산하겠다는 것은 지금 아프리카의 어떤 나라가 스마트폰 산업을 시작하겠다고 선언하는 것과 비슷한 상황이었기 때문이다. 그러나 '빌린' 외자였기 때문에 더 이상의 간섭("당장 철강산업 때려치우고 내 돈 토해내!")을 받지 않고 과감하게 투자할 수 있었고, 이런 투자 중 상당수가 성공했기 때문에 오늘날 세계 10위권이라는 한국 경제의 현실이 가능했던 것이다.

외자도입의 다른 방법은, '지분투자'다. 외국인이 한국 기업의 주식을 사들일 수 있게 하는 것이다. 그러면 외국인은 한국 기업의 주식을, 한국 기업은 외국인의 돈(외자)을 갖게 된다. 심지어 외국인이 특정 기업의 주식을 집중적으로 매입해서 경영권을 차지할 수도 있다. 외국인이 한국 기업에 마음껏 투자할 수 있게 된 것은 1997년 외환위기 이후 IMF 개혁이 추진되었을 때부터다. 이전엔 외국인이 사들일 수 있는 한국 기업의 주식 지분은 각종 편법을 동원해도 10%에 미치지 못했다. 국가경제에 중요한 전략산업 부문 대기업과 은행의 경영권이 외국인에게 넘어가는 사태를 원천 봉쇄하고 있었던 것이다. 만약 개발 초창기에, 해외 자동차업체가 현대자동차의 경영권을 갖고 있었다면, 현대차가 오늘날 같은 초국적 기업으로 발전할 수 있었을까? 해외 투자자들이 국내 은행을 경영했다면, 자동차나 반도체 등 엄청난 돈이 필요하고 실패할 가능성이 적지 않으며 수익을 거둘 때까지 상당한 기간이 필요한 장기·모험·대형 프로젝트에 돈을 빌려줬을까? 그랬을 가능성은 별로 없다.

한국 경제는 경제발전기에 외자를 잘 활용해 성공한 축에 속한
다. 그러나 시대와 방식이 변하면서 외자도입은 오늘날 다른 문제
를 일으키고 있다. 우리는 뒤에서 그 변화의 양상을 살펴볼 것이
다.

2장
달러는 어떻게
세계의 화폐가 되었나

한국과 같은 신생 독립국들이 외자와 국민경제에 대한 제각기의 노선으로 자립경제를 지향했던 것은 대충 제2차 세계대전 직후부터 1970년대 초반까지 유지되었던 '브레튼우즈 체제' 때의 일이다. 브레튼우즈 체제는, 양차 세계대전의 원인에 대한 반성에서 비롯된 '국제 환율 협약'이라고 할 수 있다. 세계무역이라고 부를 만한 것이 이루어졌던 19세기 중후반 이후, 선진자본주의국들 사이에서 가장 큰 갈등의 불씨는 환율 문제였기 때문이다.

이 시대의 특징 중 하나는 외자, 특히 달러가 귀했다는 것이다. 제2차 세계대전 직후엔 유럽 각국이나 일본 등의 선진자본주의국들도 국내 시설이 많이 파괴된 상태였다. 이 나라들이 경제를 재건하려면 (전쟁 피해가 거의 없었던) 미국의 물자가 필요했고 또 미국의 물자를 사려면 달러를 확보해야 했다. 이런 사정은 사회주의권

이외의 신생 독립국들도 마찬가지였으니 달러 수요가 치솟았고 달러가 귀해졌던 것은 당연한 일이다.

미국은 브레튼우즈 협약을 통해 달러화를 기축통화로 자리매김하는 동시에 마셜플랜이나 원조 등의 방식으로 달러화를 전세계로 뿌렸다. 덕분에 세계 경제는 시간이 흐르면서 빠르게 회복되어나간다. 당시의 미국은 실물경제에서나 통화(달러)의 지위에서나 명실공히 세계의 지도국이었다. 그러나 역설적으로 이 때문에 달러화의 절대적 위상이 위기에 처하게 되고 1970년대 초, 브레튼우즈 체제는 사실상 붕괴한다.

그리고 외자 혹은 '국제간 돈의 흐름'은 이전과는 상당히 다른 새로운 의미를 획득하면서 이른바 '금융 세계화'가 이루어지는데, 여기서 그 과정을 간략하게 살펴보자.

브레튼우즈 협정의 체결

1944년 체결된 브레튼우즈 협정의 가장 중요한 목적은 환율 안정이었다. 선진자본주의국가들은 이미 1930년대 대공황 직후 자국산 제품의 경쟁력을 높이기 위해 보호무역 정책과 함께 자국 통화가치를 경쟁적으로 내린 경험이 있었다. 1931년 영국을 시작으로 무려 20여 개국이 가치 절하를 단행했다. 특히 일본은 최근의 아베노믹스 못지 않은 과감한 통화·재정 팽창으로 그 이듬해(1932년)까지 엔화 가치를 무려 60%나 내렸다. 그런데 통화가치 변경은 다른 나라 경제에 불가피하게 영향을 미치게 된다. 예컨대 달러화와 엔

금융은 어떻게 세상을 바꾸는가

브레튼우즈 협정에 참가한 영국 대표 존 메이나드 케인스(오른쪽)와 미국 대표 해리 덱스터 화이트(왼쪽). 케인스는 '세계중앙은행'과 '세계통화'를 도입할 것을 주장했으나, 결국 협정은 미국 측 안으로 통과되었다.

화의 교환 비율이 당초 '1달러=100엔'이었는데, 일본이 일방적으로 엔화 가치를 내려 '1달러=200엔'으로 환율을 변경시켜버렸다고 가정하자. 이 경우, 미국이 일본에 1달러로 수출하던 상품의 가격은 졸지에 100엔에서 200엔으로 올라 판로가 막혀버릴 것이다. 혹은 일본 금융기관에 2만 엔을 입금해놓은 미국인의 경우, 이전까지는 2만 엔을 인출해서 200달러로 바꿀 수 있었지만 이젠 손에 들어오는 달러가 100달러밖에 안 된다. 그러므로 사실 어떤 나라가 자국의 통화가치를 변경시킬 때는 다른 나라와 정책협조가 필요하다.

그러나 1930년대 당시엔 환율변동 문제를 논의할 만한 국가간 테이블이 없었다. 그래서 각국이 자기 필요에 따라 '알아서' 자국 통화가치를 내렸고, 다른 나라는 그에 대응해 더 내리는 악순환이 거듭되었으며 이와 함께 각자 보호무역까지 시행하면서 국제갈등이 고조된 것이다. 심지어 이 같은 상황이 제2차 세계대전의 한 원인이라는 주장까지 있다.

그래서 브레튼우즈 협정의 목표는, 각국이 멋대로 자국 통화의 가치를 변동시키지 못하게 하는 것이었다. 이를 위해 회원국들은 자국 통화의 가치를 달러화의 가치에 대해 고정시킬 의무를 지게 되었다. 한편 미국은 달러화 가치를 금의 가치(금 1온스=35달러)에 고정시켜야 했다. 말하자면 전세계의 통화가 미국의 달러화를 매개로 해서 금을 중심으로 공전하는 우주를 설계한 것이다. 이른바 고정환율제다.

그런데 각 회원국이 자국 통화의 가치를 달러화에 대해 일정하게 유지하려면 어떻게 해야 할까? 가장 중요한 조건은 각국이 중앙은행에 달러화를 충분하게 비축하는 것이다. 예를 들어 독일 기업이 미국 상품을 매입하려면, 먼저 마르크화로 달러화를 사야 한다. 이렇게 되면 수요-공급의 법칙에 따라 달러화에 대한 수요가 늘어나면서 달러화 가치가 상승한다. 그런데 아까 말했던 것처럼 독일은 브레튼우즈 협정에 따라 마르크화 대 달러화의 가치를 일정하게 유지할 의무를 지녔고, 이에 따라 달러화의 가치를 다시 낮춰야 한다. 그 방법은 독일 중앙은행이 비축해둔 달러화로 마르크화를 사는 것이다. 이렇게 되면 다시 마르크화의 가치가 올라 목표로 정해진 환율을 달성할 수 있다.

이와 마찬가지로 미국 역시 금에 대한 달러화의 가치를 유지하려면 금을 대량으로 비축해놓아야 했다. 금값이 오르는 경우, 비축해둔 금으로 달러화를 사기 위해서다. 금으로 달러화를 사면 역시 수요-공급의 법칙에 따라 금값은 내려가고 달러화 가치는 올라 정해진 교환 비율(금 1온스=35달러)을 유지할 수 있다.

그런데 이런 시스템이 유지되려면 미국 이외의 나라에 달러화가 흘러 다녀야 한다. 예컨대 미국의 중앙은행인 연방준비은행(연준)은, 금값이 오르는 경우 비축해둔 금을 풀어 달러화를 사야 한다. 그런데 연준이 사야 하는 달러화가 다른 나라에 없다면, 매입 자체가 불가능해진다. 이는 무엇을 의미하는가? 미국이 자국 통화인 달러화를 해외로 대량 방출해놓아야 한다는 이야기다. 그래야 금과 달러화의 교환비율이 유지되고, 이에 따라 달러화와 세계 각국 통화 사이에 정해진 환율(고정환율)이 지켜질 수 있다. 이로써 고정환율제를 중심에 놓은 브레튼우즈 체제는 물론 미국의 기축통화국 지위도 유지될 수 있는 것이다.

미국이 달러화를 해외로 방출하는 방법은 크게 두 가지가 있었다. 하나는 경제원조다. 마침 서유럽 경제는 제2차 세계대전으로 심각하게 파괴되어 있었고, 이 나라들엔 경제복구 물자를 조달하기 위한 달러화가 필요했다.(서유럽 국가들에게 필요한 물자는 미국에 있었다.) 그래서 미국은 1948년부터 마셜플랜이라는 프로젝트로 서유럽에 수백억 달러를 원조한다. 또 하나의 방법은 미국의 상품 시장을 개방하는 것이다. 이른바 수입개방으로, 세계 각국 기업들의 상품을 사주면 달러화는 자연스럽게 세계로 퍼져나간다. 그런데 이는 한편으로 미국이 무역수지에서 항상 적자를 봐야 한다는 이야기도 된다. 결국 제2차 세계대전 이전까지만 해도 세계 최강의 산업국이자 수출대국이었던 미국은 1950년대를 기점으로 차츰 무역수지 적자국으로 변화한다. 이 같은 미국의 경제체질은 지금까지도 이어지고 있다.

그러나 이는 세계적 차원에서 볼 때 미국과 이외 국가들 간의 '윈-윈' 게임이었다. 미국은 마셜플랜, 무역수지 적자, 그리고 달러화 가치 유지를 위한 금 매입 등의 수단으로 지구 전체에 국제 유동성(달러화)을 공급했다. 덕분에 기축통화국이자 초강대국으로서의 입지가 확고해졌다. 반면 유럽과 일본은 뿌려진 달러로 미국의 생산재와 소비재를 구입해서 경제회복의 기반을 다졌다. 제2차 세계대전으로 미국을 제외한 지구 전체가 피폐해진 상황에서 이 시스템은 삐꺽거리면서도 비교적 원활하게 작동되었다.

브레튼우즈 체제의 붕괴

그러나 이렇게 유지되던 브레튼우즈 체제가 1950년대 말에 접어들면서 심각하게 동요하기 시작한다. 그 이유는, 역설적이게도 브레튼우즈 체제가 **지나치게** 성공했기 때문이다.

우선 미국의 '노력' 덕분에 달러화가 너무 많이 뿌려졌다. 어떤 물건의 가격이 상당히 높은 수준으로 정해져 있는데(예컨대 고정환율제에서 달러화는 다른 나라 통화들에 대해 가치가 고정되어 있음), 해당 물건이 시중에 너무 흔하다면, 그 가치에 대한 의심이 확산되기 마련이다. 빈집이 넘쳐나는 데 집값이 떨어지지 않는 경우를 생각해보면 된다. 그래서 전세계적으로 달러화 가치에 대한 의구심이 크게 생겨났다. 그런데 설사 미국 연준이 달러화를 많이 찍어냈다 해도 금을 충분히 비축하고 있다면 그 가치를 유지하는 데 큰 문제가 없을 것이다. 예컨대 다른 나라 기업들이 미국에 수출한 대가로 받은 35달러를 연준에 가져갔을 때 금 1온스를 받을 수 있어야 한다. 그러나 미국이 방출한 달러화 규모에 비해 연준이 실제로 보유한 금의 규모가 터무니없이 적을 것 같다는 의심이 전세계로 번져나가기 시작한다. '브레튼우즈 체제'라는 우주의 중심에 있는 달러화에 대한 신뢰가 흔들리기 시작한 것이다.

이에 더해 브레튼우즈 체제에서 경제복구에 성공한 일본과 유럽이 미국 경제를 심각하게 위협하게 된다. 일본과 유럽은 주로 대미수출을 통해 급격한 경제성장을 이뤄내면서 무역수지 흑자국이 된다. 그런데 이는 미국 입장에서 굉장히 괴로운 사태일 수 있다. 점점 더 많은 해외 상품을 수입하면서 국내 산업의 기반이 흔들리게 되는 건 물론 무역수지 적자가 계속 악화되어 미국으로서도 견딜 수 없는 지경에 이르게 되기 때문이다. 또한 달러화의 가치를 유지하기도 어려워진다. 예컨대 미국이 일본 상품을 수입하는 경우, 먼저 엔화를 매입해야 하고 이는 '엔화 수요 상승⇒엔화 가치절상(상승)과 달러화 가치절하(하락)'으로 이어진다. 이런 흐름을 차단하려면 금으로 달러화를 매입하면 되겠지만, 연준이 금을 무한정 보유할 수는 없는 일이다. 그럼 어떤 대안이 가능할까?

첫번째는, 미국에 수출을 가장 많이 하는 독일과 일본에 마르크 및 엔화를 절상하라고 압력을 가하는 것이다. 그렇게 하면 미국 시장에서 독일, 일본 상품의 가격은 오르고 미국 상품 가격은 상대적으로 내려 수입이 줄어들 것이다. 수입이 줄어든다는 것은 달러화로 엔화나 마르크화를 매입하는 규모 역시 줄어든다는 것이고 이에 따라 '엔화·마르크화 절상과 달러화 절하'를 막을 수 있다.

두번째는 미국이 국내에서 긴축정책을 실시하는 방법이다. 예컨대 통화량을 줄이고(금리를 올려 돈 빌려 사업하거나 소비하는 일을 차단하는 식으로) 정부지출을 축소해서 경기를 인위적으로 하강시키면 된다. 이 경우, 경기가 악화되면서 물가가 내리고(100달러로 사던 물건을 50달러로 살 수 있게 된다면 그만큼 해당 물건에 대해 달러화의 가치가 오른 것), 수입이 감소해(달러로 다른 나라 통화를 사는 일도 줄어든다) 달러화 가치를 유지 혹은 회복할 수도 있다. 실제로 독일과 일본은 자국 통화가치에 대한 절상 압력을 거부하면서 차라리 미국이 경기부양을 포기하고 긴축정책을 실시하라고 요구했다. 그러나 미국뿐 아니라 어느 나라 정부든 긴축정책엔 치를 떨기 마련이다. 자칫 시민들의 반발을 불러와 다음 선거에서 정권을 잃게 될 수도 있다. 미국 정부는 경기부양 정책을 유지했고, 이에 따라 인플레이션이 계속된다. 미국의 물가가 오른다는 것은 그만큼 달러화의 가치가 떨어지고 있다는 이야기도 된다.

이런 상황 속에서 1960년대 중반 이후엔 달러화에 대한 신뢰가 전세계적으로 하락하는 추세가 뚜렷해졌다. 이와 반대로 금 가격은 올랐다. 반복해서 이야기하지만 브레튼우즈 체제는, '35달러를 가져가면 금 1온스로 바꿀 수 있다'는 '약속'에 기반한 것이다. 그런데 세계의 모든 경제 관계자들이 보기에 달러화 가치가 엄청나게 불안해지고 있는 가운데 금값이 오르고 있었던 것이다. 이렇게 되면 달러를 약속된 만큼의 금으로 바꿀 수 있다는 보장이 없다. 그래서 1968년 무렵엔 자국이 비축한 달러화를 금으로 바꿔달라는 요구가 미국 정부로 쇄도한다. 이는 자신의 돈을 찾지 못하게 될지도 모른다고 우려하는 예금자들이 은행으로 몰려가는 사태(뱅크런)와 비슷하다. 이렇게 진퇴양난에 부딪친 미국 닉슨 행정부는 1971년 8월 15일, 달러와 금의 교환 중지를 선언하게 된다. 이는 사실상 금의 대체 자산으로까지 격상되었던 달러화의 지위를 미국 정부가 포기한다는 것이었다. 달러와 일정 비율로 다른 통화를 교환하기로 했던 약속(고정환율제) 역시 해체될 수밖에 없었다. 브레튼우즈 체제는 사실상 막을 내렸다. 이렇게 고정환율제는 종언을 고하고 세계 경제는 변동환율제의 시대로 접어들게 되었다.

변동환율제

변동환율제 시대의 개막은 국제금융시장이 본격적으로 발전할 것이라는 신호였다.

변동환율제에서는 각국의 민간 주체들이 비교적 자유롭게 여러 나라의 통화를 사고팔면서 그때그때의 수요-공급에 따라 각국의 통화가치가 결정된다. 말하자면 고정환율제와 달리 여러 나라의 돈 가치가 끊임없이 변동하게 되는 것이다. 그렇다면 이 나라의 돈으로 저 나라의 돈을, 그리고 저 나라의 돈으로 이 나라의 돈을 사고팔면서(외환거래), 그 가치 변동에 따라 이익을 취할 수 있는 가능성이 있다. 더욱이 브레튼우즈 체제 당시 고정환율에 맞추기 위해 시행해야 했던 각종 규제가 사라졌다. 그만큼 국제적으로 통화를 주고받으며 금융 장사(국제금융시장)를 할 수 있는 환경이 마련된 것이다.

이와 함께 금융기관들이 국제무대에서 '돈놀이'를 할 수 있는 '재료'가 갑자기 폭증하는 사건이 벌어진다. 바로 1973년의 1차 오일쇼크다. 당시 아랍 산유국들은 석유를 무기화하면서 원유가를 한꺼번에 4배씩 인상시키기도 했다. 갑작스런 충격으로 인해 세계경제는 불황기에 접어들었다. 그러나 이는 국제금융산업엔 다시없는 호재였다. 갑자기 떼부자가 된 아랍 산유국들이 석유를 팔아 챙긴 달러화 자금을 유럽 금융기관들에 맡긴 것이다. 만약 이 달러 자금을 미국 은행들에 맡겼다면, 아랍 거부들과 금융기관들은 큰 재미를 못 봤을 것이다. 당시만 해도 미국은 자국 금융기관들의 자금 운용을 엄격히 규제하고 있었기 때문이다. 어떤 국가든 자기 나라 돈의 가치는 엄격히 챙긴다. 자국 통화의 가치가 제멋대로 변동하게 놔뒀다가는 국민경제에 엄청난 악영향이 생길 수 있기 때문이다. 유럽 국가들 역시 만약 산유국들이 프랑화나 마르크화를 프랑스나 독일 금융기관에 맡기고, 이 금융기관들이 그 돈으로 과격한 금융투기를 벌였다면 이를 저지했을 것이다.

그러나 산유국들은 미국의 달러화를 독일이나 프랑스의 금융기관에 맡겨 운용하도록 했다. 유럽 정부들로서는 크게 개입할 이유를 찾지 못했다. 미국 정부 입장에서도 자국 통화인 달러화지만 다른 나라 금융기관이 운용했기 때문에 개입하기가 어려웠다. 이 같은 제도적 틈새 덕분에 금융기관들은 미국과 유럽 정부의 규제 없이 마음껏 위험한 대출과 투자를 일삼으며 '금융수익 극대화'를 추구할 수 있었다. 변동환율제로 발전의 계기가 마련된 국제금융시장에게 오일쇼크는 '울고 싶은데 뺨 때려준', 막대한 운용 자금이 발생한 사건이라고 할 수 있다.

이처럼 미국의 달러를 미국 밖의 '유럽'에서 거의 규제 없이 운용할 수 있었기 때문에 '유로달러시장'이란 용어가 생겼다. 그런데 여기서의 '유로'는, 시간이 지나면서 '유럽'이라는 원래 의미를 벗어나 '특정 통화가 해당국 밖에서 규제 없이 운용되는' 경우를 뜻하게 됐다. 예컨대 '유로금융시장'은, 달러화가 미국 이외 지역에서, 엔화가 일본 외의 지역에서 규제 없이 운용되는 시장이라고 보면 된다.

아무튼 이런 유로금융시장에서 운용되는 자금은, 1970년대 말 이후 전세계를 가로지르며(국제간 외환거래) 국제금융거래의 영역을 넓히는 한편 각종 규제를 피해 더 많은 수익을 창출하는 금융기법 개발의 선봉대 역할을 하면서 이른바 '금융지구화'를 선도해 왔다.

남미 외채위기와 월스트리트 금융혁명

이렇게 본격화되기 시작한 '국제간 외환거래', 다시 말해 세계금융시장은 1980년대에 두 가지의 극단적으로 상반된 형태로 발전한다. 하나는 남미의 외채위기이고 다른 하나는 월스트리트의 금융혁명이다.

1970년대 초중반, 국제금융시장의 큰손으로 등극한 산유국들의 자금은 미국과 유럽의 초국적 금융기관을 통해 남미의 개발도상국들에게 대출되었다. 간단하게 말하자면 지구의 한쪽엔 돈이 넘쳐서 '덮어놓고' 대출해주고 싶은 금융기관이 있었고, 다른 한쪽엔 돈이 필요해서 '덮어놓고' 빌리려는 외자 수요 국가들이 있었다. 이들이 만나면 사고가 발생하지 않을 수 없다. 이렇게 '외자 잔치'가 벌어졌지만 그 뒤에 문제가 발생했다.

남미 국가들이 외자를 자국의 경제개발에 효율적으로 사용했다면 큰 문제는 없었을 것이다. 그러나 원래 좋은 일은 잘 이루어지지 않는 법이다. 남미 국가들의 경제개발 프로젝트는 상당수 실패했으며 도입 외자 중 상당 부분을 부패한 독재자들이 맘대로 쓰기까지 했다. 더욱이 남미 국가들의 주요 수출 상품인 원자재 가격이 1970년대 말 이후 크게 떨어지는 일도 발생한다. 그만큼 남미 국가들의 달러 획득 능력이 줄어든 것이다. 이런 가운데 1980년대엔 세계금융시장이 고금리 기조로 바뀌면서 남미 국가들이 갚아야 하는 돈의 규모가 엄청나게 불어나버린다. 그에 따라 남미 국가들은 잇따라 상환불능 상태에 처하게 되는데, 이것이 바로 지금까지 이 지역 경제를 비틀거리게 하고 있는 남미 외채위기이다.

한편 1970~1980년대는 넘치는 오일달러로 선진국 금융기관들에게 국제적인 '돈놀이' 기회가 생겼을 뿐 아니라 이 기회가 본격적으로 현실화된 시기이기도 했다. 1980년대 미국의 월스트리트를 중심으로 진행되기 시작한 첨단 금융상품 개발붐이 그것이다. 선진국 금융기관들은 최고 수준의 수학, 통계학, 사회학 기법들을 동원해 '돈놀이'의 수익성을 극대화하려고 했고 이런 기조 속에서 이른바 '첨단 금융기법'들이 탄생하게 된다.

1980년대 월스트리트에서 진행된 금융혁명은 금융업의 역사에서 진정한 의미의 '혁명'이라고 할 수 있다. 이전의 금융업은 대개 대출업과 동의어였다. 돈 빌려주고 이자 받는 것이 금융의 전부였다고까지 할 수 있다. 그러나 월스트리트의 금융혁명은 금융산업의 주류를 대출업무(상업은행)에서 투자업무(투자은행)로 바꿔나가는 일종의 '정권 교체'였다. 즉 이전의 금융업이 돈을 기업이나 개인에게 빌려주고 원금과 이자를 돌려받는 것이었다면, 월스트리트의 금융혁명가들은 미국이나 다른 나라 기업의 주식에 투자해서 해당 기업의 소유·지배권을 장악하고 주무르는 과정을 통해 (대출업의) 예대마진 따위와는 비교할 수 없는 수익을 얻으려고 했다. 이에 더해 이전에는 볼 수 없었던 각종 파생금융상품들이 등장하기도 했다.

다만 이런 월스트리트의 첨단 금융업이 세계로 확산되어 정착되려면 필요한 조건이 있다. 예컨대 예전의 한국이나 독일처럼 자국 기업의 주식을 외국인이 매입하지 못하게 하거나 국경을 넘나드는 자금의 흐름을 통제(외환관리법 등으로)하는 나라들을 그냥 둬서는 안 된다. 여기서 월스트리트의 선봉 역할을 맡은 것이 바로 국제통화기금IMF이었다. 당시 IMF는 외환위기를 당한 국가에 자금(달러화)을 빌려주는 대신 가혹한 구조조정을 요구했다. '빚을 갚을 수 있는 구조로 경제 시스템을 바꾸라'는 것이 명분이었다. 그리고 IMF가 요구하는 구조조정엔 '자본시장 개방(외국인에게도 주식을 매각할 수 있도록 제도를 바꾸라는 것)'도 포함되었다. 그래서 각 나라들은 외환위기를 맞아도 웬만하면 IMF로부터 급전을 얻어 쓰려고 하지 않는다.

외환위기가 터진 지난 1997년 당시 김영삼정부 경제팀의 최고 수뇌부 중 한 사람이 이런 이야기를 했다. 한국 정부가 IMF에 구제금융을 신청하기 이전에 마지막으로 기댈 만한 데는 일본이었다. 그래서 그는 일본으로 건너가 사카키바라 당시 일본 재무장관을 만났다. 그랬더니 사카키바라가 미국의 로버트 루빈 재무장관으로부터 받은 메시지를 보여주며 거절했다고 한다. 그 내용은 물론 한국에 자금을 지원하지 말라는 것이었다. 결국 한국 정부는 결국 IMF에 구제금융을 요청해야 했다. IMF는 구제금융을 제공하는 대신 '자본시장 개방'을 요구했다. 미국 월스트리트 입장에서 볼 때 한국의 IMF사태는, 그들의 투자 기회를 한국에까지 확장한 사건이라고 할 수 있다.

1990년대 이후: 유동성 과잉의 시대

이렇게 국경간 자본이동이 활발해지면서 각종 금융투자 기법이 발달했고, 이에 더해 1990년대 들어서면 미국과 영국은 물론 독일·프랑스 등의 선진자본주의국들이 금융을 국책 산업으로 키우게 된다. 선진국뿐 아니라 한국이나 아일랜드 같은 중진국, 심지어 제조업 기반도 없는 아랍에미레이트(두바이) 같은 나라까지 금융산업에 주목하게 된다. 이는 물론 미국이 금융산업을 통해 엄청난 수익과 일자리를 창출하는 것을 벤치마킹하려는 것이었다.

각국 정부들은 금융산업을 키우기 위해 어떤 일을 했을까? 금융에 대한 규제를 한껏 풀어주었다. 정부 금융감독 당국은 금융기관이 지나치게 위험한 사업에 대출(또는 투자)하거나 혹은 너무 큰 돈을 대출(투자)하는 행위를 규제하기 마련이다. 그러나 이 시기엔 '빌려주는' 행위에 대한 각종 규제들이 완화되면서 금융산업이 마음껏 자금을 운용(대출/투자)할 수 있게 되었다. 금융기관들이 많이 빌려주게 되니 유동성(사회적으로 유통되는 자금의 규모)이 대폭 증가하고, 금리는 낮게 유지되었다. 선진국의 정책금리 수준은 1990년대 중반 이후 대부분의 기간 동안 사실상 0~2% 사이로 매우 낮은 편이었다.

이와 맥락을 함께 하는 또 하나의 중요한 변화는, 금융기관들의 '빌리기'에 대한 규제도 완화되었다는 것이다. 예컨대 '건전성 감독'의 완화다. '금융기관의 건전성'이라니 좀 이상하게 들리겠지만, 사실은 간단한 이야기다. '건전성'이란 한마디로, '내 것이므로 돌려주지 않아도 되는 돈'과 '지금 사용하고 있지만 언젠가 돌려줘야 하는 돈' 사이의 비율이다. 전자가 후자보다 상대적으로 많을수록 건전성이 높다고 한다.

어느 나라에서나 정부는 자국 금융기관에 대해 건전성 규제를 한다. 즉 일정한 규모의 자본금(자기 돈)을 갖추도록 하고 다른 한편으로는 해당 자본금에 비해 지나치게 많은 외부의 돈을 빌릴 수 없게 하는 것이다. 이는 물론 금융기관이 부도를 내는 경우 그 사회적 여파가 지나치게 크기 때문이다. 그런데 1990년대부터 2008년 세계금융위기에 이르는 시대엔, 이런 건전성 규제가 지나치게 완화되었다. 예컨대 특정 금융기업의 자본금이 10억 원인 경우, 그 두 배(20억 원)까지 빌려 다른 곳에 투자할 수 있었던 것을 4배나 10배까지 빌릴 수 있게 해준 것이다. 심지어 미국의 거대 금융기관 몇 곳의 경우, 아예 건전성 감독을 받지 않도록 해줬다. 이에 더해 유동화(증권화) 기법이 개발되면서 대출기관들은 사실상 돈을 빌려준 즉시 회수해 다시 대출할 수 있게 된다.(168~171쪽 참조)

즉 이처럼 금융산업 측에서는 여러 수단을 동원해 운용하는 돈의 규모를 늘렸고, 각국 정부는 금융산업을 전략적으로 발전시키기 위해 금리를 아주 낮게 유지하며 각종 규제를 완화했다. 심지어 연기금이나 정부의 재정을 금융기업에 맡겨 운용하도록 했다. 이에 따라 금융기관들은 예전보다 훨씬 많은 돈을 아주 쉽게 여러 곳에 운용할 수 있었다. 또한 이런 돈들이 주식 등의 금융상품이나 부동산 등으로 몰리면서 자산(금융상품과 부동산) 가격을 대폭 올렸다. 또한 이렇게 그 가격이 오른 금융상품과 부동산을 가진 시민들은 부자가 된 기분으로 소비를 늘렸고, 이로 인해 한동안 세계 경제가 호황을 구가하기도 했다. 그러나 이런 '과잉 유동성'과 '자산가격 폭등'의 시대가 오래 가기는 힘들었다. 2008년 세계금융위기는 바로 그렇게 쌓인 거품이 폭발한 사건이었다.

3장

한국을 덮친
금융자본의 물결

앞 장에 나오는 '1990년대 이후'는, 이른바 영미형 금융자본주의 체제가 지구적 차원으로 확장된 시기다. 이 시기를 거치며 이전까지 나름 독자적인 경제 시스템을 운용하던 한국·일본·중국·유럽 각국이 일정한 체제 변동을 거치며 지구적 금융자본주의 체제의 일부로 포섭되었다. 우선 한국의 경제 시스템이 1997년 IMF사태를 거치며 어떻게 변화했는지 살펴보기로 하자.

한국엔 없고 미국엔 있는 것

세상에 잘 알려지지 않은 '일반 상식'이 있다. '자유시장의 상징'이라는 미국. 투자자는 '국경을 넘어, 규제의 어둠을 넘어' 자유로워야 한다는 '사상의 조국'인 미국. 그런데 이 나라의 은행에 '자유롭게' 투자하는 것(미국 은행의 주식을 매입하는 것)이 얼마나 험난한 일인지 혹시 알고 있는가? 잘 알려지지 않은 상식은 또 있다. 미국인이 아니라면 아무리 좋은 학력과 경력, 금융 테크닉, 바다처럼 넓은 인적 네트워크를 가졌다고 해도 미국 은행의 이사가 되기는 힘들다. 도대체 왜?

미국 은행법이 그렇게 규정하고 있기 때문이다.

미국 상장은행의 주식을 10% 이상 소유한 대주주가 되려면 미국의 중앙은행인 연준에 미리 주식매수 계획을 제출해야 한다. 연준이 거부하면? 그걸로 끝이다. 미국 상장은행들은 워낙 매머드급이라서 그 주식 10%를 구입할 자금을 동원할 수 있는 사람은 지구상에 손으로 꼽을 정도일 것이다. 그래도 이런 식으로 규제한다. 미국 은행의 이사가 되기는 더 어렵다. 미국 은행법 72조를 보자.

"모든 은행 이사는 재직중 미국 시민이어야 한다. 또한 이사 가운데 3분의 2는 취임 1년 전부터 은행이 소재한 주州, 혹은 그 은행으로부터 100마일(160킬로미터) 내에 거주했어야 한다. 그 은행이 외국 은행에 합병되었거나 자회사인 경우에도 미국 시민이 이사회에서 다수를 차지해야 한다."

여기까지 읽고 나서 의아해하시는 분들이 분명히 있을 것이다. 당연한 이야기를 왜 도깨비 두목이라도 잡은 듯이 늘어놓느냐고……. 이런 조치는 미국에서든 다른 나라에서든 지극히 당연한 것 아닐까? '국민경제의 혈맥'이라는 은행의 소유권과 경영권을 함부로 외국인에게 넘길 수는 없는 것 아닌가. 그래서 미국뿐 아니라 캐나다·싱가포르·필리핀·독일·영국 등 여러 나라들이 법률적으로 '내국인 이사 과반수' 규정을 명문화하거나 금융감독 당국이 나서서 규제하고 있는 것이다. 그런데 문제는 이 같은 당연한 규정이 한국에는 없다는 것이다.

한국의 은행들은 왜 이토록 자유로운가?

한국의 은행법에 따르면, 은행 이사의 자격요건은 다음과 같이 매우 '단순' 명쾌하다.

"금융에 대한 경험과 지식을 갖춘 자로서 금융기관의 공익성 및 건전 경영과 신용질서를 해할 우려가 없는 자."

이처럼 한국은 은행의 이사 자격에 관한 한 만국평등의 박애정신을 자랑한다. 오대양 육대주의 누구나, 미국인이든, 프랑스인이든, 일본인이든, 모잠비크인이든, 아르헨티나인이든 국적과 관계없이 누구나 능력(?)만 있으면 한국 시중은행의 이사 자리에 앉을 수 있다. 더욱이 외국인에게 경영권을 넘겨주지 않기 위한 일종의 안전장치인 외국인 투자자 지분 보유 한도 제도(은행의 전체 주식 중 외국인의 몫을 제한하는 제도)도 1997년 이후에 폐지됐다. 그 결과, 한국의 시중은행들은 거의 어김없이 외국인 지분율이 60%를 넘기고 있다.

미국을 포함해 많은 나라들이 '자유 시장' '자유 투자'의 아름다운 정신을 내던지고 은행의 소유·경영권에 집착하는 이유는 국민경제에서 은행이 차지하는 비중이 이루 헤아릴 수 없을 정도로 크기 때문이다. 예컨대 제조업 부문의 웬만한 대기업 하나가 망하더라도 국민경제 전체가 흔들리지는 않는다. 그러나 시중은행 가운데 한 곳이라도 문을 닫는다면? 생각만 해도 끔찍하다. 사회 전체적으로 금융거래가 끊어지고 이에 따라 생산과 소비에 큰 장애가 빚어질 것이다. 그만큼 은행은 사회에 엄청난 영향을 미치는 기관이고, 이 때문에 한국도 IMF사태 당시 은행의 부실을 공적자금, 즉 국민의 세금으로 메워줬던 것이다. 여기서 알 수 있는 은행의 이런 사회적 성격을 일단 '은행의 공공성'이라고 부르자.

기업과 은행을 상품으로

사실 국민경제의 핵심 부문 중 핵심인 은행 소유·경영권을 이 정도로 통 크게 외국인에게 넘겨주는 '개방적'인 나라는 전세계적으로도 결코 흔치 않다. 이런 비상非常한 사태가 한국에서 발생한 계기는 물론 1997년의 외환위기였다. 당시 김대중정부는 IMF가 구제금융의 조건으로 한국의 기업과 금융기관에 요구한 것보다 훨씬 큰 범위의 '변혁'을 '자발적'으로 수행했다. 그래서 당시 김대중정부의 개방은 'IMF 플러스'라고 불리기도 한다. 이 변혁의 기본적 내용은 아주 간단한 하나의 문장으로 표현할 수 있다.

"금융개혁을 통해 한국의 기업과 은행을 주식시장에서 사고팔 수 있는 상품으로 바꾼다."

그렇다면 IMF사태 이전에 한국에서는 대기업과 은행을 사고팔 수 없었단 말인가. 그랬다. 대기업과 은행의 소유·경영권에 대한 거래는 거의 원천적으로 봉쇄돼 있었다.

금융은 어떻게 세상을 바꾸는가

당시 대기업들은 피라미드 형태로 그룹을 이뤄 재벌 가문의 손아귀에 장악돼 있었다. 재벌들 역시 주식(기업의 소유권)을 팔아 얼마간의 사업 자금을 조달하긴 했으나, 그룹에 대한 지배 권력을 위협할 수 있는 정도의 주식을 시장에 내놓는 일은 없었다. 또한 '외국인 투자자 지분 보유 한도'라는 제도가 있었다. 이에 따르면, 외국인 투자자들은 아무리 돈이 많아도 어떤 대기업 주식 중 25% 이상을 매입할 수 없다.

은행은 사실상 국가의 소유였다. 기업은 대부분의 사업자금을 바로 이 국가 소유의 은행으로부터 구했고, 이 과정을 국가가 감독했다. 당시 한국의 은행과 기업은 지나치게 많이 대출하고 대출받았다. 기업들은 이렇게 대출한 막대한 자금으로 반도체나 자동차 등 장기적·모험적 투자를 감행했는데, 이런 투자 중 일부는 크게 실패하기도 했으나 상당수가 성공했기에 '세계 10위권 한국 경제'가 달성될 수 있었다.

이에 따라 당연히 기업의 부채비율(부채를 자기자본으로 나눈 비율)은 당시 400~500%로 높을 수밖에 없었다. 한편 대기업들은 주식(소유권)을 파는 것이 아니라 외부에서 빌리는 방식으로 자금을 조달했기 때문에 재벌 가문의 경영권을 문제없이 지킬 수 있었다. 그리고 당시 기업의 부채비율이 높았기 때문에 은행의 자기자본비율BIS(자기자본비율은 기업에 대출을 많이 할수록 낮아지는 경향이 있다)은 매우 낮아 2~3% 정도였다. 이처럼 한국의 기업과 은행은 대출을 통해 쌍두사雙頭蛇의 두 대가리처럼 서로의 몸을 칭칭 얽으며 세계시장의 틈새로 파고들었다. 그러다가 1997년 말 외환위기가 터졌다.

　외환위기란, 그 나라의 기업과 정부·개인 등이 해외에 지급할 외환(사실상 달러화)을 구할 수 없는 상태를 의미한다. 기업들의 해외무역(수입과 수출) 거래는 주로 기축통화인 달러로 이루어진다. 기업들은 수출로 벌어들인 달러를 스스로 보유하거나 은행에서 자국 통화(한국은 원화)로 바꾼다. 그리고 해외 거래처에 달러를 지급할 때는, 자국 통화를 주고 달러화를 사야 한다. 그런데 상황에 따라서는, 국내 금융기관이나 중앙은행이 보유한 달러화 규모가 아주 작을 때가 있다. 그 나라의 경제 상황이 정상적이거나 활발하게 돌아가고 있어도 보유 달러가 바닥날 수 있다. 1997년이 그런 운명의 순간이었다.

구제금융 조건

　한국은 외환위기가 터진 1997년 말, IMF로부터 210억 달러를 빌리는 대신 각종 '구제금융 조건'을 강요받았다. 아주 단순하게 말하면 돈을 빌리는 대신 강제로 어떤 일을 이행해야 했다.

　이른바 IMF '구제금융'의 핵심적 목표는 파산 위기에 처한 국가를 살리는 것이 아니다. 오히려 이 나라가 빚을 갚기 전에 망하지 않도록 명줄을 잇게 하는 것이라고 할 수 있다. 그래서 IMF 등 국제기구들은 구제금융을 주는 조건으로 채무국의 경제구조를 '빚 갚기' 위주로 바꿀 것을 강요한다. 그런 의미에서 '구제금융 조건'은 불법 사채업자들이 채무자에게 강요하는 신체포기각서와 다를

금융은 어떻게 세상을 바꾸는가

바 없다. 신체포기각서에 서명한 채무자는 자기 몸에 대한 천부의 권리를 잃는다. 구제금융 조건을 받아들인 국가는 주권을 박탈당한다. IMF의 요구에 따라 자국 경제를 '빚 갚기' 위주의 시스템으로 바꿔야 한다. 그렇다면 당시 IMF가 한국에 대해 내건 '구제금융 조건'은 어떤 것이었을까?

대표적인 것은 '자본시장 개방'이었다. '외국인 투자자 지분 보유 한도'를 폐지하라고 한 것이다. 이미 봤듯이, 이 제도는 외국인이 한국 경제에서 핵심적인 역할을 하는 대기업의 경영권을 가질 수 없도록 하기 위한 장치였다. '자본시장 개방'은 이 '보유 한도'를 철폐하고 외국인이 한국 대기업의 주식을 대량 매입할 수 있도록, 즉 경영권을 가질 수 있게 하라는 요구였다. 더욱이 IMF는 '적대적 인수합병 허용'까지 관철시켰다. 이제 외국자본은 한국 대기업을 매입한 뒤 정리해고 등 구조조정으로 기업가치를 높여서 되팔 수 있게 되었다. 한국에서도 기업 자체가 국내외적으로 자유롭게 사고팔 수 있는 일종의 '상품'이 된 것이다.

이 밖에 IMF는 △공기업 민영화(공기업 팔아서 빚 갚으라는 것) △해외 금융기관의 국내 은행 인수 허용(이 장의 서두에 나온 내용) △정리해고 자유화 △은행의 BIS 8%, 기업 부채비율 200%(IMF의 구체적 요구는 'BIS 상향'과 '부채비율 250% 이하로 조정'이었으나 김대중정부가 각각 8%, 200%로 정했다) 등을 구제금융 조건으로 요구했다.

이 중 특히 '은행의 BIS 8%, 기업 부채비율 200%'는, 기존에 한국이 수행해온 국가 주도 경제발전 시스템을 파괴하기 위해 나온

IMF협상타결 550억달러 확보

외국인 기업인수 허용

종목당 주식한도 연내 50%로 확대…부실은행 조기정리
상호 빚보증 금지등 재벌규제…성장률 3%·물가 5%내

국제통화기금은 세계은행, 아시아개발은행 및 미국 등 7개 선진국과 함께 모두 550억달러 이상의 구제금융을 이르면 5일부터 단계적으로 우리나라에 지원하기로 했다.

우리 정부는 외국인의 종목당 주식 취득한도를 현재 26%에서 연내 50%, 내년엔 55%로 대폭 확대해 외국인들이 국내 기업을 쉽게 인수합병할 수 있도록 하고, 외국 은행 및 증권사의 국내 자회사 설립을 늦어도 내년 중반까지 허용하기로 하는 내용 등을 담은 경제구조조정 및 금융시장 개방에 관한 정책 이행계획을 기금에 제출했다.

▶관련기사 2·3·4·5·6·7·12·31면

임창열 경제부총리와 미셸 캉드쉬 국제통화기금 총재는 3일 저녁 우리나라에 대한 기금 자금 지원조건에 관한 협상을 마무리하고 정부 세종로청사에서 이를 발표했다. 이 계획은 이르면 5일 통화기금 상무이사회 의결을 거쳐 바로 집행될 예정이다.

캉드쉬 총재는 공동 발표를 통해 이 국에는 기금의 대기성 차관 210억달러에 세계은행 100억달러, 아시아개발은행 40억달러, 미국 일본 독일 프랑스 영국 캐나다 등 오스트레일리아 등 7개국 합계 200억달러 이상 등 모두 550억달러 이상이 지원될 것이라고 밝혔다. 이 가운데 7개국의 지원 자금은 예기치 못한 외부여건 악화로 인해 필요할 경우 지원될 것이라고 그는 설명했다.

이어 앞서 임창열 부총리는 캉드쉬 총재와의 최종협상에서 6개월~1년 안에 부실 금융기관의 경영 개선을 추진해 부실은행을 정리하라고 요구한 이를 수용한 것으로 알려졌다.

정부는 또 단기 채권시장을 조속히 개방하고, 한·미간 쟁점 사항인 자동차 형식승인 제도의 투명성을 제고하는 한편 한·일간 현안인 수입다변화제도를 조기 폐지하기로 약속했다.

정부와 기금은 재벌 기업들의 계열사간 상호 지급보증을 중단하고 결합재무제표를 작성하게 하며, 중앙은행 독립성 강화와 금융감독기구 등을 위한 관련법의 연내 개정을 추진하도록 한다는 데 합의했다.

또 내년 경제성장률은 3% 수준, 물가상승률은 5% 이내, 경상수지 적자는 국내총생산(GDP)의 1% 이내(50억달러 미만)로 억제하는 한편, 정책금융을 대폭 줄여나가기로 했다.

이주명 기자

각서 전달 3일 밤 정부 세종로청사에서 임창열 경제부총리(오른쪽)가 '대기성 차관 협약을 위한 양해각서'에 서명한 뒤 미셸 캉드쉬 국제통화기금 총재에게 전달하며 악수하고 있다.
사진공동취재단

IMF 구제금융은 한국 사회의 구조를 바꾸고, 모든 한국 국민에게 영향을 끼친 혁명적 사건이었다. 기업과 은행이 하나의 상품이 되었고, 공공기관 민영화가 추진되었으며, 노동시장이 유연화됐다. 그렇게 한국은 세계 금융시장의 영향력 아래 완전히 들어갔다.(한겨레, 1997년 12월 4일)

것으로 보인다. 이미 봤듯이, 한국의 은행과 기업은 대출을 통해 밀접하게 연결되어 있었다. BIS 2~3%, 기업 부채비율 400~500%은 그에 따른 결과였다. 그런데 이를 IMF 구제금융 조건 수준으로 바꾸려면 어떻게 해야 하나? 대기업은 부채를 줄이는 대신 주식을 발행·매각해서 자금을 조달해야 한다. 은행 역시 기업대출을 줄이

금융은 어떻게 세상을 바꾸는가

는 한편 주식을 발행·매각해서 '자기자본'을 늘려야 한다.(BIS는 자기자본이 많을수록 높아진다. 31~33쪽 참조) 이렇게 대출을 통한 대기업-은행의 밀착 관계가 해소되는 동시에 은행과 대기업의 주식이 시장에 풀리게 된다. 그리고 금융시장엔, 한국 기업이 발행한 주식을 대량 매입해 해당 기업의 경영권을 차지하려는 해외 투자자들이 포진하고 있었다. 부부가 이혼했는데, 주변에 매력적인 이성들이 득시글거리고 있는 상황을 떠올리면 된다.

이런 과정을 거쳐 한국의 기업과 은행은 강제 이혼을 당했고, 각각 주식시장에서 사고팔 수 있는 상품이 되었다. 1997년의 IMF 구제금융 조건은, 기존의 한국 경제 시스템을 뒤엎고 대기업들을 국제금융시장의 금융상품으로 만들려는 목적을 가지고 있었던 것이다.

초국적 자본이 원했던 것

이쯤에서 우리는 초국적 금융자본이 사고팔 수 있기를 원했던 것은 단지 특정 기업의 주식이 아니라 '50% 이상의 주식', 즉 경영권이었다는 것을 확실히 할 필요가 있다.(사실 훨씬 적은 지분으로도 경영권을 획득할 수 있지만 편의를 위해 '50% 이상'으로 설명한다.)

왜 경영권인가. 그냥 주식을 사두고 그것이 오르기만 기다려도 충분하지 않은가? 아니다. 결코 충분하지 않다! 그런 '구식'의 금융 테크닉으로는 '리스크'도 '헤지hedge(분산)'할 수 없고, 큰 수익을 기대할 수도 없다. 큰돈을 벌려면, 해당 기업의 경영권을 획득한 다음 노동자들을 자르거나 이른바 비非핵심 사업 부문을 매각하는 등의 방법으로 기업가치를 올린 뒤 되팔아야 한다. 노동자들의 지지를 받았던 김대중정부가 정리해고제를 도입했던 것은 이 같은 초국적 자본의 돈벌이와 무관하지 않다. 기업 경영권의 매매로 돈을 벌겠다는데, 여기에 노동자들이 '엉겨 붙는 바람에' 매매 자체가 불가능하게 되면 정말 곤란하지 않겠는가.

물론, 초국적 자본의 입장에서는 경영권을 장악하지 못한다 해도 다른 차선의 길이 있다. 의미 있는 주주로서 '경영권 불안정'의 상황을 유지하기만 하면, 재벌 가문은 제 발 저린 강아지처럼 고배당과 자사주 매입으로 보답한다.(기업이 자사주를 매입한 뒤 폐기하면 총 주식 수가 줄어들기 때문에 주가가 상승한다.)

1997년 이전 한국 기업을 지배했던 것은 국가의 경제발전 계획과 재벌 가문의 경제권력 욕망이었다. 그러나 이후엔 주식 소유자(주주)가 서서히 권력을 강화했다. 이처럼 주주의 이익이 최우선시되는 경제 시스템이 '주주자본주의'다. 주주자본주의 질서에서 기업과 은행의 으뜸 목표는 '주가 올리기'다. 주가를 올리지 않으면 주주들이 경영진을 갈아치울 것이다. 또한 주가가 하락한다는 것은, 그만큼 싼값으로 해당 기업의 주식을 매입해서 경영권을 탈취할 수 있다는 것을 의미한다. 그래서 기업은 주식시장, 즉 '금융투자자들 사이의 인기투표'에서 이겨야 생존할 수 있게 되었다.

한편에서는 이 같은 주주자본주의 시스템으로 인해 기업의 투자율이 낮아지고 이에 따라 저성장-고실업이 초래되었다는 주장도 있다. 주주들은 단기적으로 높은 이익을 얻으면 그만이다. 그리고 기업 경영진 입장에서, 주주들의 지지를 얻으려면 위험 부담이 큰 장기·대규모·모험 투자는 기피 대상이 된다. 주주들이 볼 때 이런 투자는 수익을 얻을 때까지 오랜 시간이 걸리는 데다 투자금을 모두 날릴 위험성마저 작지 않기 때문이다.

문제는, 한국을 경제 강국으로 끌어올린 것은 반도체·자동차 등 장기·대규모·모험 투자였다는 것이다. 앞으로도 그럴 것이다.

동북아 금융허브

지금까지의 설명을 정리하자면, 현대 한국 경제 시스템은 1997년 이전과 이후로 나눌 수 있다. 1997년 이후는 어떻게 보면 한국이 1990년대 이후 전개된 '주주자본주의 혁명' 혹은 '신자유주의 지구화'에 적응해온 과정이다. 이 혁명을 주도한 것은 미국 정부와 월스트리트였다. 어떤 이들은 '종북 좌파 반미 빨갱이'라고 부르는 김대중·노무현 대통령은, 좋은 의미로나 나쁜 의미로나 한국 경제를 미국과 세계 경제에 동조시킨 지도자였다고 평가할 수 있다. 이른바 신자유주의 세계체제에 대한 '적극적 적응' 전략을 펼친 셈이다.

이러한 '적극적 적응'을 적극적인 '대안 전략'으로 발전시킨 것이 바로 과거 노무현정부의 '동북아 금융허브론'이었다고 할 수 있다. '동북아 금융허브론'을 처음으로 세상에 선보인 것은 2003년 초 노무현정권의 인수위원회였다. 유의할 점은 당시 동북아 금융허브론은 단순히 '금융산업 발전 방안' 정도가 아니라 일종의 국가

발전 모델로 제기되었다는 것이다.

그렇다면 '금융허브'란 무엇을 의미하는가? 앞 장에서 봤듯이 전지구적으로 이뤄지는 금융거래가 집중되는 장소를 만들자는 것이다.

IMF사태(외환금융위기) 이전까지 한국에서 돈의 흐름은 주로 국내 예금자나 투자자의 돈이 국내 은행이나 증권사를 통해 주로 국내 산업으로 흘러들어간 뒤 다시 국내 예금자나 투자자의 손으로 일정한 수익(이자)과 함께 돌아오는 식이었다. 이에 비해 금융허브에서는 국내는 물론 해외의 돈이 국내외 은행, 증권사, 자산운용사, 투자은행 등 금융회사를 통해 다양한 금융상품으로 운용된 뒤 다시 국내외의 투자자에게 일정한 수익과 함께 돌아오게 된다.

공간적으로 금융허브는 일종의 금융 관련 회사들 및 관련 시설의 클러스터Cluster로 나타난다.(클러스터란 비슷한 업종의 다른 기능을 하는 관련 기업, 기관들이 일정 지역에 모여 있는 것을 말한다.) 한국의 경우에도 이미 여의도 등 금융회사들이 밀집해 클러스터를 이룬 곳이 있지만 '돈의 흐름' 측면에서 볼 때 여의도는 금융허브가 아니다.

금융허브financial hub, 즉 금융거래financial의 축hub이라는 용어 자체에 이미 '돈이 국경을 벗어나 세계적으로 순환한다'는 의미가 내포되어 있다. 결국 '금융허브 정책'이란 전세계의 (비교적) 부유한 개인들이 자산을 투자하고 싶은 조건을 국내에 조성하는 것이라고 할 수 있다. 예컨대 한국인들의 자금을 모아 해외 주식시장에 투자한다거나 혹은 외국 기업을 국내 증시에 상장하고 이에 투자하려

금융은 어떻게 세상을 바꾸는가

는 국내외 자금을 모을 수 있다. 혹은 고수익을 내는 자산운용사를 육성해 해외 투자자들의 돈을 유치해올 수도 있을 것이다.

또한 이런 투자자들을 유치하려면 투자가 안전하게 수익을 낼수 있는 환경을 만들어내야만 한다. 외국인이 한국에 투자하도록 만들려면 그들의 투자금이 안전하게 보호되고 한국 정부의 부당한(?) 간섭으로 손해 볼 위험이 없다는 것을 확실히 보장해야 한다. 이에 따라 각종 투자자 보호 장치가 구상되었다. 여러 해 전한·미 FTA 협상 당시 엄청난 논란을 일으켰던 '투자자-국가 직접 소송제'는, (해외) 투자자가 국가의 각종 정책 때문에 손해 본 경우 국가를 대상으로 손해배상 소송을 제기할 수 있다는 내용이었다. 이런 점을 감안하면, 금융허브론과 FTA가 같은 전제를 공유하고 있다는 것을 어렵지 않게 알 수 있다.

따지고 보면 IMF사태는 이 같은 금융경제의 '글로벌 스탠더드'가 한국에 반강제적으로 이식된 미국의 '혁명 수출'이었다. 그리고 일본이나 독일도 한국의 IMF사태와 비견할 만한 금융혁명을 겪었다.

전세계 금융산업은 이 같은 혁명과 '혁명 수출'의 연쇄를 통해 예전과 같은 단순한 '산업의 혈맥'이 아니라 초고수익 산업으로 변모되었다. 이에 따라 1990년대 이후 2008년 세계금융위기 전까지 전세계에서 금융허브 육성이 유행처럼 번졌다. 지구의 금융센터라고 할 수 있는 미국(뉴욕)과 영국(런던)뿐 아니라 독일과 프랑스, 심지어 아일랜드, 아이슬란드, 두바이 등의 소국도 이 경쟁에 뛰어들었다. 그러다 금융위기를 맞아 쑥대밭처럼 전락했던 것이다.

4장
독일과 남미의
금융개방

　1997년 이후 한국을 강타한 금융지구화의 물결은 세계 전역을 덮쳤다. 이 거대한 물결이 또한 독일과 남미를 어떻게 뒤흔들었는지 살펴보자.

　독일은 한국과 비슷한 1990년대 말에 기존 경제 시스템의 급격한 변화를 겪었다. 1999년 말 독일 경제계에서 놀라운 사건들이 한꺼번에 일어난다. 그해 11월에 영국의 휴대폰 업체인 '보다폰'이 독일의 대형 이동통신사인 '마네스만'을 인수했다. 한편 경영 위기에 처한 독일의 최대 건설사 '필립 홀즈먼'은 주거래 은행의 구제조치 거부로 경영위기에서 벗어나지 못하고 파산을 선언한다.

　요즘의 시각에서 볼 때 외국 기업이 국내 기업을 인수하고, 은행이 위태로운 기업에 대출을 거부하는 것은 놀라운 일이 아니다. 그러나 1999년의 독일에서 이런 사태는 종전終戰 이후 처음으로 벌어지는 파천황의 사건이었다. 그 이전엔 독일 기업에 대한 인수합병 자체가, 국내 기업이든 해외 기업이든 거의 불가능했다. 또한 은행이 거래 기업의 파산을 방관하는 일도 좀처럼 일어날 수 없었다. 1997년 이전의 한국과 비슷한 환경이었다.

독일의 이 같은 변화는 이른바 신자유주의 금융세계화의 효과라고 할 수 있다. 영국과 미국에서 시작된 금융세계화가 유럽연합EU을 경유해서 독일의 금융 시스템을 바꿔놓았고, 이것이 독일 기업의 소유지배구조와 운영형태, 은행-기업 간 관계까지 변화시킨 것이다.

독일의 굳건했던 라인모델

그렇다면 '라인모델'이라 불린 기존의 독일 시스템은 어떠했는가. 우선 기업과 은행이 대단히 밀접한 관계를 맺고 있었다. 독일 기업엔 감독이사회라는 대단히 강력한 지배 기구가 있다. 감독이사회는 경영진을 임명하거나 해임하는가 하면 해당 기업의 장기 전략 및 주요 결정(인수합병 등)을 좌지우지할 수 있다. 또한 해당 기업 노동자들의 대표가 감독이사회의 절반을 점유해서 경영에 영향을 미칠 수 있다. 이른바 '공동결정제'다.

그런데 이 기구의 실권을 장악해 기업경영에 엄청난 영향을 미치던 존재는 보통 해당 기업의 주거래 은행이었다. 이는 물론 주거래 은행이 고객 기업의 소유권(주식 지분)을 장악하고 있었기 때문에 가능했다.

예컨대 독일 기업 A사의 주거래 은행인 B은행은 A사의 대주주였다. 동시에 A기업의 일반 주주들도 B은행을 통해 A기업의 주식을 매입한 뒤 이 주식을 그대로 B은행에 위탁하는 경우가 많았다. 사실상 독일의 기업은 은행과 은행 고객들의 공동 소유였던 셈이다. 1992년 통계에 따르면, 독일 24개 대기업 주주총회에서 행사된 의결권 중 무려 84%가 은행의 수중에 있었다. 한편 같은 해, 독일의 주식지수인 닥스지수DAX Index에 포함된 30대 기업 중 11개 기업의 감독이사회 의장 역시 은행가였다.

A기업의 주주총회가 다가오면 B은행은 A기업의 주주이기도 한 자기 은행의 고객들에게 '대리의결 위탁서'를 발송해 동의를 받아냈다. B은행은 이렇게 고객들로부터 위탁받은 지분과 자체 지분을 대표해서, 경영진 임명·해임 등 주요 사안에 대한 의결권을 행사했다. 이를 '대리의결권 제도'라고 하는데, 독일의 은행들은 이를 통해 기업을 '실효적'으로 지배한 셈이다. 독일 복지국가의 하부구조 중 하나인 이 제도의 창안자가 바로 히틀러라는 사실은 정말 아이러니한 일이다. 그러나 독일에서는 히틀러가 이런 제도를 만들었다고 해서 찬양받지는 않는다. 독재자 박정희의 모든 것을 경제발전 공헌으로 신격화하는 한국과는 다르다.

아무튼 이런 은행-기업 간 관계는 독일 복지국가와 경제성장을 이끈 기관차로 평가되고 있다. 은행은 고객 기업과의 장기적이고 밀접한 관계를 통해 그 기업의 상황을 누구보다 잘 파악하고 있었으며, 이에 따라 싼 금리로 대규모 자금을 기업에 빌려줄 수 있었다. 1960년대 이후 30여 년간 독일 기업들이 동원한 자금 중 60%

가 국내 은행에서 빌린 것이었다. 적어도 1990년대 말 이전까지는 독일의 은행들이 위기에 처한 고객 기업을 외면하는 일은 좀처럼 일어나지 않았던 것이다.

독일에서 무시당한 자본주의의 원리

독일의 은행들이 기업 주식을 보유했던 목적은 그 주식을 팔아 수익을 얻는 것이 아니라 해당 기업의 감독이사회를 지배하는 것이었다. 따라서 외부 투자자의 입장에서는 독일 기업의 주식을 대거 매입해 경영권을 획득할 수 있는 기회 자체가 원천 봉쇄돼 있었다.

이에 더해 독일은 '차등주식제'까지 실시하고 있었다. 그 내용은 대충 다음과 같다. 첫째, 특정 주주가 아무리 많은 주식을 가지고 있더라도, 경영진은 그 주주의 의결권을 5~10%로 제한할 수 있었다. 예컨대 어떤 외부 주주가 특정 기업의 지분을 30%까지 획득했다고 해도 주주총회에서는 10% 정도의 의결권만 행사할 수 있었으므로 경영권에 도전하기 어려웠다. 둘째, 의결권 없는 주식의 비중이 컸다. 어떤 기업의 총주식 수가 100주라고 할 때 그중 50주 정도는 주총에서 의결권을 행사할 수 없었다는 이야기다. 덕분에 독일의 '재벌'인 콴트 가문은 산하 그룹에 대한 소유지분이 3.6%에 불과했으나 45.6%에 달하는 의결권을 행사하는 경우도 있었다고 한다. 이런 점은 한국의 재벌과 크게 다르지 않다. 셋째, 주식의 거래가 제한됐다. 주식을 남에게 넘기거나 인수하려면 발행회사의 허가를 얻어야 했다.

이런 모든 장애를 뚫고 주식을 판매하는 데 용케 '성공'한다고 치자. 그래봤자 '자본이득세'가 40%를 웃돌았다. 주식을 사고팔아 돈을 벌 수 있는 구조가 아니었던 것이다. 이처럼 독일 기업의 주식은 자유롭게 사고팔 수 있는 상품이 아니었다. 자본시장과 자본주의의 기본권인 '1주 1표' '1원 1표'의 원리는 물론 소유권도 독일에서는 무시당했다.

독일의 기업(은행)들은 이처럼 자본시장에서 사고팔 수 없는 다른 기업의 주식을 보유하면서 은행-기업 간, 기업-기업 간 네트워크를 형성했다. 예컨대, 초대형 보험사인 알리안츠는 대형 상업은행인 도이체방크, 드레스드너방크와 주식을 상호 보유했다. 또 이 금융회사들은 독일 최대 기업들과 지분을 나눠가지며 이중 삼중으로 복잡한 네트워크를 이루고 있었다.

이런 네트워크가 포괄하는 주식회사가 70%를 웃도는 정도였으니, 자본시장은 당연히 발전할 수 없었다. 자본시장에서 거래 가능한 물량 자체가 존재하지 않았던 셈이다. 그런데 1999년 마네스만의 해외 매각과 필립 홀즈먼의 파산은 이처럼 강고한 시스템이 사실상 파산했음을 알리는 신호탄이었다.

라인모델의 해체

독일 시스템이 파괴되기 시작한 것은 1990년대 초부터다. 금융 지구화는 독일의 금융시스템은 물론 그 기반 위에 존재하던 '금융과 산업 간의 관계'를 혁명적으로 변화시켰다.

이전까지 주로 은행을 이용하던 기업들이 자본시장에 주식을 내다팔아 자금을 조달하기 시작했다. 심지어 일부 대기업은 해외 자본시장에 주식을 내놓아서 자금을 만들기도 했다. 영국 보다폰의 마네스만 인수도 이 회사가 독일 밖의 주요 증권거래소에 주식을 내다팔아 자금을 조달하던 끝에 발생한 사건이었다.

한편 도이체방크 등 상업은행들 역시 예대마진에 기반을 둔 전통적 은행업을 쩨쩨한 고비용-저수익 사업이라고 여기게 됐다. 그리하여 이들은 리스크는 크지만 더 큰돈을 벌 수 있는 자본시장 관련 비즈니스, 즉 증권업·자산운용업·투자은행업 등에 눈독을 들이게 됐다.

이와 함께 2000년 독일 정부는 40%에 이르던 자본이득세를 대폭 내렸다. 주식거래로 돈을 벌 수 있는 가능성이 생긴 것이다. 그러면서 독일의 기업들은 대대적으로 주식회사로의 전환에 나섰으며, 주식시장이 호황을 누리기 시작했다.

또한 은행의 대리의결권도 공격받게 되었다. 주주들은 은행에 위탁하던 의결권을 직접 행사하기 시작했다. 대기업들은 은행대출에 덜 의존하게 되면서 자사에 대한 은행의 영향력을 줄였다. 이 같은 움직임을 확고히 한 법률이 1998년 제정된 콘트라법KontraG(기업경영과 투명성에 관한 법률)이다.

독일 라인모델 해체의 법적 표현이라고 부를 수 있는 콘트라법은 은행의 대리의결권을 제한했다. 은행이 자기 은행의 고객이자 해당 기업 주주인 사람들의 주식을 위임받아 주총에서 대주주로서 행사하던 권한을 상실하게 된 것이다. 이렇게 대리의결권제는 사실상 붕괴했다. 이와 함께 독일 정부는 차등주식제와 의결권 제한을 폐지하고 '1주1표제'를 실효화함으로써, 독일 기업들의 주식을 '매력적인 상품'으로 변화시켰다.

독일 기업들의 주식이 매력적인 상품이 되었다는 것은, 독일 기업들이 잠재적인 인수합병의 대상으로 자본시장의 도마 위에 올라왔다는 이야기와 같다. 기존의 독일 시스템을 받쳐주던 주거래은행, 상호지분보유 등의 제도들은 위기에 처했다. 또한 콘트라법에 따라 자사주매입, 스톡옵션 등 미국식 주주자본주의 제도가 독일에 대폭 수입되었다. 당시 독일 정부는 심지어 독일 노동계의 반발을 무릅쓰고 감독위원회의 기능을 축소하려다 실패하기도 했다.

1990년대 이후 독일 사회가 겪은 변화는 IMF사태 이후 한국이 경험한 것과 매우 비슷하다. 독일의 이 같은 변화를 주도한 것은 이 나라의 진보 세력이라고 할 수 있는 사회민주당이었다. 기존의 '라인모델'은 나치의 유산이라고 공격받기도 했다. 감독이사회, 대리의결권제 등이 히틀러 시대에 만들어진 제도라는 이유에서였다. 앞서 봤듯 한국에서도 IMF와 사실상의 동맹관계를 맺고 1997년 이전 체제의 변혁을 선도한 국내 세력은 김대중정부와 진보 성향의 시민단체들이었다. 한국 경제 시스템의 변혁 역시 '유신 잔재' 및 재벌 시스템을 청산하기 위한 '민주화 과업'의 일환으로 간주되기도 했다.

그러나 차이점도 있다. 독일 경제 시스템은 한국처럼 외환위기라는 '외부 충격' 없이 비교적 자발적인 조정을 거쳤다. 그 덕분인지, 외부 투자자들이 주요 기업의 경영권을 공격하는 것에 대해서는 특유의 방어 수단이 남아 있다. 예를 들어 세계적인 자동차 메이커인 폭스바겐의 경우, 본사가 위치한 니더작센 주정부가 이 회사의 지분 중 상당 부분을 보유하고 있다. 폭스바겐 관련 법안을 만들어, 주정부가 회사 지분 중 일정 비율 이상을 가져야 한다고 규정해놓은 것이다. 주정부의 승인 없이는 외부 자본이 폭스바겐을 인수합병할 수 없도록 만들어 경영권을 안정시킨 조치다. 또한 노동자들이 경영전략이나 경영진 임면에 영향력을 미칠 수 있는 공동결정제 역시 그대로 유지되고 있다.

브라질의 신기루 같은 번영

1980년대에 미증유의 외채위기를 겪은 남미는 어떻게 되었을까? 남미 국가들은 1990년대에 다양한 길로 나뉘지만 여기서는 남미의 대표적 국가인 브라질을 살펴보기로 한다.

남미 외채위기 이후 브라질은 연간 10%대를 훨씬 뛰어넘는 인플레이션의 늪에 빠진다. 이를 타개하겠다고 혜성처럼 나타난 사람이 바로 1994년 집권한 경제학자 출신 대통령 카르도주다. 카르도주는 참 신기한 인물이다. 그는 한때 종속이론의 대표적 이론가로서 '세계자본주의체제 중심부(선진국)의 착취 때문에 주변부 국가인 브라질은 영원히 발전할 수 없다'고 주장한 사람이다. 앞 장에서 거론한 바 있는 '식민지반봉건사회론'과 비슷한 '외자 배격론'이다. 그런데 1990년대의 카르도주는 정반대의 이론을 들고 나타

헤알 플랜을 도입해 외자유치에 모든 걸 건 브라질의 카르도주 대통령. 그는 과거 종속이론가였을 때와는 180도 바뀌어 공기업 민영화, 재정긴축, 무역 자유화 정책 등 대대적인 경제 개혁을 단행했다.

난다. 거의 '외자에 대한 편집증적 사랑'이라고 부를 수 있을 정도의 논리였다.

카르도주의 '외자편집증'은 '헤알 플랜'이라는 경제안정화 정책에 압축되어 있다. 이 계획은 사실상 외자유치를 지상 목표로 브라질의 경제구조를 다시 설계하는 것이었다.

우선 카르도주는 인플레이션을 잡아 투자 환경만 조성하면 외자가 브라질로 밀물처럼 밀려들 것으로 예상했다. 그리고 이렇게 외자가 유입되며 첨단기술 발전, 생산성 상승, 선진 경영기법 전파, 국제수지 적자 해소, 수출 경쟁력 상승 등을 가져와 브라질 국민경제의 장기적 성장에 이바지하리라고 예상한 것이다.

그렇다면 무엇을 할 것인가. 카르도주는 브라질 통화인 헤알화

금융은 어떻게 세상을 바꾸는가

의 가치를 브라질 경제의 실력에 비해 높게 평가되도록 했다. 이 '헤알화의 고평가'는 '헤알 플랜'의 핵심이다. 해외 투자자들이 예컨대 1만 달러로 2만 헤알을 매입(1달러=2헤알인 경우)한 다음 그 돈으로 브라질 기업 주식을 매입했다고 치자. 그런데 만약 헤알화 가치가 '1달러=1헤알'로 올라간다면, 해외 투자자는 주식(주식가치는 변동 없다고 가정)을 팔아 2만 헤알을 챙긴 뒤 다시 2만 달러로 바꿀 수 있다. 이 경우, 1만 달러의 수익을 챙긴다. 그러나 헤알화 가치가 '1달러=4헤알'로 떨어진다면, 주식 매각으로 2만 헤알을 건져봤자 5000달러로 환산할 수 있을 뿐이다. 5000달러 손해다. 그러므로 해외 투자자 입장에서는, 통화가치가 오르는 나라에 투자하는 것이 유리하다. 브라질 같은 투자 대상국 입장에서는, 외자를 지속적으로 유치하려면(해외 투자자가 계속 투자하게 만들려면), 자국 통화가치가 떨어지지 않고 높은 수준에 유지되도록 할 필요가 있는 것이다.

카르도주가 국내 금리를 세계 최고 수준으로 올리고 재정긴축을 단행한 것은 이 때문이다. 브라질 금리가 다른 나라보다 높아야 해외 투자자들이 브라질 금융기관에 돈을 맡길 것이다. 브라질 금융기관에 돈을 맡기려면 해외 투자자들은 자기 나라 돈을 먼저 헤알화로 바꿔야 한다. 이 과정에서 헤알화 수요가 증가하면서 헤알화 가치 역시 올라가게 되는 것이다. 또한 재정긴축으로 정부가 국내에 푸는 돈이 적어지면(통화공급 하락) 인플레이션 가능성역시 줄어든다. 투자자들이 가장 싫어하는 사태가 바로 인플레이션(금융상품에 투자했는데 물가가 오르면 투자자는 앉아서 손해 보게 된다)이다.

이와 함께 재정긴축으로 국내 소비가 줄어들면 수입물량 역시 줄어든다. 브라질이 미국 상품을 수입하려면, 먼저 헤알화로 달러화를 산 뒤 그 달러화로 상품을 사야 한다. 이는 헤알화를 팔아 달러화를 사는 흐름이므로, 헤알화 가치는 내려가는 반면 달러화 가치는 오르게 된다. 그러므로 재정긴축의 영향으로 소비(중의 한 형태인 수입)가 줄어들면 헤알화 가치의 하락을 막을 수 있는 것이다.

이처럼 자국 통화가치의 고평가, 고금리와 재정긴축 등은 모두 인플레이션을 억제하는 수단인 동시에 외자를 유치하기 위한 극약처방이기도 했다. 왜 극약처방인가? 이 같은 정책수단들이 외자유치에는 유리해도, 한결같이 국내 제조업엔 불리하게 작용하기 때문이다. 우선 헤알화 가치가 오르면 브라질이 수출하는 상품의 가격 역시 오르는 것이 당연하다. 그만큼 브라질 수출산업의 국제 경쟁력이 떨어진다. 또한 브라질 내의 기업들은 높은 금리 때문에 은행에서 돈을 빌려 투자하는 데 엄청난 어려움을 겪게 된다. 이와 함께 재정긴축으로 정부가 지출을 줄이면서 국내 소비시장까지 축소되는 것이다. 이처럼 카르도주의 헤알 플랜은 외자유치를 위해 국내 산업을 죽이는 극단적 정책이었다.

이와 함께 카르도주는 다국적 기업들에게 국내 자원 개발은 물론 전략적인 국가 기간산업 인수합병을 허용하고 자본·외환시장까지 자유화했다. 원하는 곳에 투자하고 그 이윤은 마음 놓고 회수하시라는 뜻이었다.

이렇게 했더니 각종 경제지표들이 급격히 호전되기 시작했다.

외국인 투자가 비약적으로 늘어나고, 고평가된 헤알화 덕분에 수입품 가격은 떨어졌다.(자국 통화가치가 상승하면 수출품의 국제가격은 오르는 대신 국내로 수입하는 해외 상품의 가격은 하락한다.) 이에 따라 인플레이션까지 잡았다. 이는 구매력 상승으로 이어져 절대빈곤 인구가 900만 명이나 줄어드는가 하면 카르도주의 집권 초기 2년 동안엔 모처럼 GDP가 상승하기도 했다. 그래서 어떤 학자는 이 같은 현상을 가리켜 카르도주의 '환율 포퓰리즘'이라고 불렀다.

환율 포퓰리즘

집권 초기의 성과에 고무된 카르도주는 자신의 정책 기조, 즉 '외자에 의존하면 할수록 국민경제에 이롭다'는 것을 '경제학의 코페르니쿠스적 전환'으로 간주했다. 그의 주장인즉슨 '현대는 마르크스나 베버도 상상하지 못했던, 자본이 세계적으로 넘쳐나면서 국제적으로 빠르게 이동할 수 있게 된 시기이므로, 이 같은 상황을 잘 활용하면 경제발전은 어려운 일이 아니라는 것'이었다. 자신감에 넘친 카르도주는 브라질 경제가 외부 충격에 취약해지고 제조업 환경이 악화되고 있다는 우려에 대해 '파국론자' '새로운 유형의 멍청이들neo-fools' '걱정도 팔자네'라며 비웃었다.

그러나 카르도주의 황금시대는 그리 오래 가지 않았다. 고평가된 헤알화, 고금리 등 외자유치의 주요 요인이었던 정책들이 브라질 경제의 치명적인 약점으로 탈바꿈했다. 이런 정책들에 따라 수입품 가격이 떨어진 반면 수출품 가격은 오히려 상승하면서 브라질 상품의 국제경쟁력이 심각하게 저하되었기 때문에 무역수지가 급격히 악화됐다. 또한 국산품이 브라질 내 시장에서는 저렴해진 수입품에 밀리고, 해외시장에서는 가격상승으로 판로가 막히는 바람에 제조업 기반이 허물어졌다.

이렇게 경제 상황이 전반적으로 악화되니까 외자가 철수하기 시작했다. 외자가 철수하면 제조업 기반이 무너진 브라질에 남을 것은 폐허밖에 없었다. 카르도주는 이 시점에서 딜레마에 빠진다. 외자를 다시 불러들이고 헤알화 가치를 유지하려면, 이미 세계 최고 수준이었던 금리를 더 높이면서 재정긴축을 강화해야 한다. 그런데 이 같은 조치는 저투자 및 저소비 현상을 더욱 악화시켜 외자의 이탈을 다시 부추길 것이었다.

카르도주가 이 같은 곤경에 빠진 1990년대 말, 미국의 금리변동은 상황을 더욱 악화시켰다. 미국의 금리가 오르면 브라질에 투자된 외자는 미국으로 빠져나가게 되고 브라질 통화당국은 외자유치의 핵심인 '헤알화 가치 유지'를 위해 외환시장에 개입하고 금리를 조정하는 곡예를 감행해야 했다. 이렇게 불안한 시장에 투기자본까지 끼어들자 결국 카르도주는 손을 든다. '헤알화 가치 유지' 정책을 포기한 것이다. 1997년 『뉴스위크』지 선정, '올해의 남미인'이었던 카르도주는 2002년 노동자당의 룰라에게 대통령직과 함께 피폐화된 국민경제를 넘기고 쓸쓸히 권좌를 떠났다.

5장
미국과 중국의
새로운 시대

　금융·지구화가 진행된 1990년 중후반부터 2008년 세계금융위기
까지는 '이머징마켓(신흥시장)'의 시대다. 특히 미국과 중국 사이에
는, 이전과는 질적으로 다른 '금융-재화의 순환' 시스템이 형성된
다.

　중국을 중심으로 한 이머징마켓 국가들은 1990년대 중반 이후
부터 눈부신 경제성장률을 기록한다. 그 절정은 세계금융위기 직
전인 2007년이었다. 2007년, 중국의 경제성장률은 무려 14.2%에
달했다.

　1980년대 말 기존 사회주의권이 몰락하면서 세계 자본주의 체
제는 그만큼 지역적으로 확장될 수 있었다. 그 말은 곧 생산시설
과 노동력, 그리고 돈이 국경을 넘어 자유롭게 이동할 수 있도록
자유화된다는 의미였다. 초국적 기업들은 생산기지를 브릭스(브라

질Brazil, 러시아Russia, 인도India, 중국China)로 대표되는 이머징마켓(그중에서도 중국)으로 옮겼다. 이렇게 십수억 명에 달하는 '저렴한' 신규 노동자가 세계 자본주의 체제로 들어왔다. 이는 물론 돈(자본)을 한 나라에서 다른 나라로 자유롭게 옮길 수 있게 되었기에 가능한 일이다. 이런 측면에서 이머징마켓의 출현은 '지구적 차원에서 자본이동 자유화'라는 사건의 한 결과라고 할 수 있다.

그러나 선진국에서는 임금 상승이 정체되고 불완전고용이 많아지면서 빈부격차가 심해지는 현상이 나타났다. 기업들이 해외로 생산기지를 옮기면서 선진국 내의 일자리가 적어졌기 때문이다. 한국만 봐도 일자리 감소와 그로 인한 청년실업의 심각함을 잘 알 수 있다. 그렇지만 이런 선진자본주의국의 '신빈곤층'들은 중국 등 이머징마켓에서 싸게 생산되어 수입되는 생필품 덕분에 적은 수입으로도 이럭저럭 살아갈 수는 있었다. 한국의 '88만 원 세대', 유럽의 '1000유로 세대' 등은 이머징마켓 출현의 파생물이다.

한편 중국이라는 '세계의 공장'은 선진국에 수출하는 상품을 만들기 위해 브라질과 러시아의 원자재 및 에너지를 대량 매입했다. 덕분에 브릭스는 동반 성장이 가능했다. 이런 브릭스의 경제 파트너는 미국이었다.

윈윈하는 미국의 적자와 중국의 흑자

2000년대 들어 세계금융위기까지 미국은 매년 GDP의 6~7%에 달하는 엄청난 경상수지 적자(주로 무역수지 적자, 즉 수출보다 수입

1990년대 이후 미국과 중국의 양 축이 세계 경제를 이끌어가고 있다. 이 체제를 일컬어 '차이나메리카'라고도 부른다.

이 더 많은 큰 경우를 생각하면 된다)를 냈다. '경상수지 적자'란, 해당 국민경제에서 생산한 것보다 지출(소비+투자)한 규모가 더 클 때 발생하는 현상이다. 미국의 경상수지 적자가 크다는 것은 미국인들이 자신들이 생산한 것에 비해 지나치게 소비해왔다는 의미다. 그러면 저축률은 당연히 떨어진다. 미국의 저축률은 2000년대 들어 사실상 마이너스 상태, 좋게 봐줘도 0% 선으로 유지되었다.

그런데 우리가 경제생활을 할 때 '번 돈'보다 '쓴 돈'이 많으면, 그 차액(적자)이 어떤 형식으로든 메워져야 한다는 걸 알 것이다. 아니면 국가든 가계든 부도를 낼 수밖에 없다. 마이너스 카드로 과소비한 가계가 그 빚을 신용카드 대출로 갚는 경우를 생각하면 된다. 그렇다면 미국의 경상수지 적자(2005~2007년엔 매년 8000억 달러 내외)를 메울 돈은 어디서 그리고 어떤 방법으로 미국에 들어갔을까?

미국에 돈을 유입해서 경상수지 적자를 메우는 데 가장 많이 기여한 나라는 중국 등 이머징마켓이다. 중국(과 다른 이머징마켓 국가)의 기업들은 저임금에 기반해서 값싼 상품을 대량으로 미국(과 다른 선진자본주의국)에 수출해서 달러화를 벌어들인다. 이로 인해 전통적 수출 및 제조업 강국인 독일, 일본을 제외한 거의 모든 선진자본주의국들이 무역적자에 시달렸다.

그런데 수출을 통해 달러화를 많이 벌어들인 중국 기업들은 그 달러화 전체를 보유하지는 않는다. 중국의 중앙은행인 인민은행이 위안화를 주고 기업들의 달러화를 사들이기 때문이다. 이런 과정을 통해 중앙은행에 쌓인 달러화(와 다른 주요 통화)를 '외환보유고'라고 한다. 중앙은행의 달러화 확보에는 크게 두 가지의 목적이 있다. 하나는 1997년 다른 동아시아 국가들이 일시적인 달러화 고갈로 직면했던 외환위기를 차단하기 위해서다. 중앙은행이 달러화를 많이 비축해둔다면 혹여나 닥칠지도 모를 달러화 부족 상태에 대비할 수 있을 것이다. 또한 위안화로 달러화를 사들이면 달러화 수요가 늘어나, 달러화 가치는 올라가고 위안화 가치는 내려가게 된다. 일종의 환율조작이다. 위안화가 절하되면 미국 시장에 수출하는 중국 상품의 가격 또한 내려가서 경쟁력을 높일 수 있다. 중국의 외환보유고는 2013년 말 현재 3조5000억 달러에 달한다. 이처럼 지구의 한쪽에서는 거대한 경상수지 적자, 다른 쪽에서는 경상수지 흑자가 나타나고 유지되는 현상을 '글로벌 불균형'이라고 부른다.

금융은 어떻게 세상을 바꾸는가

그렇다면 중국 인민은행은 국내 수출기업으로부터 산 달러를 어떻게 처리했을까? 지하실에 차곡차곡 쌓아만 뒀을까? 그렇지 않다. 그 달러화로 미국의 국채 등 해외 금융상품을 매입했다. 이것이 바로 미국이 경상수지 적자를 메울 수 있었던 비결이다. 미국 소비자들이 중국 상품을 사면서 국외로 나갔던 달러화가 미국의 금융상품을 사기 위해 다시 미국으로 돌아오는 것이다.

이런 관계는 어떻게 보면, 미국과 중국 등 이머징마켓 간의 '윈-윈 게임'이라고 할 수 있다. 미국은 대규모 경상수지 적자 기조에 따라 더 많이 소비하고 더 높은 투자율을 향유할 수 있다. 중국 등 이머징마켓은 이 구도 덕분에 수출을 통한 경제성장과 대규모의 무역흑자를 챙길 수 있다. 이런 국가간 상품-금융 순환을 가능하게 만든 가장 중요한 조건은, 국가간 자본이동이 1990년대 이후 매우 자유로워졌다는 것이다. 예전처럼 자본이동이 자유롭지 않다면, 무역수지 적자를 메울 수 없는 미국 경제는 이미 붕괴되거나 심각한 어려움에 처했을 것이다.

제2차 브레튼우즈 체제

다시 정리하면, 그동안 미국은 한편에서 세계의 수출상품을 흡수하는 '소비의 풀pool', 다른 한편에서 세계의 자금을 빨아들이는 블랙홀(국제금융센터)로 자리매김했다. 그리고 이런 '구성'의 내적 핵심엔 '미국 금융(산업 및 시장)'이 있고, 외적 네트워크로 '이머징마켓-미국 간 상품·금융의 순환'이 존재한다.

그래서 피터 가버 등 도이체방크의 이코노미스트들은 이런 동아시아-미국 관계를 '제2차 브레튼우즈 체제'라고 명명한 바 있다. (동)아시아는 '무역흑자와 경제성장'을, 미국은 '과소비와 적자 보전'을 챙기는, '암묵적 계약'이 두 지역 간에 체결된 셈이라는 이야기다.

다른 한편으로, 이처럼 이머징마켓의 돈이 들어갔기 때문에 미국의 금리가 낮은 수준으로 유지될 수 있었다. 간단하게 미국에서 자금 공급이 많아졌기 때문에 돈의 가격(이자)이 낮아졌다고 이해하자. 그런데 여기서 중요한 것은 미국의 금리 수준이 미국은 물론 전세계의 금리를 결정하는 가장 중요한 변수 중 하나라는 사실이다. 미국 금리가 낮아지면 다른 나라 금리도 낮아지고 이에 따라 돈을 싸게 빌려 '금융상품이나 부동산'(=자산)에 투자하는 흐름이 전세계적으로 발생한다. 그래서 투자가 활발히 벌어졌으며, 이로 인해 2000년대 초부터 전세계적인 '자산시장 붐'이 전개되다가 2008년 세계금융위기로 폭발하게 되는 것이다. 결국 미국과 중국 등 이머징마켓의 관계에 따라 전세계적인 자산가치의 폭등과 폭락이 벌어졌다고 할 수 있다. 같은 시기 한국의 부동산 거품도 그런 흐름 속에 커져나간 것이다.

시스템의 해체

2008년 세계금융위기 이후에도 이 같은 미국-이머징마켓 주도의 세계 경제 시스템은 유지되는 듯했다. 이는 미국과 유럽연합이

금융은 어떻게 세상을 바꾸는가

각각 수조 달러(유로) 규모로 시행하고 있었던 '양적완화' 덕분이다. 양적완화는 보통 중앙은행이 돈을 찍어내 민간 금융기관이 보유한 국채 등을 매입하는 경기부양 정책이다. 이런 방식으로 중앙은행에서 민간으로 돈이 흘러들어가는 것이다. 물론 민간 금융기관은 시간이 지나면 약간의 이자를 붙여 중앙은행에 팔았던 채권을 되사들여야 한다. 그러므로 양적완화는 중앙은행이 민간 금융기관에 아주 낮은 금리로 돈을 대출하는 것이라고 설명할 수 있다. 이렇게 많은 돈이 낮은 이자로 풀리니 시중금리도 낮은 수준으로 유지될 것이다.

그러나 문제는 이렇게 돈을 확보한 민간 금융기관들이 수익률이 낮은 자국 내에서 대출하거나 투자하지 않았다는 것이다. 이들은 위험하지만 비교적 높은 수익을 얻을 수 있는 이머징마켓에 집중적으로 투자했다. 이렇게 선진국의 돈이 이머징마켓에 투자되고, 이머징마켓에서는 이런 투자에 기반해 상품을 선진국으로 수출해서 무역흑자를 내며, 이 흑자를 다시 선진국 금융시장에 투자하는 패턴이 외형적으로 유지되는 듯했다. 그러나 이런 시스템에 균열이 일어나고 있다.

바로 미국의 연방준비은행이 '양적완화'를 끝낼 예정이기 때문이다. 양적완화가 마무리되면 미국의 시중금리가 상승할 것이다. 금리가 오르면 달러화 가치도 상승하는 것이 보통이다. 그렇다면 지금까지 달러화를 싸게 빌려 이머징마켓에 투자한 금융기관들의 입장에서는 더 이상 위험한 이머징마켓에 돈을 묻어둘 이유가 없다. 그래서 연준이 양적완화 규모를 줄이겠다고 신호를 보낸 2013

년 5월부터 투자자들은 이머징마켓에서 돈을 빼기 시작했다. 이때부터 3개월 동안 인도 루피화의 가치는 달러화에 비해 거의 15% 떨어졌다. 인도에 투자했던 선진국 금융기관들이 대량으로 루피화를 팔고 달러를 사서 돌아갔기 때문이다. 인도네시아의 루피아화와 브라질의 헤알화도 10%, 터키의 리라화도 불과 3개월여 사이 5% 정도 떨어진 것으로 나타났다. 이와 함께 이머징마켓의 주식시장 지수 역시 나라에 따라 10~20% 정도 추락했다. 뿐만 아니라 이머징마켓들의 경제성장률도 크게 낮아지고 있다. 대략 6년여 전의 절반 수준이다.

이런 통화가치와 성장률의 하락이 무서운 이유는 그 나라들에서 외환위기가 발생할 수 있기 때문이다. 특히 경상수지(주로 무역에서 발생한 이익이나 손실)에서 적자를 보는 나라는 매우 위험하다. 다른 나라에 물건을 팔아 획득한 달러로, 다른 나라에서 산 물건의 대가를 치를 수가 없기 때문이다. 그것은 곧 무역에서 주된 지불수단인 달러화가 그 나라에 부족하다는 의미이다. 그래서 경상수지 적자 규모가 비교적 큰 인도와 터키가 '외환위기 위험군'으로 거론되고 있다.

세계 자본주의 시스템의 변화

그러나 이런 단기적인 외환위기 가능성보다도 이머징마켓의 영향력이 급격히 줄면서 세계 자본주의 시스템이 크게 변화될 수밖에 없다는 전망에 더욱 관심이 집중되고 있다. 그동안 미국과 이머징마켓 간의 금융-상품 순환이 초래했던 글로벌 불균형, 이머징마켓 경제의 급성장과 선진국의 제조업 쇠퇴, 세계적 저금리와 자산 시장 붐 등이 어떤 형태로든 변화될 수밖에 없다고 내다볼 수 있기 때문이다. 이머징마켓의 쇠퇴는 짧게는 지난 10년, 길게는 지난 20년을 풍미한 세계 자본주의 체제의 핵심 구조가 사실상 수명을 다했다는 걸 의미한다. 향후 10년은 '새로운 질서'가 만들어지는 시기가 될 것이다.

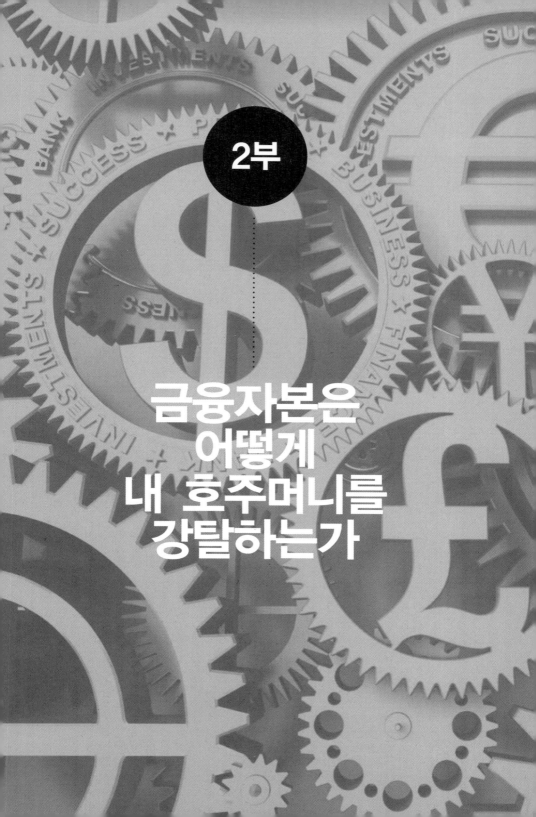

2부

금융자본은
어떻게
내 호주머니를
강탈하는가

1장
주주자본주의는
애플을 어떻게 바꿨나

애플 창업자이자 '세상을 바꾼 상상력과 창의성의 아이콘'으로 통하는 스티브 잡스. 그의 좌우명은 "Stay Hungry Stay Foolish"였다. 해석하자면 "끝없이 배고파하고 끝없이 배워라!"는 뜻이다. 그러나 이를 약간 심술궂게 읽으면 "영원히 배곯으며 칠칠치 못하게 살아라"라고 해석할 수도 있다. 한국에서는 삼성(갤럭시)에 대항하는 진보의 아이콘처럼 여겨지기도 하는 아이폰이 어떻게 만들어지는지 보면 그렇다.

지구적 차원의 분업, 수익의 64%가 애플로

아이폰의 범퍼 케이스를 벗기고 뒤쪽 하단을 보면, "Designed by Apple in California, Made in China"라는 은빛 글자가 새겨져 있다.

"미국 캘리포니아의 애플에서 디자인되고 중국에서 제조되었다"라는 의미다. 아이폰이 실제로 '만들어지는' 곳은 미국이 아니다. 그러나 중국도 아니다. 미국 애플사가 하는 일(디자인)은, 아이폰을 설계하고 새로운 콘셉트를 창출하고서 이에 필요한 수많은 부품을 가장 싸게 만들고 조립할 수 있는 나라들을 찾아내 네트워크로 조직하는 것이다. 실제 '아이폰 만들기'는 거의 미국 밖에서 이뤄진다. 아이폰의 플래시 메모리는 일본 도시바, 애플리케이션 프로세서는 한국의 삼성, 카메라 모듈은 독일 인피니언에서 생산한다. 그리고 이런 부품들은 중국 광둥성 선전에 있는 폭스콘 공장으로 실려가 완성품으로 조립된 뒤 다시 해외에 수출된다. 폭스콘은 타이완의 대형 전자업체다. 이처럼 아이폰은 여러 나라의 기업이 얽힌, 지구적 차원의 분업을 통해 만들어진다.

아시아개발은행연구소가 2010년 12월 발간한 보고서 「아이폰은 어떻게 미국의 대중 무역적자를 악화시키나」에 따르면, 아이폰 한 대의 제조비용 179달러(약 20만 원, 2009년 기준) 중에서 중국 폭스콘 노동자들의 임금에 들어가는 돈은 6.5달러(3.6%)에 불과하다. 또한 아이폰을 판매해서 번 돈(매출액) 가운데 애플이 챙기는 수익의 비중은 무려 64%에 달한다. 전세계적으로 아이폰을 100원어치 팔았다면 이 중 64원을 애플이 수익금으로 가져간다는 뜻(매출총이익률 64%)이다.

애플이 이토록 높은 수익률을 누리는 대신 폭스콘의 중국 노동자 수십만 명은 기숙사와 작업장을 오가며 가혹한 노동 강도와 살인적 저임금을 견뎌야 한다. 2009년 기준 폭스콘 노동자들의 시간

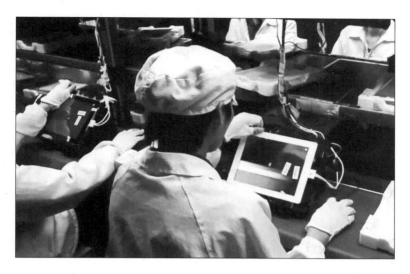

아이패드를 조립하는 중국 폭스콘 노동자들. 애플 제품의 제작에는 여러 나라의 기업과 노동자들이 관여하지만 이득의 대부분은 애플이 가져간다.

당 임금(시급)은 83센트. 연봉으로는 3000달러(약 350만 원)를 조금 넘는다.(하루 12시간, 한 달 27일 일하는 경우를 기준 삼았을 때 그렇다.) 그야말로 "영원히 배곯으며 칠칠치 못하게 살아라"인 것이다. 이런 세상을 거부하고 지난 2010년 1월 이후 십수 명의 폭스콘 노동자들이 연쇄적으로 목숨을 끊었다.

이에 반해 애플의 CEO인 티머시 쿡은 2010년에 연봉 80만 달러(약 9억2300만 원)와 보너스 500만 달러(약 57억7000만 원), 5230만 달러(약 603억5500만 원) 상당의 애플 주식을 받았다. 스티브 잡스의 연봉은 1달러에 불과하지만 그에겐 시가로 20억 달러(약 2조3000억 원) 상당의 애플 스톡옵션 550만 주가 있다. 진보적 이미지로 마케팅되는 아이폰의 생산은 한쪽에선 거대한 부를, 다른 쪽에선 빈곤을 창출하는 과정이기도 하다.

스티브 잡스가 가혹한 '노동 착취자'가 될 수밖에 없었던 이유는 무엇일까. 혹은 잡스는 왜 폭스콘의 아이폰 조립 라인을 조국으로 가져와 미국의 일자리 창출에 기여하지 않은 것일까. 그가 돈밖에 모르는 수전노라서? 그렇지는 않다. 역정의 인생 이력, 선禪을 즐겼던 고결한 취향, '쿨'한 이미지 등을 생각할 때 잡스는 절대 그럴 사람이 아니다. 잡스가 그렇게 행동할 수밖에 없었던 이유는 따로 있다.

아시아개발은행연구소 보고서는 애플이 중국의 조립 라인을 미국으로 옮기는 것을 선택 가능한 일이라고 본다. 물론 미국의 임금 수준은 중국보다 훨씬 높으므로(이 보고서에서는 10배로 가정), 애플의 수익률(매출총이익률)은 64%에서 50%로 줄어들 것이다. 그러나 50%도 매우 높은 수치다. 그래서 아시아개발은행연구소는 '조립 라인의 미국 이전'이 애플의 거대한 수익을 미국 저숙련 노동자들과 공유하면서 대중 무역적자도 줄일 수 있는, '기업의 사회적 책임CSR'이라고 주장한다.

그러나 여기에는 시스템 차원의 엄청난 장애물이 있다. 아시아개발은행연구소 보고서는 '주주들의 반대'를 거론한다. 주주들에게는(개인적으로는 아무리 착한 사람이라 해도) 인류애가 없다. 애국심도 없다. 사회적 책임도 없다. 주주의 소망은 단순하고 직선적이다. 투자한 주식의 가치가 짧은 시간 내에 크게 오르면 된다. 잡스가 만약 폭스콘 노동자들의 임금을 올리거나 조립 라인을 미국으로 옮겨 애플 주가를 떨어뜨렸다면 그는 주주들의 반란으로 CEO

자리를 다시 박탈당했을 것이다. '스티브 잡스 신화'도 없었을 것이다. 한편 애플 주가를 올리는 것은 경영자인 잡스에게도 이익이었다. 그는 어쨌든 스톡옵션을 550만 주나 가지고 있다.

물론 잡스가 살아있을 때 애플은 주주를 무시하는 기업으로 유명했다. 애플엔 현금이 많았다. 보유하고 있는 돈의 규모가 1400억 달러에 달했다. 그러나 스티브 잡스는 주주들에게도 매우 '까칠한' 인물이라서 (주주를 위한) 배당이나 자사주 매입을 극도로 꺼렸다. 말하자면 애플은 주주들보다 경영진의 기득권을 중시하는 '나쁜' 회사였던 것이다. 경영자 보수 결정이나 이사 선출에서 주주들의 의견이 제대로 반영되지 않아 주총 때마다 경영진과 대주주(공무원연금) 간에 충돌이 벌어지기도 했다. 애플뿐 아니라 야후, 구글, 아마존 등 실리콘밸리 출신 '테크 자이언트'들은 대체로 투자자에게 인색한 편이었다. 엄청난 수익을 올려도 배당보다는 연구개발이나 기술업체 합병에 투자했다. 혹은 그냥 현금(사내 유보금)으로 간직했다. 그럼에도 불구하고 이 기업들의 주가가 높은 수준으로 유지되었던 데는 이유가 있다. 한마디로 이 '테크 자이언트'들이 주력하는 연구개발 및 합병에 대한 투자는 주가를 올리는 데 도움이 되고, 이렇게 되면 '언젠가는 뜯어 먹을 수 있다'고 기대했기 때문이다. 그리고 2010년 전후해 잡스 사후의 애플을 비롯한 '테크 자이언트'들에 대해 투자자들의 공격이 대대적으로 개시된다. 이 부분은 뒤에 설명한다.

이처럼 기업 경영의 최대 목표가 '주가 올리기'인 시스템을 주주자본주의라고 부른다. 앞에서 언급했듯이 이 시스템에서 기업 경영자는 노동자 고용을 유지하고 매출 규모를 늘리는 것에는 관심이 없다. 장기적으로 수익과 고용을 업그레이드할 수 있는 투자 따위도 크게 중요하지 않다. 오로지 단기간 내에 주가를 올려 주주들에게 충성해야 경영 권력을 유지할 수 있다. 그래서 벌어들인 돈을 투자하기보다 배당금으로 지급하고 심지어 자사주 매입에 사용하기도 한다.

그리고 이런 방향으로 기업 경영을 유도하는 주주는 대형 투자은행·보험사·자산운용사·연기금 따위 금융자본이다. 그래서 주주자본주의는 금융자본주의라고 불리기도 한다. 금융자본주의의 특징 중 하나는 항구적인 고용불안이다. 정리해고를 기획하거나 단행하면 해당 기업 주가를 크게 올릴 수 있다. 이 시스템에서 큰돈을 벌 수 있는 장사는, 주가가 낮게 평가된 회사를 합병한 뒤 구조조정을 통해 기업가치를 올리는 것이다. 그렇다면 고용이나 해고가 자유로워야 한다.

이렇게 일자리가 불안한 상황이라면 임금 수준도 정체되거나 떨어질 수밖에 없다. 따라서 노조는 조직률이 떨어지고 교섭력은 약해진다. 이는 다시 노동조건을 한층 더 악화시키는 악순환으로 이어진다. 아이폰 사례에서 봤듯이, 이렇게 줄어든 노동자의 몫은 금융자본과 최고위 경영자들 손으로 넘어간다. 1980년대 중반 이후 전세계적으로 소득분배가 악화된 이유 중 하나다. 미국 클라크대학 리처드 피트 교수에 따르면, "(케인스주의가 지배했던) 1945~1979년에는 '최상류층 1%'인 자본가 계급은 총소득의 10% 정도를 차지했다. 그러나 이후 신자유주의 시기에 접어들면 최상

류층 1%는 총소득의 15~25%를 가져가게 된다. (금융위기 직전인) 2007년은 부유층의 몫이 최고 수준에 달했을 때였다."

이 같은 금융자본주의가 1990년대에 개화하고 21세기 들어 전성기를 누릴 수 있었던 것은 중국, 동유럽 등 기존 사회주의 국가가 몰락한 덕분이다. 전세계를 무대로 삼는 초국적 대기업들이 '사용'할 수 있는 노동자가 삽시간에 십수억 명이나 늘어난 것이다. 국제노동기구ILO에 따르면, 1980~2007년 지구의 사용 가능한 노동력은 19억 명에서 31억 명으로 폭증했다.

'노동자 쇼핑'의 시대

더욱이 기존 사회주의 국가 노동자들은 매우 '싸다'. 미국 노동청 통계(2010년 기준)에 따르면, 미국 제조업 노동자의 시급이 34.74달러인 데 비해 슬로바키아는 10.72달러, 폴란드는 8.01달러에 불과하다. 심지어 중국은 1.36달러(2008년)다. 인도는 1.17달러(2008년), 더욱이 캄보디아·베트남·방글라데시 등에서는 그 절반을 약간 넘는 금액으로 노동자를 부릴 수 있다. 기업들이 마음껏 '노동자 쇼핑'을 즐길 수 있게 된 것이다.

그러니 이런 초국적 대기업들은 쫀쫀하게 '가격 내리기'로 경쟁하지 않는다. 애플과 삼성이 아이폰과 갤럭시의 가격을 낮춰 상대방을 제압하려 하면 수익이 줄어들고 주주들은 분노할 것이다. 이보다 훨씬 효율적이고 주주에게 잘 보일 수 있는 경쟁 방법은 비용 단가, 그중에서도 가장 중요한 노동력 비용을 낮추는 것이다.

이로써 노동자들은 지구적 차원에서 자본에 대해 불리한 위치에 서게 되었다. 기존 사회주의권 개도국 노동자들은 장시간 저임금 노동에 시달린다. 1970년대 한국의 고도성장기에는 임금이 낮은 속도로나마 꾸준히 상승했다. 반면 중국에서는 지난 30여 년 동안의 경제 급성장에도 불구하고 임금은 노동자가 가까스로 생존할 수 있는 수준에 머물고 있다. 아직도 수억 명이 중국의 농촌과 인도, 캄보디아 등 동남아시아 지역에 고용되지 않은 채 남아 있기 때문이다.

반면 선진국 노동자들은 격심한 일자리 감소를 겪게 되었다. 미국의 진보 월간지 『먼슬리 리뷰』 편집자인 존 벨라미 포스트에 따르면, 제조업 부문 고용에서 선진국의 비중은 1980년 49%에서 2008년에는 27%로 감소했다. 특히 미국 제조업 부문의 고용 규모는 1979년에 2000만 명에서 2010년 1150만 명으로 절반 가까이 줄었다. 이에 따라 비정규직 일자리나 아르바이트 등으로 불안한 삶을 살아가는 프레카리아트precariat('불안정한Precario'과 '노동자계급Proletariat'을 합성한 신조어) 계급이 대규모로 등장하고 있다. 한국에서도 수많은 워킹푸어working poor 계층이 등장했다. 그야말로 개도국과 선진국을 망라한 세계적 차원에서 99%의 빈곤화가 진행중인 것이다.

금융자본은 심지어 이렇게 가난해진 대중을 한 번 더 '착취'한다. 시민에게 '대출 폭탄'을 안겨 이자수익을 내는 방식이다. 특히 2000년대 들어 미국 금융자본은 신용카드나 부동산대출 형태로 빈곤층에게 천문학적인 자금을 방출했다. 이런 대출금이 부실해져 폭발한 것이 2008년의 세계금융위기다. 경제위기를 겪은 뒤에도 부자와 가난한 자의 격차는 더욱 벌어지고 있다.

　스티브 잡스가 중국 노동자들을 '악랄하게 착취'할 수밖에 없었던 이유는 그 역시 주주들에 대한 개인적 거부감에도 불구하고 주주자본주의(금융자본주의)라는 세계 질서에 포획되어 있었기 때문인 것으로 봐야 한다.

　이런 것들이 1부에서 살펴본 금융-지구화의 실제 적용 모습들이다.

기업에서 현금 짜내기

　조금 전에 썼듯이 애플 등 '테크 자이언트'들은 주주자본주의 질서 아래에서 움직이되 그 주주자본주의가 사내로 침투하는 것은 거부했다. 번 돈을 주주에게 쓰기보다 기술혁신에 투자했던 것이다. 그러나 2010년을 전후해서 헤지펀드 등의 주주(금융자본)들은 '테크 자이언트'들에 대해 '돈을 내놓으라'며 봉기한다. 이른바 '주주 행동주의Shareholder Activism'다.

　일반 시민에게 '투자'란, 전망 좋은 주식이나 부동산을 매입하고, 가격이 오를 때까지 기다리는 것이다. 값이 오르면 성공이고, 내리면 실패다. 외부 상황이 투자의 성패를 결정한다. 그러나 행동주의 주주Activist Shareholder들은 '상황' 그 자체를 장악한다. 자신이 투자하는 기업에서 '의미 있는' 지분을 확보하고, 이를 기반으로 경영에 영향을 미치는 것이다.

주주들의 목적을 달성하는 데는 다양한 방식이 있다. 가장 간단한 것은 배당률을 올리거나 혹은 일회적으로 특별 배당금을 받아내는 것이다. '자사주 매입'도 좋은 방법이다. 기업이 자기 회사의 주식을 주주들로부터 매입한 뒤 파기하는 방식이다. 이 과정에서 주주들은 보유 주식 중 일부를 괜찮은 가격으로 팔아 돈을 벌 수 있다. 그리고 나머지 주식의 가치가 올라 다시 이익을 얻는다. 혹은 회사의 경영권을 장악한 뒤 자산을 팔아 그 대금을 배당 등의 방식으로 챙기는 수법도 있다.

야후는 주주들에게 줄 돈을 마련하기 위해 해외 자산을 매각했다. 2011년 9월, 헤지펀드인 서드 포인트 캐피털Third Point Capital은 야후의 주식 5.8%를 매입한 뒤 대주주 자격으로 이사진을 퇴진시켰다. 창업자인 제리 양도 몰아냈다. 그리고 서드 포인트 캐피털의 대니얼 로앱 대표는 자신의 부하 격인 제프 주커 NBC유니버설 전 사장 등 3명과 함께 야후의 신임 이사가 된다. 2012년 5월엔 당시 야후 회장인 스콧 톰슨의 컴퓨터공학 학위가 허위라고 폭로해서 몰아낸다. 그 다음 구글 출신의 마리사 마이어를 회장으로 앉힌다. 이로써 헤지펀드인 서드 포인트 캐피털은 세계적인 IT기업 야후의 기존 경영진을 연타해 때려눕힌 뒤 지배하게 된 것이다.

이후 로앱이 회장 자리에 앉힌 마리사 마이어가 가장 적극적으로 추진한 일은 야후의 해외 자산 매각이다. 특히 야후는 중국 최대 전자상거래 업체인 알리바바의 지분 40%를 보유하고 있었다. 같은 해 8월까지만 해도 마이어 회장은 알리바바 지분을 매각한 돈을 주주들에게 배당할 것이 아니라 야후의 재도약을 위해 스카

우트, 기술업체 인수, 설비투자 등에 사용하겠다고 했다. 그랬더니 하루아침에 주가가 5%까지 폭락했다. 한 달 뒤인 9월 야후는 알리바바 지분(40%) 중 절반인 20%를 76억 달러에 팔고, 세금 낸 뒤 남는 43억 달러 중 30억 달러를 주주들에게 돌리겠다고 발표했다. 이런 '주주 중시 경영' 덕분에 마이어 회장 취임 이후 야후는 순이익 등의 실적은 정체 또는 악화되었으나 주가만은 간헐적으로 상승 추세를 나타내왔다.

미국 최대의 온라인 종합 서비스 기업 아메리카 온라인AOL은 특허를 팔아 주주들에게 줄 현금을 마련했다. 투자업체 스타보드 밸류Starboard Value는 지분 5.3%를 지렛대로 AOL의 경영권에 도전했다가 실패했다. 이사 3명을 추천했으나 다른 주주들이 반대했기 때문이다. 그러나 스타보드 밸류는, AOL이 주주에게 돈을 주기 위해 특허를 팔게 하는 데는 성공했다. 사실 그전까지 팀 암스트롱 AOL 회장의 목표는 회사를 굴지의 미디어 기업으로 발전시키는 것이었다. 그래서 미국 최대 온라인 사이트인 허핑턴포스트를 인수하는 등 콘텐츠 부문에 수억 달러 규모의 대대적인 투자를 했다. 그러나 스타보드 밸류 등의 투자자 시각에서 보면 이는 주주들을 무시하는 경영이다. 콘텐츠 투자가 결실을 보아 AOL의 기업가치와 주가가 올라갈 때까지는 꽤 긴 시간이 걸릴 것이고, 더욱이 실패할 가능성도 크다. 그런데 기업가치(주가)를 올릴 아주 간단하고 확실한 방법이 있다. AOL이 다수 보유하고 있는 특허권을 팔면 된다. 그래서 주주들은 "특허자산을 잘 활용하면 10억 달러 이상의 가치를 창출할 수 있고, 이런 요구가 무시되는 경우에는 경영진과

싸우겠다"라고 이사회를 압박했다. 이런 투쟁의 성과로 AOL은 마이크로소프트에 특허 800여 건을 넘기고 10억5600만 달러를 받았다. 이처럼 '주주를 중시하는' 경영 덕분에 AOL 주식이 1년여 사이 두 배 이상 오르기도 했다.

잡스 사후의 애플

애플의 경우는 어땠을까? 잡스가 사망하자 애플 경영진들은 '주주 중시 정책'을 일부 채택한다. 3년 동안 배당 및 자사주 매입으로 450억 달러를 사용하기로 한 것이다. 그러나 주주들은 이 정도로 만족하지 않았다. 더욱이 모바일 시장의 경쟁 격화로 2010년까지 애플이 누렸던 독점적 지위가 회복될 가능성은 계속 희박해지고 있다. 주가도 2012년 9월 이후 하향 추세였다.

이런 상황에서 어떻게 애플의 주가를 다시 올려 '주주들을 널리 이롭게 할 것인가?' 애플 주식 130만 주(0.12%, 5억5000만 달러)를 보유한 그린라이트 캐피털의 데이비드 아인혼 회장이 기상천외한 방안을 제출했다.

아인혼 회장의 아이디어는, 애플이 '우선주'를 발행하도록 하자는 것이었다. 주식은 기업에 대한 일종의 소유권이라고 할 수 있다. 주주는 자신이 소유한 몫(주식 지분)에 비례해서 해당 기업의 경영에 개입하고(의결권 행사), 기업자산에 대해 그만큼의 배분을 청구할 수 있다. 이처럼 의결권과 청구권을 모두 행사할 수 있는 일반적인 주식을 보통주라고 부른다. 반면, 우선주에는 의결권이 없다. 우선주는 그 대신 기업자산(수익)의 배분에서는 보통주보다 먼저, 더 많이 청구권을 행사할 수 있다.

아인혼 회장은 애플이 이런 우선주를 '액면가의 4% 배당 조건(액면금리)'으로 발행해서 주주들에게 무상 배분하자고 주장했다. 예컨대 액면가가 100달러인 우선주의 경우, 매년 4달러를 영구히 지급한다. 애플이 액면가로 500억 달러 상당의 우선주를 발행한다면 연간 20억 달러(500억 달러의 4%)의 배당금을 주주에게 지급하게 되는 것이다. 최근 애플의 연간 순이익이 300억~400억 달러 수준이었다는 것을 고려하면 크게 부담이 되지 않는 규모다. 더욱이 애플의 천문학적인 사내 유보금 1400억 달러는 이런 우선주 배당금이 문제없이 지급될 것을 보증해준다. 그렇다면 애플의 이 우선주는 주식(상황에 따라 주가와 배당금 크기가 변동하고 손실 위험성이 크다)이라기보다 채권(미리 정해진 규모의 수익금이 주기적으로 꼬박꼬박 지급된다)에 가깝다. 아니, 사실상 채권이다.

그렇다면 왜 아인혼은 채권 같은 우선주를 발행하라고 한 것일까? 2010년 이후 세계 금융시장이 다시 불안해지면서, 일반 주식처럼 가격변동이 심한 상품보다 고정 수익이 나오는 채권의 인기가 올라가고 있었기 때문이다. 말하자면 아인혼은 애플 우선주 한 주당 고작 4달러씩을 받고 싶어서 이런 제안을 한 것이 아니다. 오히려 그는 각광받는 '채권'을 '애플의 우선주'라는 형식으로 손에 넣은 다음 비싸게 팔고 싶었던 것이다.

그러나 애플 입장에서 보면, 이런 조건의 우선주 발행은 매년 거액의 자금이 꼬박꼬박 회사 밖으로 나간다는 의미다. 더욱이 아인혼 회장은 애플이 수천억 달러까지 우선주 발행 규모를 늘릴 역량이 있다고 주장한다. 이런 식으로 투기꾼에게 끌려다니다 보면 매년 수십억 달러에서 수백억 달러 규모의 애플 자금이 주주에게 흘러 나가고 급기야 투자 규모가 줄어 경쟁이 치열한 모바일 시장에서 퇴출당할지도 모른다. 그래서 애플은 2013년 2월 주주총회에서 오히려 우선주 발행을 어렵게 하는 방향으로 정관을 바꾸려 했다. 그러자 아인혼 회장은 애플의 정관 개정에 소송을 걸어 여론전을 펼쳤고, 애플은 배당 및 자사주 매입에 사용할 돈을 당초의 450억 달러에서 600억 달러(2015년까지)로 높이게 됐다. 이런 상황에서 기업사냥꾼으로 유명한 칼 아이칸이 나섰다. 그는 2013년 8월 애플 주식을 집중적으로 매입한 뒤 애플의 자사주 매입 규모를 1500억 달러로 늘리라고 요구했다. 애플이 사내에 보유하고 있는 것으로 알려진 1400억여 달러보다 더 많은 금액이다.

이 같은 애플과 금융자본의 싸움은 지금도 계속되고 있다. 애플 측은 스티브 잡스 사후 나름대로 주주들에게 충성하려 했으나, 주주들은 더 많은 것을 기대했고, 이제 다양한 방식으로 애플 목조르기에 들어간 것이다. 현재 상황에서는 애플 역시 야후나 AOL과 완전히 다르게 가기는 힘들 것이다. 스티브 잡스처럼 금융자본을 '무시'하면서 과감하게 투자하고 기술개발에 나섰던 '테크 자이언트'의 영웅시대는 미국에서도 서서히 막을 내리는 것으로 보인다. 금융자본의 막강한 위력 아래서는 세계적인 기업들의 모습도 변해갈 수밖에 없는 것이다.

2장
기업의 '노동자 쇼핑'과
통상임금 문제

금융자본주의, 혹은 주주자본주의 체제 아래에서 기업이 어떻게 행동하는지 더 구체적인 사례를 살펴보자. 여기서 다룰 이야기는 우리에게 보다 직접적으로 문제가 된다.

2013년 5월 8일, 미국을 방문한 박근혜 대통령은 GM의 댄 애커슨 회장을 만났다. 애커슨 회장은 박 대통령에게 "(예전에 약속한 대로) 80억 달러를 (한국GM에) 투자하겠다"고 말했다. 다만 조건을 달았다. '엔저와 통상임금 문제의 해결'이다. 이는 '글로벌 갑甲'인 GM이 얼마나 오만방자하고 세상 물정에 무지한지 객관적으로(!) 뚜렷이 드러낸 발언이다.

우선 '엔저(엔화 가치절하)'로 수출 가격이 떨어진 일본산 차량들이 GM의 한국산 차량을 국제시장에서 압박하고 있었던 것은 사실이다. 그러나 이를 왜 '무제한적 양적완화'로 엔화 가치를 인위적으로 내리고 있는 일본 정부가 아니라 한국 정부에 따지는가? 물론 한국도 원화를 무한대로 찍어내 '원저(원화 가치절하)' 현상을 일으키는 방법으로 일본에 대항할 수 있다. 그러나 이는 철저히 한국 경제의 고유한 이익을 위해 한국 정부가 결정해야 할 일이지, 일개 해외 기업이 왈가왈부할 사안은 아니다.

더욱이 '통상임금 문제 해결'을 거론한 것은, 한국이 삼권분립에 기반한 민주공화국이라는 것 자체를 무시하는 노골적인 내정간섭이었다. 대법원은 2012년 3월 '고정 상여금'이 '통상임금'에 포함될 수 있다고 판결한 바 있었다. 이 판례에 기반한 법적 절차가 전국 곳곳에서 진행 중이었다. 이런 시점에서 애커슨은 행정부 수장인 박근혜 대통령에게, 사실상 사법부에 개입해 이 판결을 뒤집으라고 압력을 넣은 것이다.

통상임금이란 무엇인가

그런데 애커슨 회장의 관심거리인 '통상임금'을 이해하려면, 먼저 임금체계의 구성을 대충 파악할 필요가 있다.

우선 기업이 노동자들에게 '지급하는 돈'은 크게 두 가지로 나누어 볼 수 있다. 하나는 '임금'인데 '기업이 노동의 대가로 지급하는 돈'이다. 다른 하나는, 기업이 일종의 '선물(선심성 지급)'로 주는 '임금이 아닌 돈'이다. 예컨대, 어떤 기업이 특정 연도에 엄청난 순이익을 거둬 너무 기쁜 나머지 감사하는 마음으로 노동자들에게 '성과급'을 '선물'했다면 이는 '임금'이 아니다. 또한 기업 측이 점심 때마다 멀리 나가야 하는 노동자들이 안쓰러워 사원식당에서 점심 식사를 '대접'하기로 했다면 이 또한 '임금'이 아니다. 두 경우 모두 사측이 '노동의 대가'를 주는 것이 아니라 일종의 '선심'을 베푸는 것이기 때문이다. 다만 기업이 사실상 '노동의 대가'로 돈을 지급했지만 '선물'이라고 주장하는 경우도 있다.

다시 '임금' 부문으로 돌아가자. 통상임금은 여러 가지 종류의 임금 중 하나다. 사측이 노동자들에게 미리 주기로 되어 있고, 노동자들 역시 그렇게 알고 있으며, 특별한 노력(예를 들어 법정노동시간 이상의 '시간외 노동') 없이도 받을 수 있는 돈을 일컫는다. 그러니까 일정한 조건을 채우기만 하면(고정성) 모든 노동자들에게(일률성) 매달 정기적으로 지급되는(정기성) 돈은 통상임금으로 간주된다. 예컨대 취업한 노동자라면 누구나 법정근로시간인 하루 8시간에 대해 '기본급'과 그 회사에서 맡는 역할에 따른 '직무수당'을 받는다. 또 기업이 주는 여러 임금 중 현재 통상임금으로 분류되어 있지는 않으나, 현실에서 '일정한 조건을 채우는 모든 노동자가 (매달) 정기적으로 받고 있는' 돈이라면, 통상임금으로 판단하기도 한다.

이 통상임금이 애커슨 회장의 관심사가 된 이유는, 이것이 법정근로시간인 '8시간 이상' 혹은 휴일에도 일할 때 받는 '시간외 수당'과 '휴일수당'의 산정 기준이기 때문이다. 예컨대 통상임금이 시간당 1만 원이라면, 시간외 수당과 휴일수당으로는 최소한 그 150%인 1만5000원을 줘야 한다. 즉 통상임금이 크면 클수록 기업들은 시간외 수당과 휴일수당을 더 많이 지급해야 한다. 이렇게 되면 임금 전체가 커질 것이고 이에 따라 '평균임금(퇴직시 직전 3개월 동안 받은 임금을 월 단위로 평균한 금액)'도 늘어난다. 이 평균임금을 기준으로 퇴직금이 계산되므로 기업의 부담이 더 무거워진다. 그래서 기업 입장에서는 노동자들에게 임금으로 같은 100만 원을 주더라도, '통상임금 80만 원+통상임금이 아닌 임금 20만 원'보다 '통상임금 50만 원+통상임금이 아닌 임금 50만 원'을 주는 것이 훨씬 낫다.

이에 따라 한국 기업들은 편법을 사용해왔다. 임금을 올려야 할 때는 통상임금에 포함되는 기본급이나 직무수당 등을 늘리지 않고, '통상임금이 아닌 임금'을 '수당'이란 이름으로 만들었다. 덕분에 한국의 임금체계는 엄청나게 복잡다양해졌다. 이런 '복잡다양한 수당' 중 하나가 바로 '상여금'이다. 지금까지 기업 측에서는 '상여금이 매달 지급되는 것이 아니'라는 등의 이유로 통상임금에 포함시키지 않았고, 노동부 역시 이를 행정지침으로 삼았다. 그러나 2000년대 들어 노동계는 상여금 역시 '모든 노동자에게 정기적으로 지급된다'는 측면에서 통상임금의 성격이 강하다는 것을 발견했다. 그리고 2012년 3월에 대법원이 노동계의 이런 입장을 인정함으로써 '상여금의 통상임금성性'이 판례로 자리 잡았다.

이후 노동조합들은 당시까지 통상임금으로 간주되지 않았던 상여금 등 각종 수당을 통상임금에 포함시키라고 요구하며 소송을 벌였다. 대법원 판결이 나온 만큼 노동자들이 대부분의 소송에서 승리하고 관련 '체불임금(기업 측이 상여금을 통상임금에서 제외했기 때문에 받지 못한 돈)'을 돌려받을 것이 유력하다. 이와 함께 위험

수당, 능률수당 등 여러 수당에 대해서도 '모든 노동자들에게 정기적으로 준 것인지' 여부를 따지는 작업이 병행되고 있다. 이런 수당들은 법원이 인정하면 통상임금이 되고 기각하면 지금까지처럼 '통상임금이 아닌 임금'으로 남게 된다.

애커슨 회장이 요구한 것은 결국, 이런 사측과 노동자 간의 분쟁에 행정부가 개입해서 GM에 유리한 판결을 유도하라는 압박이다. 여기에 대고 박근혜 대통령은 "GM 혼자만의 문제가 아니라 한국 경제 전체가 겪고 있는 문제"라며 공감을 표시해버리고 말았다. 이에 호응해서 조원동 청와대 경제수석은 "만약 통상임금이 법원 결정대로 되면 우리 산업 전체가 연간 38조 원을 추가로 부담해야 한다"며 바람잡기에 나섰고, 고용노동부는 그해 6월부터 노사정위원회에서 상여금의 통상임금 반영 여부를 공식 논의하겠다고 밝혔다.

네 엄마에게 일러바치겠다?

잘 알려지지 않은 사실이지만, GM 애커슨 회장은 박근혜 대통령을 만나기 직전인 2013년 5월 초 한국GM 노조를 미국 디트로이트 본사로 초청해 먼저 만났다. 그리고 겁을 주는 듯한 언행을 보였다. 미국 멀티미디어 금융서비스 업체인 더 모틀리 풀The Motley Fool에 따르면, 애커슨 회장은 이 자리에서 "GM이 한국에서 철수할 생각은 없"으나 "노사관계가 걱정되고 이에 대해서는 박근혜 대통령과 논의하겠다"고 말했다.

한국GM 노조는 당시 이미 노동자 9명(사무직 포함)이 '고정 상여금의 통상임금 반영'에 대해 '임금반환 소송'을 제기해둔 상태였다. 더욱이 노사간 단체협약에 사측이 정기 상여금, 사기진작비, 하계휴가비, 설추석 귀성 여비 등을 노동자들에게 지급해야 한다고 명문화되어 있다. 말하자면 이런 수당들이 '모든 노동자들에게 정기적으로 지급하는 것으로 미리 정해져 있었다'는(통상임금이라는) 뚜렷한 증거가 있는 것이다.

'협력적 노사관계'를 누누이 강조해왔던 GM으로서는 이런 한국GM의 '대립적 노사관계'가 걱정되고 답답했던 모양이다. 그래서 말썽꾸러기 어린이에게 '네 엄마에게 이르겠다'고 겁주는 것처럼 한국GM 노조에게도 '대통령에게 이르겠다'고 한 것인가? 이에 대해 한국GM 노조 측은 "황당했다"고 딱 잘라 말했다.

"세상에! 그런 이야기가 나올 줄은 생각도 못했다. 노동자들의 시민으로서의 권리를 침해할 뿐 아니라 민주주의의 근간을 흔드는 소리 아닌가. (미국은 어떤지 모르겠지만) 한국은 삼권분립이 존재하는 나라다. 어떻게 보면 이 발언엔, GM이 한국을 보는 관점이 담겨 있다. 말하자면, 한국 같은 정치 후진국에서는 대통령이 한마디하면 사법부든 노조든 '깨갱' 할 거라는……."

한국GM 노조 측은 이를, GM이 한국에서 '협력적인 노사관계'를 만들기 위해 '게임'을 한 것으로 보기도 했다. "GM이 한국 정부와 GM 노조에 대한 '게임'을 시작한 것이다!"

사실 '글로벌 갑甲' GM은 세계 도처에서 해당국 정부와 노조를 대상으로 현란한 게임을 펼치며 '협력적 노사관계'를 만들어왔다.

지난 2013년 5월초 진보적 성향의 해외 웹사이트(wsws.org)는 GM의 독일 자회사인 오펠 보쿰 공장 노동자들의 다음과 같은 발언을 담았다. "지난 15년 동안 GM은 우리를 압박해왔다. 하나를 양보하면 곧이어 다른 것을 요구하는 식이었다. (…) 처음엔 공장을 닫지 않으려면 봉급의 1.25%를 깎아야 한다고 했다. 그 다음엔 젊은 이들을 채용하기 위해 우리 성탄절 상여금의 60%를 감축해야 한다고 했다. 다음엔 해고를 막기 위해 좀 더 많은 희생이 필요하다더니, 휴일수당까지 포기하라고 했지. 그런데 그 결과가 뭐냐?" 바로 공장 문을 닫는 것이었다.

오펠의 보쿰 공장은 지난 10여 년 동안의 지루한 줄다리기 끝에, 늦어도 2016년까지는 폐쇄하기로 결정됐다. 독일의 자동차 공장이 문을 닫는 것은 제2차 세계대전 이후 처음이다. GM의 압박 대상은 노동자뿐만이 아니다. 정부도 포함된다. 각국 정부와의 협상에서, '지원해주지 않는다면 투자를 줄이거나 노동자를 해고하고 심지어 공장폐쇄도 가능하다'며 공략한다.

GM이 이렇게 할 수 있는 가장 기본적인 이유는 초국적 기업이기 때문이다. GM은 한국과 미국을 비롯, 유럽, 남미, 중국 등 지구적 차원에서 많은 자회사를 가지고 있다. 그래서 생산물량을 자유롭게 이 나라에서 저 나라로 옮길 수 있다. 이런 과정에서 물량을 다른 나라(공장)로 뺏긴 공장은 일자리 불안에 시달리게 된다. 독일 유력지인 『프랑크푸르트 알게마이네 차이퉁』에 따르면, GM 담당자는 여러 국경을 넘나들며 각국 자회사 노동자들에게 '노동조건 리스트'를 내민다. 이 길고 긴 리스트엔, 임금액수 유지나 감축,

각종 수당 깎기, 임시 노동자 채용, 유연한 노동시간 채택 등의 요구안들이 포함되어 있다. 각 공장 노동자들은 다른 공장 눈치를 보면서 요구조건을 수용할지 말지 고민하게 된다. GM으로서는 거래 상대방들(노동자)을 경쟁시키며 이익을 챙기는 유쾌한 '노동력 쇼핑'이겠지만, 노동자 입장에서는 다른 노동자와 궁극적으로는 자기 자신까지 뜯어 발기는 참혹한 골육상쟁의 현실이다.

예컨대 한국GM의 부평 공장과 군산 공장에서 생산중인 트랙스와 올란도는 당초 유럽 여러 나라들의 오펠 공장에서 생산할 예정이었던 물량이다. 그런데 2011년에 한국으로 옮겨버렸다. 이런 과정에서 자연스럽게 생산 물량을 받지 못하게 된 오펠의 벨기에 앤트워프 공장은 폐쇄되었다. 2012년 5월엔 독일 오펠의 주력 소형차인 차세대 아스트라의 생산을 영국의 엘즈미어포트 공장과 폴란드의 글리비체 공장으로 옮기는 것이 결정되었다. 이 공장들은 모두 GM 본사의 자회사다. 한국GM 노조 주관으로 2012년 12월 열린 토론회에서 오민규 전국비정규직노조연대회의 정책위원이 발표한 내용에 따르면, 2010년부터 호주 GM홀덴에서 생산중인 '홀덴 크루즈'는 원래 군산 공장에서 만들어 수출하던 것이다. GM은 앞으로 호주 공장을 계속 유지하는 대신 호주 정부로부터 이후 10년간 10억 달러를 지원받기로 했다.

한국노동연구원 한지원 실장은 GM의 이 같은 '글로벌 갑' 전략에 대해 다음과 같이 요약했다. "GM은 자회사들끼리 경쟁시켜 어부지리를 취하는 전략에 매우 익숙하다. 유럽의 경우, 영국·독일·스페인·벨기에 등에 관련 공장이 있는데, 정부들과 노조들을 모아놓고 GM의 요구 사항을 수락하겠냐고 묻는 식이다. 최근엔 신차 출시를 두고 각 공장의 노조들에게 GM 본사에게 임금 및 경쟁력 부문에서 무엇을 보여줄 것인지 요구해서 양보를 얻어내고 있다. 말하자면 투자하는 대신 그 대가를 달라는 것이다."

이는 GM이 2013년 5월에 한국의 정부와 노조를 대상으로 시행한 '게임'이기도 하다.

한국을 상대로 한 GM의 게임

최근 한국GM에서 있었던 일을 보면, 한국에서도 이미 '게임'이 진행되고 있다는 징후가 역력하다. 한국GM은 GM이 대우차를 인수한 2005년 이후 '글로벌 중소형차 수출 기지' 역할을 담당해왔다. 연간 80~90만 대의 완성차를 만들어 이 중 85% 정도를 수출한다. CKD(저임금국에서 조립만 하면 완성차를 만들 수 있도록 일체의 부품을 컨테이너에 담아 수출하는 방식)까지 합치면 한국GM의 생산량은 연간 150만 대에 이른다. GM의 주력 차종인 쉐보레의 글로벌 생산량 중 40%가 한국에서 만들어지는데, 이 제품은 2008년 세계금융위기 직후 빈사 상태에 처했던 GM을 회생시킨 효자 상품이다.

GM은 2012년 9월 돌연 산업은행의 한국GM 지분을 인수하겠다고 제안했다. 국책금융기관인 산업은행은 현재 한국GM의 주식 중 17.02%를 보유하고 있다. 나머지 주주로는 GM 계열사들(76.96%)과 상하이자동차그룹(6.02%)이 있다. GM과 상하이자동차

그룹은 긴밀한 협력관계다. 그런데 한국GM은 자산 중 5% 이상을 팔거나 이전하려면 85% 이상의 주주가 승인해야 하도록 정관에 명시되어 있다. 당초 GM이 대우자동차(현재 한국GM의 전신)를 인수할 때 '먹튀'를 막기 위해 설정해둔 조항이다. 그런데 GM 측과 상하이자동차그룹의 지분을 합쳐도(82.98%), 85%까지는 '2.02%'가 아슬아슬하게 모자라다. 거꾸로 말하면, GM은 산업은행 지분의 전체나 일부만 인수하면 자유롭게 한국GM을 처분할 수 있는 것이다. 이후 한국GM의 일부 공장이 필요 없다고 생각되면 그냥 팔아버리거나 폐쇄해버려도 된다. 그래서 GM의 산업은행 지분 인수 시도에 많은 의혹의 시선이 쏠렸다.

이에 더해 GM은 2012년 11월엔 한국GM 군산 공장에서 생산할 계획이었던 '차세대 크루즈'를 미국, 중국 등 다른 5개국으로 옮기겠다고 통보했다. 그리고 통보 직후 사무직을 대상으로 희망퇴직을 공고했다. 이런 상황이 겹치면서, 한국GM에 대해 우려하는 목소리가 높아졌다. 그러자 GM 측은 2013년 2월, 이후 5년 동안 80억 달러를 한국GM에 투자한다는 발표로 한국에서 부풀 대로 부풀어버린 우려와 분노에 김 빼기를 시도했다.

그러나 북한의 미사일 발사 위협으로 남북간의 긴장이 절정으로 치닫던 2013년 4월엔 애커슨 회장이 미국 CNBC와의 인터뷰에서 "상황에 따라 한국 내 직원들의 안전을 위한 비상계획을 마련하고 있다"고 말했다. 생산라인을 다른 나라로 옮길 수도 있다는 의미였다. 한국GM 노조가 디트로이트를 방문한 것이나 그 직후 방미한 박근혜 대통령이 굳이 80억 달러 투자를 재확인한 것은 이 최근 대법원은 상여금 등이 통상임금에 포함된다고 판결한 원심을 파기환송하는 결정을 내리면서 한국GM의 손을 들어주었다. 한국 정부에 대한 GM의 협박(?)이 먹혀들었다고 볼 수도 있는 부분이다.(한국경제, 2014년 5월 30일)

런 우려 때문이었다. 그리고 애커슨 회장은 매우 시의적절하게 이때 '통상임금 문제'를 제기해 허를 찔렀다.

그런데 GM이 이후 5년 동안 투자하겠다는 80억 달러(인플레이션율을 감안하면 현재 시점에서 8조~9조 원)에 대해 한국노동연구원 한지원 실장은 '너무 과장된 수치'라고 말한다. "한국GM엔 이미 매년 1조~1조2000억 원 사이의 투자(5년이면 5~6조 원)가 이루어져 왔다. 이는 (최소한의 경쟁력 유지를 위해) 필수적으로 투자되어야 하는 규모이기도 하다. 이런 부분을 감안하면, 5년간 80억 달러는 그리 파격적인 투자 규모라고 할 수도 없다."

국가와 노동자를 상대로 한 초국적 기업의 게임은 계속 진행중이다.

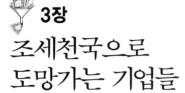

3장
조세천국으로
도망가는 기업들

애플과 GM 같은 초국적 기업들은 지구화된 금융의 이점을 활용해 세계 전역에서 막대한 이익을 거둬들인다. 게다가 금융자본주의의 현실은 이런 이익을 세금 없이 향유할 수 있는 수단도 제공해주고 있다.

사실 한국에서 '기업하기 좋은 나라'로 통하는 미국은 법인세율 (기업이 내는 세금)이 무려 35%다. 유럽연합도 인구 500만 명 이하의 작은 나라들을 빼면 법인세율이 26~30%에 달한다. 지구적으로 보면 세율은 최소한 25%가 된다.

그런데 2011년 통계에 따르면, 지구 최대의 IT 기업인 애플이 전세계에서 거두어들인 수익금 342억 달러(약 38조2870억 원) 중 세금으로 낸 돈은 33억 달러에 불과하다. '실질 세율'로 따지면 9.8%. 『블룸버그』에 의하면, 같은 해 구글은 유럽에서 거둔 수익 중 고작

3.2%만 세금으로 냈다. 이 기업들이 내는 세금은 수익금의 10%에도 채 미치지 않는 것이다. 이런 마술은 어떻게 가능한가. 세계 도처의 조세피난처 덕분이다.

조세피난처

국제탐사언론인협회ICIJ는 조세피난처인 카리브해의 버진아일랜드에 거금을 묻어둔 세계적 유명인사들 명단을 폭로한 바 있다. 필리핀 독재자 마르코스의 딸이며 현역 정치인인 마리아 이멜다 마르코스, 탁신 친나왓 전 타이 총리의 부인이었던 포자만 나폼베지라, 일함 알리예프 아제르바이잔 대통령, 프랑스 올랑드 대통령의 대선 캠프 재무담당자였던 장자크 오기에 등 거물이 명단에 올랐다. 이 밖에도 ICIJ가 입수한 문건에는 인물 13만 명과 기업 12만 개의 이름이 수록된 것으로 알려졌다.

이 중 한국인 및 한국 기업도 있으리라 보고, 한국 국세청도 확인 작업을 수행했다. 그 결과 영국령 버진아일랜드와 케이만 군도 등에 돈을 묻어둔 한국인 267명의 명단을 확보한 것으로 알려졌다. 이 명단엔 전두환 전 대통령의 장남인 전재국 시공사 대표, 김우중 전 대우그룹 회장의 삼남 김선용 씨 등이 포함되어 있다. 내야 할 세금을 내지 않고 도망간 세금 도망자들이라 할 수 있다.

조세피난처란, 한마디로 '법인'을 쉽게 등록할 수 있는 나라 혹은 지역이다. 법인法人의 의미는 '법률적으로 인간의 자격을 행사할 수 있는 사물', 즉 인간은 아니지만 인간처럼 권리를 행사하고 의

"이수영 회장 등 한국인 245명 조세피난처에 유령회사 운영"

뉴스타파, 설립자 3명 공개… 27일 2차 명단 발표

영국령 버진아일랜드 등의 조세피난처에 페이퍼컴퍼니(서류로만 존재하는 유령회사)를 운영해온 한국인이 245명인 것으로 밝혀졌다. 유령회사 명의로 개설된 해외 은행계좌에서 외화 밀반출이나 탈세 등의 불법행위가 적발될 경우 파장이 커질 것으로 예상된다.

ᅵ관련기사 2·3면

독립언론인 '뉴스타파'는 22일 전국언론노동조합 대회의실에서 기자회견을 열고 국제탐사보도언론인협회(ICIJ)와 공동취재한 '조세피난처 프로젝트' 1차 결과를 발표했다.

이들은 "한국인 245명이 해외 조세피난처에 페이퍼컴퍼니를 설립한 것으로 나타났다"며 "이 가운데 전 경총 회장인 이수영 OCI 회장 부부와 조중건 전 대한항공 부회장의 부인이영학씨, 조욱래 DSDL(옛 동성개발) 회장과 장남 조현강씨 등이 포함된 것을 확인했다"고 밝혔다. 뉴스타파가 공개한 자료를 보면 이수영 OCI 회장과 부인 김경자 OCI 미술관장은 2008년 4월 영국령 버진아일랜드에 '리치몬드 포레스트 매니지먼트'라는 회사를 설립한 것으로 나타났다.

조중건 전 대한항공 부회장의 부인 이영학씨는 2007년 6월 버진아일랜드에 유령회사인 '카피올라니 홀딩스'를 설립한 것이 확인됐다. 발행주식은

단 1주였다. 조욱래 DSDL 회장과 장남도 2007년 3월 버진아일랜드에 '빅 프로그레스 인베스트먼트'라는 유령회사를 만들었다. 이영학씨와 조욱래 회장은 해외에서 고가의 부동산 거래를 한 내역도 함께 밝혀졌다.

김용진 뉴스타파 대표는 "공개한 3명 외에도 다각적 방법을 통해 현재까지 200여명의 신원을 추가 확인했다"며 "특히 245명 중에는 이름만 대면 알 만한 재벌 총수와 총수 일가 등 각계의 사회지도층 인사들이 상당수 포함돼 있다"고 말했다. 뉴스타파는 오는 27일 재계 인물 등이 포함된 2차 명단을 발표하고 매주 한두 차례씩 조사 결과를 공개할 예정이다.

OCI는 '공식입장' 자료를 내고 "이

회장이 2006~2008년 OCI의 미국 자회사인 OCI 엔터프라이즈 이사회의 장으로 재직하며 받은 보수 100만달러를 버진아일랜드의 개인계좌로 관리했다"고 인정했다. OCI는 "이 계좌가 2010년 폐쇄됐고 계좌에 있던 돈은 모두 미국 내 계좌로 이체됐다"며 "신고가 누락됐거나 납세 사항이 있을 경우엔 즉시 조치하겠다"고 밝혔다. 대한항공은 "조중건 전 부회장은 1997년 그룹 경영에서 손을 뗀 이후 회사 경영에 전혀 참여하지 않고 있다"며 "이번 일은 회사와 무관하다"고 밝혔다. DSDL 측도 "조욱래 회장 개인적인 일이어서 회사와 무관하다"고 말했다.

김형규·홍재원·곽희양 기자
fidelio@kyunghyang.com

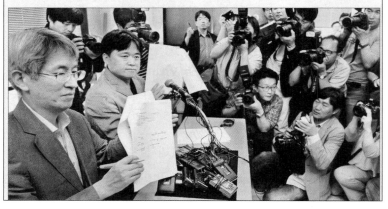

자본의 이동이 자유로워지고 금융이 발전해지면서 탈세의 방법도 날로 새로워졌다. 금융지구화는 수많은 조세피난처를 탄생시켰고, 기업들은 막대한 세금을 절약(?)할 수 있게 되었다.(경향신문, 2013년 5월 23일)

무를 가지도록 법으로 규정한 조직이다. 그러니 법인 자격을 획득해야 사업도 하고 돈도 보유할 수 있다. 다만 거의 대다수 나라에서 법인 설립은 상당히 까다롭고 엄격한 요건을 갖추어야 가능하다. 해당 법인의 운영 방향을 결정하고 책임을 지는 자, 즉 이사가

금융은 어떻게 세상을 바꾸는가

누구인지 투명하게 밝혀야 한다. 또한 각종 사회·경제적 규제를 받고 세금도 내야 한다.

그러나 조세피난처에서는 신청서와 등록세만 내면(이게 바로 조세피난처의 수익이다) 법인을 아주 쉽게 설립할 수 있다. 법인을 설립한 자와 운영하는 자, 돈을 실제 투자한 자가 누구인지 밝히지 않아도 좋다(비밀 유지). 각종 세율도 0%이거나 아주 낮다. 그러니 뇌물로 받은 '더러운 돈'을 안전하게 관리하고 싶은 정치인이나 탈세하려는 기업들이 조세피난처에 법인을 설립해서 이곳으로 돈을 빼돌리는 것이다.

일반적으로 조세피난처라고 하면 ICIJ가 폭로한 버진아일랜드 등 카리브해의 섬나라들과 케이먼군도, 버뮤다제도 등이 떠오른다. 야자수와 아름다운 모래밭, 푸른 바다가 광대하게 펼쳐지는 곳들이다. 그런데 아일랜드·네덜란드·룩셈부르크 등 서방의 작은 나라들과 홍콩·싱가포르도 이에 속한다. 사실은 미국이나 영국 같은 대국들도 국내 일부 지역에 조세피난처를 운영한다. 미국의 네바다 주와 델라웨어 주, 영국의 시티(런던의 금융센터) 등이 대표적이다.

이윤은 저세율 국가로, 비용은 고세율 국가로

현재 조세피난처에 얼마나 많은 돈이 묻혀 있는지에 대해서는 의견이 구구하다. 미국의 보스턴 컨설팅은 8조 달러(약 8960조 원) 정도로, 영국의 세금정의네트워크Tax Justice Network는 21조 달러로 추정한다. ICIJ는 최근 32조 달러 규모라고 주장했다. 가장 낮게 잡아서 8조 달러 정도라 하더라도 지금 재정위기를 맞은 대국들의 돈 문제를 해결하고도 남을 규모다. 또한 조세피난처에 있는 돈 중에는 개인보다 기업들이 탈세를 위해 빼돌린 돈이 훨씬 많을 것으로 보인다. 기업들은 어떤 식으로 조세피난처를 활용할까.

애플과 구글은 창조적이고 뛰어난 기업으로 알려져 있다. 그런데 이 기업들은 탈세에도 매우 창조적이다. 스마트폰 개발자나 웹디자이너도 잘 찾아내지만 세금제도의 허점을 파고들어 탈세를 디자인하는 회계사도 뛰어난 사람으로 잘 고용한다. 절세라고 주장할지 모르겠지만, 사실 탈세와 절세 사이에는 만리장성이 없다. 이들 기업의 세금에 대한 기본 원칙은 '이윤은 세율 낮은 국가로, 비용은 세율 높은 국가로 몰아준다'로 요약될 수 있다. 이제부터 그 방법을 배워보자.

탈세의 방법

미국에 본사를 둔 A라는 초국적 기업이 있다고 치자. 이 기업은 먼저 유럽의 조세피난처인 아일랜드에 '자회사 법인' 2개를 만든다. 다만 하나는 아일랜드에 그대로 두고(아일랜드 A), 다른 하나는 예컨대 버뮤다제도에서 영업하는 것(버뮤다 A)으로 등록한다. 여기서 유의할 점은 아일랜드는 자국에서 영업하는 아일랜드 A에게는 세금을 받지만 버뮤다 A는 징세 대상에서 제외한다는 것이다. 자국 내에서 통제·운영되는 기업에서만 징세한다는 아일랜드 세법에 따른 원칙이다. 이에 따라 버뮤다 A는 법률적으로 '아일랜드에서 조직되었지만 징세 대상은 아닌' 법인이다. 아일랜드가 이런 법률을 만든 이유는, 탈세의 여지를 합법적으로 줘서 초국적 기업의 자회사를 유치하기 위해서다.

탈세를 위한 다른 장치들도 있다. 버뮤다 A는 모기업인 미국의 A사와 소프트웨어의 지적재산권에 대한 계약을 체결한다. 계약 내용은 미국 내에서 해당 소프트웨어를 활용할 권리는 모기업인 A사에 주고, 미국 이외 지역에서의 권리는 버뮤다 A에 있다는 것이다. 다만 이 지적재산권을 소유하는 것은 미국의 모기업 A사다. 그러므로 버뮤다 A사는 모기업 A사에 사용료(해당 소프트웨어를 활용하는 대가)를 내야 한다. 그 다음 버뮤다 A는 아일랜드 A에 해당 소프트웨어에 대한 라이선스(지적재산권의 사용 허가)를 부여하고 이에 대한 로열티를 받기로 한다. 그러니까 미국 이외 지역에서 영업을 하는 주체는 아일랜드 A인 것이다. 이것은 미국과 아일랜드, 버뮤다를 잇는 '탈세의 축'이다.

유럽·중동·아프리카 등 미국 이외 지역의 고객이 A사의 디지털 제품(애플리케이션 등)을 구입하면 그 판매료(100억 달러로 가정)는 일단 아일랜드 A로 들어간다. 아일랜드의 법인세율은 12.5%이다.(미국이나 EU 대다수 나라의 세율에 비하면 터무니없이 낮다.) 그러면 아일랜드 세무당국은 100억 달러(약 11조2000억 원)의 12.5%인 12억5000만 달러를 세금으로 거둘 수 있을까? 아니다. 아일랜드 A가 버뮤다 A에 로열티로 예컨대 90억 달러를 '지급'해버리기 때문이다. 이 90억 달러는 아일랜드 A사 입장에서는 비용이니까 당연히 세금을 내지 않는다. 아일랜드 세무당국은 남은 10억 달러에만 법인세율을 적용해서 1억2500만 달러를 징수한다. 그러나 90억 달러의 로열티로 수입을 올린 버뮤다 A는 세금을 한 푼도 내지 않는다. 버뮤다에는 법인세가 없기 때문이다. 그래서 아일랜드 A와 버뮤다 A가 계약할 때는 로열티(지적재산의 '가격')를 일부러 높게 책정한다. 법인세를 안 내도 되는 버뮤다 A에 돈을 몰아주기 위해서다. 한마디로 '이윤을 저세율 국가'로 몰아준 것이다.

그리고 미국의 모기업 A가 버뮤다 A로부터 받을 사용료가 있다. 이는 미국 회사인 모기업 A사의 소득인 만큼 법인세를 징수할 수 있다. 그러나 모기업 A와 버뮤다 A사는 이 사용료를 아주 낮게 책정했다. 미국에 있는 모기업 A사는 무려 35%를 세금으로 내야 하기 때문이다. 그래서 모기업 A의 수익은 가능한 적게 만든다.

요약하자면 모기업인 A사와 자회사인 아일랜드 A, 버뮤다 A는 '짜고 치는 고스톱'으로 가격을 조작하면서 거의 모든 수입을 조세피난처로 몰아주는 것이다. 만약 이 100억 달러가 모기업 A사의 수입으로 간주되었다면 법인세 규모는 1억2500만 달러가 아니라 35억 달러에 이를 것이다.

그런데 이 방법에는 허점이 하나 있다. 아일랜드 A는 유럽·중동 고객이 낸 판매료 중 90%를 로열티로 버뮤다에 보내야 한다. 그런데 돈이 아일랜드를 떠나는 순간 세금 폭탄을 맞을 수 있다. 아일랜드에는 나라에서 나가는 돈에 대해 매기는 세금이 있기 때문이다. 그런데 방법이 있다. 유럽의 또 다른 조세피난처인 네덜란드에 관련 법인(네덜란드 A)을 세운 다음 여기로 로열티를 보내는 것이다. 네덜란드 법인은 다시 버뮤다 A로 돈을 송금해준다. 이런 복잡한 경로를 선택한 이유는, 아일랜드에서 EU 회원국 기업끼리 주고받은 돈에는 과세하지 않도록 되어 있기 때문이다. 그러니까 아일랜드 A와 네덜란드 A 사이에 주고받은 돈은 과세 대상이 아니다. 이처럼 두 개의 아일랜드 법인 사이에 낀 네덜란드 법인으로 돈을 경유시킨 덕분에 초국적 기업 A는 엄청난 세금을 아끼게 되는 것이다. 그래서 이 방법을 '아일랜드 빵 두 개 사이에 네덜란드 스테이크를 끼운 샌드위치Double Irish with a Dutch sandwich'라고 비아냥거리기도 한다. A사에겐 무척 맛있는 샌드위치일 것이다.

2008년 금융위기 이후 탈세 문제 부각

이런 수법은 심지어 미국 내에서도 활용된다. 미국 기업들은 자국 내의 조세피난처인 네바다 주나 델라웨어 주에 법인을 세운 뒤 이곳으로 미국 내에서 거둔 이윤을 전부 몰아준다.

초국적 기업의 탈세에 대해 대중들이 본격적으로 분노하게 된 것은 2008년 세계금융위기 이후다. 평범한 시민들은 일자리 감소와 복지 축소로 고통 받고 있는 상황에서 초국적 기업의 탈세는 용납되기 힘들었던 것이다. 『이코노미스트』에 따르면, 스타벅스의 경우 영국에서 지난 14년 동안 낸 세금이 860만 달러(96억3500만 원)에 불과한 것이 알려지면서 대중적 항의가 확산되었다. 결국 스타벅스는 2012년 12월 정식으로 부과된 세금 이외에 1000만 달러를 더 냈다.

이런 정서에 부응해서 G20은 2009년 조세피난처에 대해 다른 나라들과 '조세정보 교환협정'을 맺도록 압력을 넣어 관철했다. 이에 따르면, 적절한 의혹에 기반해서 정보를 요청하면, 조세피난처는 그곳에 등록된 법인의 주인과 자금 규모를 밝혀야 한다. 한편 2010년 미국에서는 '해외계정조세준수법FATCA'을 통과시켰다. 이에 따르면 미국 이외 국적의 금융기관들은 자기 회사 계정 중 미국인이 주인일 가능성이 있는 계좌 정보를 파악해서 미국 국세청에 보고해야 한다. 이를 거부하면 해당 계좌의 주인은 금융 수익의 30%를 납부해야 하는 초강력 법안이다. 미국은 2014년 7월부터 이 법안을 실시할 예정이며 한국을 포함한 50여 개국과 협의를 진행중이거나 이미 완료했다. 심지어 미국에서는 미국인이 사실상 운영하는 기업은 해외에 있더라도 국내 법인으로 간주해 법인세 35%를 부과하자는 방안도 논의되고 있다. 애플이나 구글 등 미국 출신 초국적 기업들의 탈세를 막기 위해서다.

버진아일랜드에는 한국인이 투자한 기업도 80여 곳 있는 것으로 알려졌다. 또한 국내 기업의 해외 법인 수는 20만 개에 달하고 있으며 이 중 일부는 조세피난처를 경유해 설립되었다. 예컨대 한진중공업의 경우, 조세피난처인 홍콩과 사이프러스의 법인을 통해서 필리핀 수빅 조선소에 투자했다. 미래경영연구소 황장수 소장은 '지하경제 양성화'와 관련해, "우리나라에서는 지하경제 혹은 탈세가 도박, 마약, 성매매 사업 등에서 발생하는 것으로만 간주되고 있지만 사실은 해외 시장을 통한 자본 도피야말로 훨씬 심각하고 규모도 점점 커지고 있다. (박근혜정부는) 대기업들의 해외 금융거

금융은 어떻게 세상을 바꾸는가

래에 주목할 필요가 있다"라고 말했다.

지난해 영국의 시민단체인 세금정의네트워크 조사에 따르면, 1970년부터 2010년까지 조세피난처에 돈을 묻어둔 국가별 순위에서 한국은 7790억 달러로 139개 국가 중 3위로 나타났다. 그만큼 못 걷은 세금은 당연히 세금을 회피할 길이 없는 서민들의 부담으로 돌아갔을 것이다.

4장
부동산 거품을
가라앉혀라

금융의 전성시대에 전세계에는 돈이 넘쳐났다. 세계 금융의 중심인 미국은 거의 0%에 달하는 저금리 기조를 유지했고, 다른 나라들도 그런 기조를 따랐다. 그래서 금융위기 이전까지 금융기관들은 과거와 비교할 수 없이 많은 돈을 아주 쉽게 투자할 수 있었다. 그에 따라 이 시기 세계 전역에서 부동산 등 자산 거품이 크게 일어났다.

한국에서도 가히 부동산 대란이라 할 만한 일이 벌어졌다. 은행은 규제완화 속에서 사람들에게 부동산대출을 남발했고, 사람들은 가격 상승을 기대하며 빚을 내서 집을 샀다. 부동산 거품이 꺼지고 있는 지금, 대출로 집을 산 이들은 하우스푸어가 되어 고통 받고 있으며, 1000조 원에 이르는 가계부채는 국민경제를 압박하고 있다.

박근혜정부는 이런 가계부채 대책의 일환으로, 2014년 4월부터 이중상환청구권부 채권(커버드본드)을 도입하기로 했다. 이 채권이 무엇이기에 복잡한 가계부채 문제를 푸는 실마리가 될 수 있다는 것일까? 좀 풀어서 살펴보기로 하자.

채권을 매입한다는 것은, 정해진 원금과 이자에 대한 '상환'을 '청구'할 수 있는 '권리'(상환청구권)를 가지게 된다는 의미다. 즉 채권매입이란, 채권에 투자한 돈과 금융수익을 돌려받을 권리(상환청구권)를 사는 것이라고 할 수 있다. 그러므로 '이중상환청구권부 채권'이란, 이 같은 상환청구권을 '이중'으로 보장하는 채권이라고 할 수 있다.

채권을 사면 자연스레 가지게 되는 상환청구권을 이중으로 보장하는 이유는 무엇일까. 그리고 채권상환을 이중으로 보장하는 것이 가계부채의 연착륙에 도움이 된다는 것은 어떤 의미일까? 이를 이해하려면 먼저 우리나라의 가계부채 실태부터 살펴볼 필요가 있다.

집값 하락

40대 중반 남성인 김 아무개 씨는 2013년 7월, 경기도 신도시의 아파트 한 채를 매입하려다 '부동산 불패' 시대가 끝났다는 것을 실감했다. 이 182㎡(55평형) 아파트의 원래 분양가는 9억 원 정도다. 그러나 건설사 측은 7억 원 정도면 팔겠다고 했다. 그런데 김씨가 실제로 부담해야 하는 몫은 5억 원가량에 불과했다. 건설사 측이 제시한 매매 조건은 이렇다. 김 씨는 선금 2억 원과 은행에서 대출받은 3억 원 등 모두 5억 원을 만들어 건설사에 건네야 한다. 대신 건설사 측은 김 씨가 내야 하는 취득세·등록세 1700만 원과 은행대출금 이자를 부담해준다. 그래도 잔금으로 2억 원 정도가 남는다. 이 돈은 건설사가 김 씨에게 '빌려(?)준다.'

그러나 건설사는 김 씨에게 '이후 2억 원을 갚으라고 하지 않겠다'는 각서를 쓰기로 했다. 말하자면, 건설사는 원분양가 9억 원짜리 매물을 7억 원으로 '위장'해서 5억 원에 팔기로 한 것이다. 그런데도 김 씨는 이 아파트를 계약하지 않았다. 집값이 더 떨어질지도 모른다는 생각에서다.

2008년 세계금융위기 이후 집값이 지속적으로 떨어지고 있다. 전문가들 가운데서도 전세계적으로 자산(증권, 부동산 등)가격을 올리던 조건이 소멸되고 있으며, 국내 인구분포 변화에 따라 주택수요가 하락 추세로 돌아서는 등 이후 부동산 가격이 적어도 오르기는 힘들다는 의견이 대세다. 또한 한국의 경우, 소득에 비해 집값이 너무 비싼 게 사실이다. 그러나 집값이 너무 빨리 내려도(폭락-경착륙) 나라 경제가 쑥대밭이 될 수 있다. 가장 큰 이유는 이미 1000조 원을 웃도는 가계부채 때문이다.

부동산 폭락이 무서운 이유

2000년대 초·중반 부동산 시장이 뜨거운 활황을 누리던 시기, 수많은 가구가 은행에서 돈을 빌려 주택을 구입했다. 부동산 가격이 계속 오르기만 한다면, 돈을 빌려 집을 사는 것은 훌륭한 투자다. 나중에 그 집을 팔면 이자를 갚아도 상당한 돈이 남을 것이기 때문이다. 그래서 금융기관들도 시민들에게 돈을 빌려 주택에 투자하라고 꼬드겼다. 이른바 주택담보대출이다. 금융기관 입장에서는 돈을 빌려 주는 대신 그 돈으로 매입하는 주택에 담보를 걸면 큰 위험 없이 꽤 안전하게 '장사'할 수 있다. 담보가 있으니 사실 금융기관으로서는 땅 짚고 헤엄치기다. 그래서 금융기관들은 채무자의 상환 능력을 제대로 따지지도 않고 대출을 해주었다. 더욱이 대출 조건 역시 대체로 '변동금리' '만기 일시상환' 등 빌리는 쪽에 매우 불리한 내용이었다.

예를 들어, 금융기관이 1억 원을 '변동금리'가 아니라 연 10%의 '고정금리'로 빌려줬다고 가정하자. 이후 시장금리가 5%로 내려간다면 은행은 연간 500만 원 이익이고(고정금리가 아니었다면 500만 원만 이자로 받을 것이므로), 15%로 올라간다면 연간 500만 원 손해다.(고정금리가 아니었다면 1500만 원을 이자로 받을 수 있을 것이므로) 이처럼 고정금리일 때 은행은 시장금리 변동에 따라 손해도 이익도 볼 수 있다. 이에 반해 돈을 빌리는 사람은 앞으로 매년 내야 할 돈을 1000만 원으로 고정시킬 수 있다. 말하자면 고정금리 조건에서는 이후 시장금리 변동에 따라 이익을 보든 손해를 보든, 그 손익을 은행 측이 감당해야 하는 것이다. 조금 전문적인 용어로는 은행이 '금리변동 리스크를 진다'라고 표현한다. 이에 비해 변동금리 조건에서는, 채무자가 그때그때 변하는 시장금리에 맞춰 이자를 지급해야 한다. 즉, 채무자가 '금리변동 리스크'를 부담하는 것이다. 대체로 '고정금리'는 채무자에게, '변동금리'는 대출자(은행)에게 유리한 조건이라고 할 수 있다.

따지고 보면, '가계부채 1000조 원 시대'를 열어젖힌 것은 금융계다. 유리한 조건으로 땅 짚고 헤엄치는 장사를 해온 것이다. 그러나 채무자들은 2008년 세계금융위기 이후 집값이 하락세로 돌아서고 금리 상승 가능성이 떠오르면서 궁지로 몰리게 되었다. 더욱이 채무자들은 금리가 오르지 않아도 집값 하락만으로 거리에 나앉게 될 수 있다.

예컨대 A라는 회사원이 시가 5억 원 상당의 주택을 매입하는 데 은행에서 3억 원까지 빌릴 수 있었다. 주택담보대출비율LTV이 60%였기 때문이다. 이는 규제상 주택 시가의 60%까지(5억 원의 60%는 3억 원이다)만 주택자금을 빌릴 수 있다는 의미다. 그런데 집 가격이 4억 원으로 떨어지고 말았다고 가정하자. LTV를 적용하면 시가 4억 원인 주택을 담보로 빌릴 수 있는 돈은 2억4000만 원(4억 원의 60%)에 불과하다. 이 경우, 대출금 액수가 3억 원인 A씨는 '현재' 주택 시세로 빌릴 수 있는 돈(2억4000만 원)보다 6000만 원을 더 대출한 상태다. 상황이 이렇게 되면 은행은 6000만 원을 당장 '토해내라'고 그에게 요청한다. 못 갚으면 그의 집을 압류하고 경매에 걸어버릴 수 있다.

그런데 이 같은 처지로 내몰릴 수 있는 시민이 통계에 따라 다르지만 30~100만 가구에 이르는 것으로 추정된다. 이른바 하우스 푸어다. 물론 집 없는 젊은 층, 쌈지돈을 가지고 있으나 너무 비싼 집값 때문에 주저하는 시민들을 생각하면 부동산 시세는 많이 내려가는 것이 좋다. 그러나 갑자기 너무 많이 내리면, 이미 빌린 돈으로 주택을 보유한 수많은 시민들이 궁지에 빠질 수 있다. 또한 집값이 내릴 때는 누구도 집을 사지 않으려 하므로 팔기도 힘들다. 주택담보대출금을 갚으러 손해를 감수하고 집을 팔려 해도 불가능한 것이다. 이런 사람들이 지나치게 많은 경우엔, 은행도 상당한 규모의 대출금을 돌려받지 못한다. 이에 따라 은행의 상황도 악화되어 최악의 경우엔 '나라 돈(재정)'으로 구제금융을 받아야 한다. 또한 금융기관의 부실 규모가 큰 경우, 정부 역시 엄청난 구제금융을 제공해야 하기 때문에 국가재정이 어려워질 수 있다.

스페인 정부가 2012년에 EU와 IMF 등으로부터 구제금융을 받은 이유는, 부동산 경기가 하락하면서 은행들이 대출금을 돌려받지 못해 부실화되었고, 이를 '나라 돈'으로 지원하다가 국가의 재정상태마저 극히 악화되었기 때문이다. 이런 최악의 경우가 아니더라도, 은행이 보유한 자산의 가치가 줄어들면 재무 상태가 안 좋아져 대출을 꺼리게 되고, 이에 따라 국민경제 차원에서 경기가 악화될 수 있다.

이처럼 국내 부동산 가치의 급격한 하락으로 '은행권 부실'이 발생하고, 이것이 경기침체 및 재정건전성 악화로 이어지는 최악의 시나리오를 배제할 수 없기 때문에 '가계부채 연착륙'이 중요한 문제로 떠오르고 있는 것이다. 복지국가소사이어티 정승일 정책위원은 "지난 1997년 금융위기는 대기업들이 해외에서 빌린 돈을 갚지 못해 시작되었으나 이후 다시 금융위기가 터진다면 자산가치 하락과 이에 따른 가계대출 부문의 부실화에서 비롯될 가능성이 높다"

고 말하기도 했다. 가계대출 당사자건 아니건 이 문제의 해결이 중요한 이유다.

가계부채 문제 대책

그렇다면 가계부채를 어떻게 연착륙시킬 것인가? 가장 근본적이고 바람직한 해결책은 일자리를 늘리고 소득을 높이는 것이라고 할 수 있다. 그러나 이는 많은 시간이 필요할 뿐 아니라 한두 가지의 변화로 할 수 있는 일이 아니다.

긴급히 사용할 수 있는 대책은 '채무 재조정'이다. 빚더미에 앉은 사람들의 빚 일부를 탕감해주거나 만기를 연장하고 분할 상환하게 하는 방법이다. 연체자의 신용회복 지원 및 서민의 채무 해소가 목적. 어떻게 보면 '질서정연한 후퇴'다. 채무자가 빚을 못 갚고 나자빠지면, 은행은 아예 상환을 받지 못하게 되고, 채무자 역시 신용불량자로 낙인찍혀 경제활동을 못하게 된다. 이건 돈을 빌린 사람이나 빌려준 쪽이 다 손해다. 또 이런 사람이 많다면 부동산 시세가 급추락할 것이고 이에 따른 경제적 손실이 기하급수적으로 커질 것이다. 그래서 국가의 지원을 조건으로, 은행도 손해를 줄이고 채무자도 고통스럽겠지만 빚을 계속 갚으며 경제활동을 계속 해나갈 수 있게 하자는 것이다.

그중 하나가 바로 박근혜정부가 시행중인 국민행복기금이다. 1억 원 이하의 신용대출을 6개월 이상 갚지 못한 사람들의 채무를 최대 50%까지 감면해주고 남은 금액을 최대 10년간 분할 상환하도록 한 기금. 그러나 국민행복기금에 대해서는 회의적 시각이 많다. 수혜자로 선택되기도 힘들고 도덕적 해이 문제도 있다. 그래서 "박근혜정부는 당초 공약에서 18조 원 규모의 국민행복기금을 조성해 320만여 명을 지원하겠다고 했지만 출범 이후엔 수혜자를 33만 명 규모로 대폭 축소했다"라는 비판도 나왔다. 또한 지금까지 국민행복기금 수혜자의 연평균 소득은 500만 원을 약간 웃도는 것으로 알려졌다. 이는 최빈곤층만 채무 재조정을 받을 수 있다는 이야기다. 가계부채 문제가 주로 중산층의 주택담보대출 때문에 불거진 사태라는 것을 감안하면, 국민행복기금은 빈곤층을 돕는 정책으로는 훌륭하지만 현실의 부채 문제를 해결할 대안으로는 모자란 측면이 있다.

주택담보대출 조건을 개선하는 방법

또 하나의 대안은 주택담보대출의 조건을 바꾸는 것이다. 현재 대다수 주택담보대출의 조건은 '변동금리' '단기(만기가 10년 이하)' '일시불 상환'이다. 이를 '고정금리' '장기(15~30년 만기)' '분할 상환'으로 바꾸면, 채무자 입장에서는 그만큼 빚 갚기가 쉬워질 것이다. 은행 부실로 국가경제까지 질곡에 빠지는 일도 방지할 수 있을 것이다. 이를 위해 민주당과 금융위원회가 2013년 들어 추진한 방안이 바로 '이중상환청구권부 채권'이다. 커버드본드Covered Bond라고도 한다.

한국금융연구원 최공필 상임 자문위원의 보고서(「현 가계부채 문제 진단과 커버드본드 활용전략」)에 따르면, "예금은행 대출 중 약 67%가 주택담보대출이고, 90.7%(2011년 말 기준)가 변동금리로 구성되었으며, 10년 이상의 장기대출 비중이 38.3%(2010년 기준)에 불과"하다. 대다수의 주택담보대출 차입자들은 수시로 변하는 금리 수준에 전전긍긍하며 10년 내로 원금과 이자를 갚아야 하는 것이다.

그런데 은행들은 왜 이 같은 변동금리·단기 대출로 고객들을 괴롭히는 것일까? 은행이 탐욕을 부리기 때문에? 반드시 그렇지는 않다. 은행은 외부에서 빌린 돈(예금 등)을 다시 고객에게 빌려주고 이자를 챙기는 '중개' 기관이다. 그런데 은행이 '외부에서 빌리는 돈'의 대부분은 '예금'이다. 그리고 상당수의 예금은 금리가 수시로 변동하거나 만기가 길지 않다. 보통예금은 고객이 원할 때 바로 돈을 찾을 수 있는 편리한 상품이지만, 은행 입장에서는 매우 불안한 부채(예금은 고객이 은행에 돈을 빌려주는 것)다. 입장을 바꿔서 당신이 은행에서 돈을 빌렸는데, 그 대출조건이 '은행이 원할 때 갚는 것'이라면, 그 돈으로는 어떤 장사나 투자도 할 수 없을 것이다. 적금의 경우는 예금자가 계약기간 동안엔 은행으로부터 돈을 찾을 수 없긴 하지만, 그 기간이 10년 넘는 경우는 드물다. 이처럼 일단 은행 스스로가 상당수의 대출재원을 변동금리, 단기(심지어 수시 인출)라는 불안한 조건으로 마련하기 때문에, 고객들에게 빌려줄 때도 변동금리와 단기를 선호할 수밖에 없는 측면이 있는 것이다. 한마디로 빌리는 조건이 열악하기 때문에 빌려주는 조건도 열악하다.

금융은 어떻게 세상을 바꾸는가

그렇다면 '은행이 빌리는 돈'의 성격을 바꾸면 어떨까. 은행이 돈을 고정금리로 오랫동안 빌릴 수 있다면 고객들에게도 '고정금리·장기' 조건으로 대출할 수 있지 않을까? 이것이 바로 커버드본드의 기본 아이디어다.

단순 대출: 돈이 묶이다

커버드본드를 이해하려면, 단순한 대출의 구조로 시작해서 '유동화'를 이해할 필요가 있다. 좀 까다로운 개념이지만 차분히 따라가면 충분히 이해할 수 있다.

우선 '은행과 채무자'의 관계부터 시작해보자. 은행이 채무자가 매입하는 주택을 담보로 잡고 2억 원을 빌려줬다고 하자. 채무자는 10년에 걸쳐 원금 2억 원과 그 이자(1억 원으로 가정)를 갚으면 된다. 이것이 우리가 아는 주택담보대출의 기본적 구조(단순 대출)다.

이제 이 간단한 '단순 대출'에서 어떤 사건들이 발생하는지 살펴보기로 하자. 우선 현금 2억 원이 채무자에게 흘러 들어갔다. 이와 함께 채무자에겐, 이후 10년 동안 원금과 이자를 갚을 의무가 발생했다. 은행에도 여러 사건이 발생했다. 은행은 이후 10년에 걸쳐 2억 원과 그 이자 1억 원 등 3억 원을 받을 권리를 가지게 됐다. 채무자가 빚을 제대로 상환하지 못하는 경우, 해당 주택을 차압할 수 있다. 그러나 애석한 점도 있다. 일단 채무자에게 빌려준 돈 2억 원은 대출계약이 끝나는 10년 동안 다른 곳에 빌려줄 수 없다. 즉

2억 원의 재원이 10년 동안 '묶이는' 것이다.

이 '단순 대출' 계약은 은행과 채무자 사이에 체결된 것이다. 그리고 계약 내용이 이행되면 10년 뒤에 양측의 권리와 의무는 모두 사라진다. 여기서 돈은 은행과 채무자 사이에서 '폐쇄적으로' 흐른다.

유동화: 묶인 돈이 다시 흐르다

은행도 하나의 산업이다. 그리고 이 산업의 재료는 돈이다. 대출이나 투자에 사용할 수 있는 돈이 많을수록 이익을 크게 얻을 수 있다. 이렇게 보면 은행 입장에서 '단순 대출'로 자금이 오랜 기간 동안 묶여버리는 것은 마뜩지 않은 일이다. 그런데 1990년대에 들어서 묶여 있는 자금을 다시 '흐르게' 해서 영업에 사용하는 기법이 금융산업에서 널리 사용되기 시작한다. 묶여 있는 자금을 다시 흐르게 하기에, 이를 유동화流動化라고 부른다.

그렇다면 '유동화'는 어떻게 가능한가. 다시 단순 대출에서부터 설명해야겠다. 위의 단순 대출에서, 은행은 이후 10년 동안 원금 2억 원과 이자 1억 원 등 3억 원을 받기로 했다. 계약이 이행되지 않으면 해당 주택을 압류할 수도 있다. 즉 이후 10년 동안 은행에 들어올 안정적인(대출금이 상환되지 못하면 해당 주택을 압류해서라도 상환받을 수 있다는 점에서 안정적) '돈의 흐름'이 있는 것이다. 혹은 은행은 채무자에게 대출해준 대가로 일정한 기간에 걸쳐 원금과 이자를 받아낼 '권리'를 가진다고 할 수도 있다. 이 권리를 일단 '대

금융은 어떻게 세상을 바꾸는가

출채권'이라고 부르기로 한다.

이쯤에서 기발한 아이디어가 나온다. 은행이 '앞으로 받을 돈= 대출채권'을 담보로 지금 이 시점에서 다시 돈을 빌릴 수는 없을까? 은행이 미래에 받을 3억 원의 대출채권을 담보로 다시 2억 원을 빌리는 방법이다. 예컨대 은행은 제3의 투자자에게 "앞으로 10년 동안 3억 원 받을 권리를 지금 2억5000만 원에 구입하라"고 권유할 수 있다. 말하자면 해당 시점에서 '10년 후 일정한 날까지 3억 원을 지급한다'라고 명시된 새로운 채권을 발행해서 투자자에게 2억5000만 원으로 팔면 된다. 이 '새로운 채권'을 일단 '유동화(에 사용되는) 채권'이라고 부르자.

여기서 어떤 일이 벌어졌는가? 채무자에겐 큰 변화가 없다. 이미 약속한 대로 원금과 이자를 갚아나가면 된다. 그러나 은행 입장엔 큰 변화가 있다. 예전엔 채무자에게 2억 원을 빌려주면 그걸로 끝이었다. 그러나 지금은 '채무자로부터 앞으로 들어올 3억 원'을 담보로 다시 2억5000만 원을 조달했다. '묶였던' 돈을 흐르게 만든(유동화) 것이다. 투자자는 은행에 2억5000만 원을 주고 '채무자로부터 3억 원을 받을 권리'를 매입했다. 불안한 금융상품이 난무하는 세상에서 비교적 안정적으로 금융수익을 얻을 수 있는 금융자산을 가지게 된 셈이다.

한편 돈의 흐름은 크게 변화했다. 종전의 단순 대출에서 돈은 '은행⇒채무자⇒은행'으로 흘렀다. 그런데 유동화 단계에서 돈은 '채무자⇒은행⇒투자자⇒은행⇒채무자'로 흐르게 된다. 이제 은행은 예금을 받아 조성한 자금만으로 대출하지 않아도 된다. 채무자에게 빌려준 돈을 기반으로 유동화 채권을 만들어 투자자에게 파는 방법으로 다시 자금을 마련할 수 있기 때문이다. 위의 사례에서 은행은 채무자에게 2억 원을 빌려준 뒤 유동화를 통해 추가로 2억5000만 원을 마련해 다른 고객에게 다시 대출할 수 있다. 은행의 대출 능력이 2억 원에서 4억5000만 원으로 늘어난 것이다.

그런데 이는 그만큼 신용의 고리가 복잡해졌다는 이야기도 된다. 은행은 '단순 대출'에서는 그냥 채권자였다. 채무자가 상환에 실패하면 은행만 손해를 보면 끝이다. 그러나 '유동화' 단계에서 은행은 채권자 겸 채무자(제3의 투자자에게)다. 은행 입장에서는 '단순 대출' 계약이 순조롭게 이행되어야(A씨가 약속대로 상환해야), 투자자들에게 원금과 이자를 지급할 수 있다. A씨가 돈을 갚지 못하면 예전엔 은행만 피해자였는데, 유동화 단계에서는 투자자들까지 피해를 보게 된다. 2008년 미국의 '서브프라임 사태'가 세계금융위기로 확대된 것은, 미국 금융기관들이 발행한 유동화 증권이 세계 각지의 투자자에게 팔려나갔고 그 증권들이 부도가 났기 때문이다.

'서브프라임'은, 저신용등급의 채무자들에게 제공된 주택담보대출을 의미한다. 2000년대 초중반, 미국의 은행들은 신용등급이 낮은 빈곤층이나 심지어 이주노동자에게까지 주택자금을 비싼 금리로 마구 빌려줬다. 사실 미국 은행들은 전통적으로 '돈 안 되는' 빈곤층에게 매우 엄혹한 편이었다. 대출은 물론 심지어 예금계좌도 잘 만들어주지 않았다. 한때는 은행들이 빈곤층 구역을 지도에 붉은 선으로 표시해놓고 여기 사는 주민들에겐 무조건 대출을 금하

기도 해서 '레드 라이닝(붉은 선으로 긋고 차별한다)'이라는 용어가
나올 정도였다.

그러나 유동화 기법이 도입된 이후엔 사정이 달라진다. 은행들
은 나중에 원금과 이자를 상환받을 수 있든 말든, 무조건 대출하
고 이를 유동화 채권으로 만들어 팔아 마련한 추가 자금을 다시
굴려서 단기적으로는 엄청난 이익을 얻었다. 심지어 당시엔 집값이
계속 오르고 있어서, 대출받은 이들도 적당한 시기에 살 때보다 비
싼 가격으로 주택을 팔아 이자를 갚을 수 있었다.

이처럼 상환 능력이 부족한 저소득층에게 비싼 금리로 지나치
게 많은 자금이 대출되었고, 2000년대 중반 이후엔 서브프라임 부
문에서 신용사고(빚을 못 갚는 사태)가 빈번해진다. 아까 썼던 것처
럼 '단순 대출' 부문에서 상환이 되지 않으면 '유동화 증권'을 보
유한 투자자들도 원금과 이자를 돌려받지 못하게 된다. 이에 따라
유동화 증권을 보유한 미국과 해외의 투자자들이 혼란에 빠지면
서, 채무자-은행-투자자로 이어졌던 자금순환이 마비된다. 나아가
이런 상황에서 금융시장 참여자들이 서로를 믿지 못하면서 빌리고
빌려주는 일을 꺼리게 되고, 이에 따라 자금공급이 끊어지면서 세
계적 금융위기로 폭발했던 것이다.

커버드본드란 무엇인가

커버드본드는 이 같은 유동화 채권의 일종이다. '유동화' 자체
는, 은행이 대출능력을 획기적으로 확장할 수 있는 방법이다. 이처

럼 은행이 운용자금을 풍부하게 마련할 수 있다면 일반 고객에게 '빌려주는 조건'도 개선(장기·고정 금리로)할 수 있을 것이다. 그래서 유동화 기법은 사용하되 이에 따르는 여러 가지 위험성을 제거하는 장치를 부착한 금융상품이 커버드본드라고 할 수 있다.

커버드본드 역시 유동화 채권인 만큼, 은행이 돈을 빌려준 뒤 그 대출채권을 담보로 만든 유동화 채권을 팔아 추가 자금을 마련한다. 그러나 투자자 입장에서 볼 때 유동화 채권은 위험할 수 있다.(서브프라임 사태에서 분명히 드러났다.) 그러니 투자자들이 약속된 원금과 이자를 틀림없이 받을 수 있다고 확신할 수 있도록 보장하면 좋을 것이다. 투자자들의 이런 확신이 강할수록 은행은 유리한 조건(싼 금리, 긴 만기)으로 돈을 빌릴 수 있다. 그래서 다른 유동화 채권과 달리, 커버드본드에서는 관련 법률을 제정해서 투자자들의 안전을 보장한다.

예컨대, 만에 하나 은행(투자자들에게 유동화 채권을 매각한)이 도산해 빚잔치를 한다고 치자. 이 경우, 투자자들은 유동화 채권의 담보(은행이 채무자로부터 상환받기로 한 주택)를 자신들에게 넘기라고 요구할 수 있다(상환청구권). 그런데 그 은행에겐 이 투자자들 말고도 다른 채권자들이 많을 것이다. 그래서 빚잔치를 하는 경우 다른 채권자들이 유동화 채권의 담보까지 넘볼 수 있다. 이에 대비해 법률은, 커버드본드의 담보(채무자로부터 상환받을 주택)에 대해서는 해당 채권(커버드본드)의 매입자 말고는 누구도 건드릴 수 없다고 규정한다(상환청구권 1차 보장).

또한 투자자들이 커버드본드를 통해 받아야 할 돈은 3억 원인데, 그 담보(예컨대 은행에 대출한 시민의 집)의 가치가 1억 원으로 떨어지는 경우도 있다. 담보에 대한 권리를 배타적으로 행사(상환청구권 1차 보장)해도 원금을 건질 수 없는 경우다. 이때는 커버드본드 발행자인 은행이 나머지 2억 원(투자자들이 상환받아야 할 3억 원 중 담보 가치 1억 원을 뺀 금액)을 투자자에게 지급하도록 법으로 규정한다(상환청구권 2차 보장).

이처럼 투자자의 '상환청구권'을 이중으로 보장해서 유동화 채권의 신뢰도를 대폭 강화한 것이 커버드본드라고 할 수 있다. 이런 식으로 원금과 이자 지급을 안정적으로 보장하는 증권이라면, 더 좋은 조건(장기·고정금리·저리)으로 투자자에게 팔아 자금을 조달할 수 있을 것이다.

법률로 보장받는 만큼 커버드본드의 신용등급은 매우 높은 편이다. 커버드본드를 이미 18세기에 세계 최초로 도입한 독일의 경우, 이 부문에서는 지난 240년 동안 단 한 차례도 부도가 난 적이 없다고 한다.

또한 이런 법의 보호를 받으며 은행이 안정적으로 장기자금을 마련할 수 있다면 그만큼 금융위기를 차단할 수 있는 효과도 나올 수 있다. 한국의 경우, 2000년대 중반 시중은행들이 해외에서 대규모로 돈을 빌려 국내에서 주택담보대출 등에 사용했다. 그러다가 2008년 세계금융위기가 터지자 은행들은 빌린 외국자금을 갚아야 했고 이러다 보니 유동성 위기가 발생할지도 모른다는 우려가 퍼졌다. '금융위기 전문가' 신현송 미국 프린스턴대학 교수는 2010년 발표한 논문에서, 커버드본드는 "은행이 (외국이 아니라) 국내에서 장기 자금을 조달할 수 있게 되므로" 유동성 위기의 대안이 될 수 있다고 주장한 바 있다.

커버드본드 법안

은행 입장에서는 커버드본드가 법제화되면 무조건 이익이다. 기존에는 한번 빌려주면 끝이었는데, 이제는 '빌려준 것'을 담보로 다시 자금을 조달할 수 있어서 그만큼 '장사 밑천'이 많아지니 말이다. 2013년 중반 현재 주택담보대출 규모는 300조 원 정도다. 이론적으로는 은행들이 '앞으로 들어올 300조 원과 그 이자'를 담보로 다시 300조 원 이상을 빌려 대출 영업에 사용할 수도 있는 것이다. 일단 그만큼 자금공급이 많아진다.

또한 은행이 커버드본드를 통해 장기·고정금리 자금을 싸게 조달하게 되면, 고객들에게도 장기·저리·고정금리로 대출할 수 있는 여력이 생긴다. 그러나 문자 그대로 여력이 **생길 뿐이다**. 은행이 반드시 고객에게 유리한 조건으로 주택담보대출 조건을 개선한다는 보장은 없다. 더 많은 이익을 위해 싸게 빌려 비싸게 대출할 수도 있다. 또한 이미 주택자금 상환으로 고통 받고 있는 시민들이 있는데 이들의 대출 조건을 유리하게 바꿔주지 않는다면 가계부채 위기는 해결될 수 없을 것이다.

그렇다면 어떻게 할 것인가. 커버드본드 법안의 목표를 '가계부채 구조개선'으로 못 박는 것이 필요하다. 은행이 커버드본드로 마련한 자금 중 어느 정도를 고객의 가계부채 구조개선에 사용했는지 신고하게끔 할 수 있다. 은행이 커버드본드로 조달한 자금 중일부를 기존 고객의 금리를 내리는 데 사용하도록 유도하는 방안이다. 신고 내용이 불량한 은행에 대해서는 커버드본드 발행량을 제한하는 불이익을 주겠다는 등의 압박이 가능할 것이다. 또한 '연간 상환금액'이 지나치게 큰 주택담보대출에 대해서는 이를 담보로 하는 커버드본드를 발행할 수 없도록 하는 방법도 있다. 연간 상환금액이 크다는 것은 만기가 짧다는 뜻도 된다. 1억 원을 10년 동안 갚으면 연간 1000만 원을 돌려주면 되지만(설명 편의상 이자 제외), 5년이 만기라면 매년 평균 2000만 원씩 상환해야 한다. 그러므로 연간 상환금액을 기준으로 커버드본드 발행량을 적절히 제한하는 경우, 은행은 커버드본드를 발행하기 위해서라도 장기대출을 늘리게 될 것이다.

한편 한국에서는 2013년 12월 커버드본드 법률이 국회를 통과한 이후, 2015년 12월부터 커버드본드를 발행하고 있는 중이다.

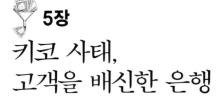

5장
키코 사태,
고객을 배신한 은행

금융자본주의 시대에 금융은 단순히 돈을 빌려주고 받는 역할 이상을 하게 되었다. 돈의 흐름이 자유로워지고 전세계로 확장되면서 정말 놀랍도록 다종다양한 금융상품이 등장했다. 그중에는 일반인들은 도저히 이해할 수 없는 구조의 상품들도 많았다. 그리고 그런 복잡한 금융상품들은 거의 사기에 가까운 금융 행위에 이용되기도 했다. 예컨대 다음 사례를 보자.

1990년대 초, 미국 오하이오 주에 '깁슨 그리팅스'라는 카드 및 포장지 제조업체가 있었다. 깁슨 그리팅스 경영진은 당시 5000만 달러를 '연간 고정금리 9%대'로 빌린 상태였는데, 시장금리가 계속 떨어지고 있었기 때문에 매우 안타까워하고 있었다. 만약 변동금리 조건으로 돈을 빌렸다면, 시장금리가 6~7% 수준으로 떨어지는 경우 이자 부담이 크게 줄어들 것 아닌가. 고정금리 조건에서는 앞으로 시장금리가 어떻게 변하든 약정한 금리대로 이자를 지불한다. 이와 반대로 변동금리의 경우, 시장금리의 변화에 따라 이자를 더 주기도 하고 덜 주기도 한다.

그때 접근해온 금융업체가 파생금융상품 부문에서 이름 높던 '뱅커스 트러스트Bankers Trust'였다. 뱅커스 트러스트는 '금리 스와프(금리 바꾸기)'를 제안했다. 세상엔 깁슨 그리팅스와 반대로 변동금리 조건에 돈을 빌렸지만 이후 금리가 예컨대 15%까지 오를 것으로 예측해서 안절부절 못하는 업체도 있을 것이다. 그리고 이런 업체라면 '고정금리 9%' 조건을 선호할 것이다. 그렇다면 깁슨 그리팅스는 이런 업체와 '이자 지불 조건'을 바꾸면 되는 것이다. 깁슨 그리팅스는 이 제안을 받아들여 자사의 고정금리를 변동금리로 바꿨다. 이는 '금리인하'가 되는 쪽에 '베팅'한 것이었고, 그 결과 90만 달러 정도의 수익을 얻을 수 있었다.

"녀석들은 그게 뭔지도 모를 거야"

깁슨 그리팅스는 이후 뱅커스 트러스트가 내놓는 각종 기기묘묘한 신용파생상품 계약을 29건이나 체결한다. 그중에는 고정금리 대신 '시장금리의 제곱을 6으로 나눈 수치'로 이자를 지급하는 계약도 있었다. 예를 들어 시장금리가 6%인 경우는, 6을 제곱한 수치인 36을 다시 6으로 나눈 6%를 이자로 내면 된다. 깁슨 그리팅스는 시장금리가 6%에서 4%로 내리는 경우엔 대박을 친다. 위와 같은 식으로 계산하면, 이 회사가 내야 하는 이자율이 6%에서

2.67%로 크게 떨어진다. 그러나 시장금리가 8%로 오르면 '쪽박'을 찬다. 무려 10.67%의 이자를 부담해야 하기 때문이다. 문제는 이후 금리가 계속 인상됐다는 것이다. 깁슨 그리팅스의 손실은 기하급수로 폭증했지만, 파생상품 계약이 워낙 복잡하게 설계되어 그런 엄청난 손실을 보고 있다는 사실도 까맣게 몰랐다. 더욱이 금융자문사 구실을 하는 뱅커스 트러스트는 손실 규모를 실제의 절반 이하로 알려주고 '이 정도면 괜찮다'며 관련 파생상품을 계속 깁슨 그리팅스에 팔았다. 이 과정에서 뱅커스 트러스트의 간부들이 "깁슨 그리팅스 녀석들은 지들이 계약한 상품이 뭔지도 모를 걸"이라며 낄낄댄 것이 녹취되어 나중에 폭로되기도 했다.

그러나 1993년쯤 되어 '무지한' 깁슨 그리팅스 쪽도 금융 손실이 감당할 수 없는 규모인 1750만 달러까지 올라갔다는 것을 알게 된다. 결국 깁슨 그리팅스는 1994년 뱅커스 트러스트를 사기 및 갈취 혐의로 고소한다. 당시 뱅커스 트러스트는 이미 P&G 등 예닐곱 기업으로부터 비슷한 내용으로 고소당한 상황이었다. 미국 금융당국은 뱅커스 트러스트에 1000만 달러 규모의 제재금을 부과했다. 이렇게 상황이 기울자 뱅커스 트러스트는 깁슨 그리팅스로부터 받아야 할 2000만 달러 중 600만 달러만 받고, P&G에도 손실액의 83%인 1억5000만 달러를 배상했다. 그러나 이 사건들로 추락한 뱅커스 트러스트의 신뢰도는 회복되지 않았다. 이 회사는 1998년 도이체방크로 인수되면서 역사에서 사라진다.

핵폭탄이 숨어 있던 키코 파생상품

그런데 이 '뱅커스 트러스트 대 깁슨 그리팅스' 사건과 유사한 사건이 십수 년의 세월을 건너뛰어 한국에서도 벌어졌다. 시중은 행들이 2007~2008년 수출 중소기업들에 집중적으로 판매한 환율 관련 신용파생상품 키코KIKO, Knock-In Knock-Out로 인한 사건이다. 키 코는 2005년 외국계 금융기관인 한국씨티은행이 제일 먼저 도입한 뒤 은행권 전체로 퍼졌다. 2009년 10월 송영길 의원실 자료에 따 르면 키코 마진 중 외국계 은행이 챙긴 비중이 72%에 달한다. 그 런데 은행과 키코 계약을 맺은 700여 중소기업들은 환율(달러화 가 치) 상승으로 궤멸적인 타격을 입었다. 그 손실액은 3조~4조 원으 로 추정된다. 그렇다면 우선 키코가 어떤 금융상품이기에 이런 파 국적인 결과로 이어졌는지 예를 들어 설명해보기로 하자.

중소기업 A사는 몇 개월 뒤 해외 업체로부터 수출대금 100만 달러를 받을 예정이다. 그러나 고민이 있다. 달러화 가치가 내려 갈 것으로 보이기 때문이다. 현재 환율(1달러당 940원으로 가정)에 서 100만 달러를 받아 우리나라 원화로 바꾸면 9억4000만 원이다. 그러나 앞으로 달러화 가치가 1달러당 910원으로 떨어지면, 100만 달러를 받아도 9억1000만 원에 불과하다. 달러 가치 변화 때문에 3000만 원이나 손해 볼 수 있다.

그런데 이런 위험을 사전에 막는 방법이 있다. 바로 '선물환 계 약'이다. 앞으로 환율이 어떻게 변화하든, 은행이 무조건 A사의 100만 달러를 9억4000만 원에 사는 것으로 계약하면 된다. 즉, A

사는 '일정한 액수의 달러화를 일정한 가격으로 은행에 팔 수 있는 권리(이른바 A사의 풋옵션)'를 은행으로부터 산 것이다. 조금 다르게 표현하면 A사는 몇 개월 뒤에 달러화 가치 하락으로 발생할지 모르는 '손해의 가능성(리스크)'을 은행에 떠넘겼다고 할 수 있다. 그 대가로 은행에 일정한 수수료를 지급하면서 말이다.

일단 여기서는, '풋옵션(팔 수 있는 권리)'과 그 반대말인 '콜옵션(살 수 있는 권리)'을 기억하시기 바란다. 키코를 이해하는 데 필요하다. 그리고 또 하나, '옵션'이라는 말이 붙으면 어떤 경우엔 그 권리(옵션)를 포기할 수도 있다는 뜻이다. 예컨대, A사의 예측과 반대로 달러화 가치가 1달러당 940원에서 960원으로 올랐다고 하자. A사는 해외 업체에서 받은 100만 달러를 9억6000만 원으로 바꿀 수 있다. 그렇다면 은행과 계약 내용(100만 달러를 9억4000만 원에 매각)을 지키면 2000만 원 손해다. 이 경우엔, '은행에 팔 수 있는 권리(풋옵션)'를 행사하지 않으면 된다. 옵션option(선택)은 '권리 포기'를 '선택'할 수도 있다는 의미다.

키코는 이런 선물환 계약을 변형한 '환헤지hedge' 상품이다. 환율 변동으로 인한 피해를 '헤지hedge(분산 또는 회피)'할 수 있는 금융 상품이란 뜻이다. 예컨대 은행 직원이 A사로 찾아와 달러당 940원을 '약정 환율'로 보장해주겠다고 한다. 풋옵션(1달러당 940원으로 은행에 팔 권리)을 주겠다는 이야기다. 몇 달 뒤의 환율이 900원이라도 키코 계약자인 A사가 풋옵션을 행사하면, 100만 달러로 9억 원이 아니라 9억4000만 원을 받을 수 있다. 키코 덕분에 4000만 원이라는 수익이 발생한 것이다.

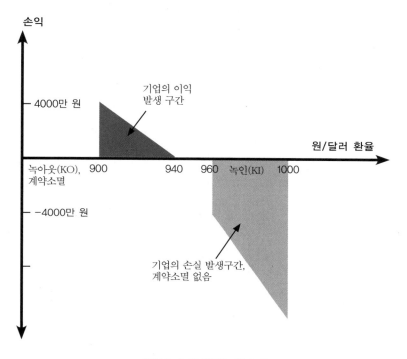

손익

4000만 원

기업의 이익
발생 구간

원/달러 환율

녹아웃(KO),   900   940   960   녹인(KI)   1000
계약소멸

−4000만 원

기업의 손실 발생구간,
계약소멸 없음

〈키코 손익 발생 개념도〉

이렇게 보면 키코 계약은 한 달 뒤의 실제 환율이 낮을수록 기업이 이익을 보고 은행은 손해를 보는 구조다. 다만 여기엔 다른 복잡한 조건들이 붙어 있다. A사는 환율이 달러당 900~940원인 경우에만, 은행에 1달러에 940원으로 100만 달러를 팔 수 있다. 은행의 손실에는 한계가 설정되어 있는 것이다. 만약 1달러 가격이 '녹아웃Knock-Out' 환율인 900원 이하로 떨어지면 키코 계약이 자동 소멸된다. 예컨대 850원까지 떨어지면 A사는 100만 달러를 그냥 8억5000만 원으로 팔 수밖에 없다. 현재(9억4000만 원)보다 9000만 원 손해다. 환율이 940~960원인 경우엔, 실제 환율이 약정 환율보다 높으므로 기업이 굳이 풋옵션을 행사할 이유가 없다. 예컨대 950원이라면, 풋옵션을 행사하지 않고 그냥 달러화를 파는 것이 1000만 원 정도 이익이다.

그런데 키코 계약엔 은행이 A사로부터 '일정한 규모의 달러를 일정한 환율로 살 수 있는 권리(은행의 콜옵션)'도 포함되어 있다. 그래서 환율이 '녹인Knock-In' 지점인 960원을 넘어서는 순간 A사에는 무서운 일이 벌어진다. 이 구간에서 A사는 계약금액(100만 달러)의 2배인 200만 달러를 '약정 환율'인 1달러당 940원으로 은행에 팔아야 하기 때문이다. 예를 들어 환율이 1달러당 960원으로 올랐다고 가정해보자. 키코 계약이 없다면 A사는 해외 업체로부터 받은 100만 달러를 은행에 9억6000만 원에 팔 수 있을 것이다. 그러나 키코 계약 때문에 9억4000만 원에 팔아야 한다. 은행이 A사로부터 달러화를 1달러당 940원에 살 수 있는 권리(콜옵션)를 가지고 있기 때문이다. 그런데 A사는 키코 계약을 맺을 때 계약금액(100만 달러)의 2배를 은행에 팔기로 했다. 그러므로 다시 100만 달러를 9억6000만 원으로 더 매입해서 9억4000만 원에 은행에 매각해야 한다.

더욱이 키코 계약은 환율이 내릴 때와 달리 오를 때는 아무리 올라도 그대로 유지된다. A사는 환율이 940원 이하로 내려갈수록 유리하지만 900원 이하로 내려가면 풋옵션을 행사할 수 없다. 그러나 은행이 유리한 구간은 960원부터 더 높은 곳을 향해 무한대로 유지된다. 아무리 달러화 가치가 높이 치솟아도 은행은 A사에 대해 콜옵션을 행사할 수 있는 것이다.

환율이 1000원으로 오르는 경우, A사는 해외 업체로부터 받은 100만 달러를 10억 원이 아니라 (키코 계약 때문에) 9억4000만 원으로 은행에 팔아야 하므로 6000만 원 손해를 보는 셈이다. 그러나 100만 달러만 넘겨야 한다면 그냥 받은 그대로 은행에 주면 되니까 따로 자금을 마련할 필요는 없다. 문제는 추가로 넘겨야 하는 100만 달러다. 10억 원으로 100만 달러를 사서 9억4000만 원으로 은행에 팔아야 하기 때문에 6000만 원을 날리는 셈이다. 그런데 환율이 1500원까지 올라버리면 부담이 엄청나게 커진다. 15억 원으로 100만 달러를 매입한 다음 9억4000만 원으로 넘겨야 하기 때문에 5억6000만 원이 더 드는 것이다.

지난 2007~2008년에 이런 일이 실제로 벌어졌다. 2007년엔 달러당 900~950원이던 환율이 2008년 세계금융위기 무렵엔 1500원까지 치솟았기 때문이다. 그래서 은행들이 콜옵션을 행사하자 중소기업 가운데는 수십억에서 수백억 원 규모의 피해를 본 경우도 있었다. 그래서 이 중 200여 중소기업이 은행 측을 사기 혐의 등으로 형사 고소하거나 손해배상 소송을 냈다. 이에 따라 수사를 벌이던 검찰(서울중앙지검 금융조세조사2부)이 키코 사건과 '뱅커스 트러스트 대 깁슨 그리팅스' 간의 유사점을 발견해냈다. 두 사건 모두, 금융기관이 복잡한 금융상품을 고객(기업)에게 팔면서 관련 정보를 은폐했다는 것이다. 또한 해당 기업들은 자기들이 얼마나 위험한 처지에 있는지도 몰랐다.

키코는 사기?

검찰은 2010년 말, 주미 한국 대사관을 통해 상품선물거래위원회CFTC, 증권감독원SEC 등 미국 금융감독 당국에 키코 관련 사안들을 질의했다. 미국의 금융감독 기관들이 답변한 내용의 요지는 다음과 같다.

"키코 사건은 '뱅커스 트러스트 대 깁슨 그리팅스 사건'과 매우 유사하며, 파생상품 거래시 우월한 정보를 지닌 계약 당사자가 상대방 당사자에게 중요한 정보를 숨기거나 잘못 제공한 것은 상대방을 기망한 것으로 볼 수 있다."

한마디로 '키코'는 사기 사건으로 볼 수 있다는 취지다.

사실 그동안 키코 관련 재판에 나온 증거들을 살펴보면, 은행과 기업이 정상적인 거래를 했다고 보기 힘들다. 중소기업 입장에서 자금줄을 쥐고 있는 은행은 진정한 의미의 '갑'이다. 이런 은행이 2007~2008년 '환율이 하락 추세'라며 키코를 사라고 끈덕지게 중소기업을 압박했다. 2008년 키코 공청회 당시 민주당 김동철 의원 자료에 따르면 2006년 1월부터 20개월 사이, 6개 시중은행 임원들은 중소기업 2453곳을 1만800번이나 방문해 키코 계약을 권유했다. 업체당 4.4회다. 이와 함께 엄청난 홍보비를 들여 해외연수, 골프 여행, 세미나에까지 중소기업을 끌어들였다.

광주광역시에 있는 동화산기의 경우를 보자. 지난 2006년 주거래 은행의 은행장이 동화산기 등 호남 지역 우수 기업 대표들(동화산기는 연 매출액 420억 원으로 '300만 달러 수출탑' 수상 업체)을 모

금융은 어떻게 세상을 바꾸는가

아 '물심양면 지원'을 약속하더니 심지어 'CEO 부부동반 외국연수'도 은행 돈으로 보내줬다. 은행 측은 부행장이 인솔한 이 연수에서 "앞으로 환율(달러화 가치)이 떨어질 테니 대비하라"며 '환헤지 기법'을 설명하기도 했다. 사장 박용관 씨는 다음해인 2007년 은행 직원이 직접 찾아와 키코 계약을 권유하자 기꺼이 계약서에 서명한다. '손실이 발생할 수 있다'는 설명은 들은 적이 없다고 했다. 그리고 당시의 계약은, 설사 환율이 '녹인Knock IN' 지점을 넘어가도 계약금액만큼의 달러만 은행에 넘기는 것이었다.

그런데 4개월여 뒤, 은행 본사의 과장급 직원이 광주 동화산기까지 찾아와서 '예상과 달리 환율이 올라가고 있다. 손실을 입혀 죄송하다'며 머리를 조아렸다. 수출 기업이 해외 업체에서 받은 100만 달러를 환율 인상 덕분에 10억 원으로 팔 수 있었는데 키코 계약 때문에 9억 원으로 넘겨 손해 보는 경우였을 것이다. 그리고 본사 직원들은 "앞으로는 절대 환율이 오르지 않을 것"이니 "지금까지의 손실을 보전해드리겠다"며 계약 조건을 바꾸자고 권유했다. 그 내용은, 동화산기에 이익이 발생하는 구간을 더 넓히는 것이다. 위의 사례로 설명하면, 기업이 풋옵션을 행사하는 게 유리한 '900~940원' 구간을 '880~940원'으로 연장하는 경우다. 그러면 기업 측은 900원 이하로 달러화 가치가 내려가도 여전히 풋옵션을 행사해서 더 큰 환차익을 낼 수 있다. 그 대신 달러 가치가 '녹인' 지점을 넘어서면 계약금액을 **두 배**로 늘리자고 했다. 당시까지만 해도 박 사장은 이 같은 계약 변경이 얼마나 무서운 것인지 알지 못했다. 그래서 은행원들을 믿고 다시 한 번 서명했다.

그러나 2008년 들어 환율이 '녹인' 지점을 넘어 무섭게 올랐고, 은행은 콜옵션을 행사한다. 그해 말엔 동화산기가 키코로 입은 손실이 180억 원에 달하게 된다. 동화산기는 기업회생을 신청했다. 그러자 은행 측은 다른 채권자들을 선동해 박 사장을 몰아내고 경영권을 인수한 뒤 회사 매각을 통해 콜옵션 계약에서 못 받은 돈을 회수했다. 이렇게 박용관 씨는 41년 동안 키워온 회사를 한순간에 잃은 것이다.

이처럼 은행 측은 키코 때문에 기업이 큰 손실을 입을 수 있다는 정보는 제대로 제공하지 않은 채 위험한 계약을 체결했다. 미국의 뱅커스 트러스트는 깁슨 그리팅스가 투자한 상품의 손실 규모를 크게 줄여 알려줬다. 그러나 국내 은행들은 이 정도의 정보 제공조차 삼갔다. 2008년 3월, 키코 계약자인 B사는 SC제일은행이 보낸 월별 보고서 중 '옵션 평가액'이 마이너스로 표기된 것을 보고 놀랐다. 이는 계약 때보다 달러화 가치가 크게 오르는 바람에 B사가 해당 시점에서 큰 손해를 볼 가능성이 크다는 것을 의미한다. 그래서 B사 부장이 SC제일은행의 담당 직원에게 전화했는데, 답변은 이랬다.

"알려고 하실 필요도 없어요. 막말로 얘기해서 옵션 평가가 어떻게 되는지를 알려고 물어보실 필요도 없어요."

B사 부장이 "'위'에서 궁금해한다"라고 했더니 "아무리 이해시키려고 말씀을 드려도 이해 못하세요"라고 했다. SC제일은행은 키코가 중소기업의 이해가 미칠 수 없을 정도로 복잡한 상품이라는 것을 알고 있었다. 그러나 '마이너스 옵션 평가액'이란 것이 기업의

금융은 어떻게 세상을 바꾸는가

손실을 의미한다는 것조차 설명해주지 않았다.

불평등한 거래

더욱이 은행들은 키코가 기업에 혜택을 주는데도 기업이 수수료를 낼 필요가 없는 '환헤지' 계약이라고 선전했다. 심지어 '우수 고객에 대한 특별 서비스'라고 너스레를 떠는 은행도 있었다. 기업에 훨씬 유리한 계약이라는 거였다. 그러나 재판 과정에서 드러난 사실을 보자면 키코는 은행 측에 파격적으로 유리했다.

키코는 기업과 은행의 계약이다. 계약이란 양 당사자 간에 공정한 이익 기회를 보장해야 한다. 키코에서, 기업은 은행으로부터 풋옵션(은행에 달러를 파는 권리)을 샀다. 은행은 기업으로부터 콜옵션을 샀다. 풋옵션을 행사할 때 취할 수 있는 이익을 대충 '풋옵션 가격'이라고 할 수 있다. 반대로 콜옵션을 행사하면 취할 수 있는 이익은 '콜옵션 가격'으로 부를 수 있다. 그리고 계약의 설계자인 은행은 이 '풋옵션과 콜옵션의 가격이 동일하다'며 키코를 팔았다.

그러나 재판에 나온 은행 내부 자료를 보면, 정작 은행 측은 풋옵션 가격(기업 측의 이익)보다 콜옵션 가격(은행 측의 이익)이 2~7배에 달한다고 계산한 것으로 나타났다. 예컨대 중소기업 C사와 신한은행 간 키코 거래의 경우, 기업이 산 풋옵션은 3000만 원, 은행이 산 콜옵션은 6000만 원으로 신한은행이 평가하고 있다. C사 입장에서는 3000만 원짜리 '물건'의 대가로 6000만 원을 지급한 것이다. 그 차액인 3000만 원이 은행의 수수료였던 셈이다. 그러나 계약서에는 풋옵션 가격은 500만 원 올려 3500만 원으로, 콜옵션 가격은 2500만 원 내려 3500만 원으로 표기했다. 그리고 이런 사실을 C기업에는 알리지 않았다.

지금까지 봤듯이, 은행이 키코에 대해 기업에 알려준 정보는 얼마 되지 않는다. 환율이 일종의 기준선인 녹인을 넘어가면 엄청난 손실을 볼 수 있다는 사실도 제대로 통보하지 않았다. 월별 손실 규모는 '말해줘도 모른다'고 했다. 무엇보다 옵션의 가격을 숨겼다. 이 복잡한 상품을 설계한 장본인인 은행은 키코에 대한 '무지'를 악용해 중소기업을 철저히 농락했다. 한국 법정은 이를 정당한 시장거래로 간주해 은행에 면죄부를 발급하는 중이다.

미국 금융당국도 문제를 지적하다

이런 상황에 대해 미국 상품선물위원회는 은행이 옵션 가격에 대한 정보를 숨기고 고객을 잘못 인도했다는 측면에서 키코 사태가 '뱅커스 트러스트 대 깁슨 그리팅스' 사건과 유사하다고 판단했다. 기업들은 키코에 대해 충분한 지식을 갖지 못한 상태에서 손해 보는 거래를 했을 뿐 아니라 이에 따른 의무 사항(은행의 콜옵션)에 대해서도 파악하지 못한 것으로 보인다는 것이다. 특히 CFTC는, 은행이 풋옵션과 콜옵션의 실제 가치가 다르다는 것을 알면서도 '같다'고 중소기업에 설명한 사실에 주목했다. "이는 기망적 허위 설명이 될 수 있다." 즉, 속였다는 뜻이다.

물물교환(풋옵션과 콜옵션의 교환)의 경우, 누구든 자신이 받는

금융은 어떻게 세상을 바꾸는가

물건(중소기업 입장에서는 풋옵션)보다 내놓아야 하는 물건(중소기업 입장에서는 콜옵션)이 훨씬 비싸다면 거래에 응하지 않을 것이다. 그렇다면 은행이 풋옵션과 콜옵션의 가격 차이를 알리지 않고 수수료를 숨긴 이유는, 결국 중소기업을 키코 계약으로 끌어들이기 위해서가 아니었을까. 그렇다면 "사기적 행위가 될 가능성이 있다"라고 CFTC 간부는 말했다.

이에 비해 한국 법원은 은행 측의 수수료 은폐에 대해 문제가 없다는 시각이다. 은행이 키코 같은 상품을 개발해 내놓았으니 이에 투입된 비용과 일정한 이윤을 보장받을 필요가 있다는 것. 비록 옵션 가격을 조작한 것은 사실이지만 이는 비용과 이윤을 반영한 것으로 봐야 한다는 이야기다. 이는 CFTC 역시 인정한다. 다만 문제의 '핵심'은, 국내 은행들이 고객에게 이런 사정을 알리지 않아 중소기업들이 거래의 가장 중요한 조건(가격)을 모른 채 키코로 끌려 들어갔다는 것이다. 더욱이 CFTC는 옵션 가격에 반영된 은행의 이윤에 대해 "합리적이어야 하며, 과대해서는 안 된다. 키코 사건에서 2배 내지 7배 이상의 가치 차이는 과다한 것이며 합리적이지 못하다"라고 말했다.

키코 사태의 주범이 금융위기라고?

검찰은 질의서를 미국에 보낼 무렵 씨티은행, SC제일은행, 외환은행, 신한은행을 포함한 시중 7개 은행을 대상으로 압수수색 영장을 청구해놓았다. 은행들이 키코라는 상품을 어떤 의도에서 만들었는지 파악하려면 내부 서류들이 필요했기 때문이다. 당시만 해도 검찰은 상당히 적극적인 수사 의지를 가졌었다. 그러나 2010년 12월 초 법원은 '압수수색의 소명이 부족하다'며 영장을 모두 기각해버린다. '수사상 필요성'만 소명하면 되는 압수수색 영장이 기각된 것은 이례적이라는 불평이 검찰에서 나왔다. 6개월쯤 뒤인 2011년 5월에는 키코 수사를 이끌며 '은행 기소'를 주장했던 박 아무개 서울중앙지방검찰청 검사가 사의를 밝혔다가 다른 부서로 전보 조처된다. 결국 그는 검찰을 떠난다. 이에 따라 검찰 상층부와 수사팀 사이에 은행 기소를 둘러싸고 갈등이 심각했다는 소문이 떠돌기도 했다.

이로부터 두 달 뒤인 2011년 7월, 검찰은 키코를 판매한 11개 은행을 모두 무혐의 처분한다. "기업이 손실을 본 것은 금융위기에 따른 급격한 환율 변동 때문이지 은행 측이 상품설계를 불평등하게 했거나 설명 의무를 다하지 않았기 때문이라고 보기는 어렵다"라는 이유에서다. 애써 입수한 미국 상품선물거래위원회와 증권감독원의 견해가 검찰에 어떤 영향도 미치지 못한 것이다. 오직 나쁜 것은 '천재지변'과도 같은 금융위기라는 것이다.

2년 뒤인 2013년 9월 말 대법원은 모나미, 세신정밀 등 4개 기업이 제기한 키코 상고심에서도 은행 측의 손을 들어줬다. 기업들이 주장한 은행 측의 불공정행위와 사기 등의 혐의는 인정되지 않았다. 이 판례가 적용되면서, 항소심이나 상고심을 진행중인 다른 200여 기업들이 국내 법정에서 손해배상을 받을 가능성도 사실상 사라졌다.

금융은 어떻게 세상을 바꾸는가

6장
민영화,
금융자본의
마지막 개척지

　　이머징마켓이란 주로 산업화가 본격화되면서 급속한 경제성장과 함께 주식시장 규모와 주식가치가 크게 불어나 전세계의 금융투자자들에게 주목받는 개도국을 가리킨다. 지금까지는 주로 브릭스(브라질, 러시아, 인도, 중국)가 이머징마켓으로 거론되었다. 21세기 중반쯤엔 아프리카의 일부 나라들도 이머징마켓이 될 거라고 한다. 그런데 최근엔 미국을 이머징마켓이라 부르는 사람들이 있다. 세계에서 자본주의가 가장 발전한 국가인 미국이 이머징마켓이라니, 이게 무슨 소리인가?

인프라 투자, 민영화의 다른 이름

　　미국의 유력 경제지인 『포춘』의 기자 베타니 맥클린은 2007년

"도로 운영권을 빌리는 (인프라 투자) 부문에서 미국은 이머징마켓"
이라고 썼다. 2000년대 중반 호주의 거대 투자은행인 맥쿼리가 미
국 시카고 고가도로와 인디애나 유료도로의 운영권을 각각 18억
달러와 38억 달러로 100년간 빌리는 계약을 두고 사용한 표현이
다.

여기서 맥쿼리가 미국 지자체(시카고와 인디애나 주)로부터 빌린
것은 '도로의 운영권'이다. '100년간의 운영권을 샀다'라고 표현할
수도 있다. 문자 그대로 100년 동안 지자체 대신 도로를 운영하
고 통행료를 받아 수입을 올리는 것이다. 이처럼 고속도로·터널·교
량·철도·상하수도 등의 운영권을 매입한 다음 이를 활용해 금융수
익을 올리는 업종을 '인프라 투자업'이라고 한다.

맥클린 기자의 발언은 2007년까지만 해도 미국에서 인프라 운
영권을 민간에 빌려주는 경우가 드물었다는 이야기다. 동시에 미
국의 금융기관 중에서 인프라에 투자하는 업체가 없었다는 말도
된다.

한국 사회를 떠들썩하게 만든 2012년 서울지하철 9호선의 요금
50% 인상 시도와 2013년의 수서발 KTX 민영화 논란 등은 이런
인프라 투자와 관련된 사건이다. 인프라 투자는 민영화의 일종이
라고도 할 수 있다.

민영화엔 크게 두 종류가 있다. 하나는, 민간자본이 인프라의
소유권을 매입하는 경우다. 이를 '완전 민영화'라고 부른다. 과거,
영국과 남미 몇 나라에서 채택된 적 있는 민영화 방식이다.

그러나 민영화에서 보다 널리 채택되는 방식은 '공공·민간 파트

금융은 어떻게 세상을 바꾸는가

너십PPP'이다. 국가가 민간 자본에게 일정한 기간(짧게는 20~30년, 길게는 100년 이상) 동안 인프라 운영을 빌려준 뒤 그 대가를 받는 방식이다. 앞에 나왔지만, 시카고 시는 맥쿼리에 고가도로 운영을 위탁하는 대신 18억 달러를 받았다.

세계적으로 학계나 언론은 두 방식 모두를 민영화라고 부른다. 두 방식 모두에서, 민간자본이 공공시설(인프라)을 이윤 추구 수단으로 활용한다는 점은 다를 바 없고, 일반 시민들에게 미치는 영향 역시 크게 다르지 않기 때문이다. 한국 정부는 '공공·민간 파트너십'을 추진할 때 시민들의 반발을 누그러뜨리기 위해 '민영화가 아니라 민간위탁(참여)'이란 수사修辭를 자주 사용하는데, 이야말로 조삼모사朝三暮四가 아닐 수 없다.

인프라 투자의 선구자 맥쿼리

미국은 이른바 '지구적 금융중심지'로 금융산업이 세계에서 가장 발전한 나라다. 그러나 인프라 투자에서 미국이 이머징마켓이란 말까지 들은 이유는 다른 선발주자가 있었기 때문이다. 바로 호주의 글로벌 투자은행 맥쿼리다. 인프라 투자는 글로벌 금융산업 전체로는 후발 주자에 불과했던 맥쿼리가 새롭게 열어젖힌 신천지다. 맥쿼리가 이 사업을 호주 내에서 개시한 1990년대 초중반엔 기업인수합병, 사모·헤지펀드, 자산운용업 등 대부분의 금융산업 부문들이 미국·영국의 거대 투자은행들에게 이미 점령당한 상태였다. 이 상황에서 맥쿼리가 기막힌 아이디어를 내놓은 것이다.

바로 도로·교량·항만 같은 인프라 시설을 '금융자산'으로 만들자는 것이었다.

인프라를 금융자산으로 만드는 방법은 다음과 같다. 우선 인프라 운영을 목적으로 하는 펀드(인프라펀드)를 주식회사 형태로 만든다. 이 인프라펀드는 주식을 발행해서 투자자에게 매각한다. 그리고 주식을 판매한 돈으로 인프라 운영권을 매입한다. 그 다음 인프라를 운영하면서 시민에게 받는 통행료를 투자자에게 배당금 등의 형태로 돌려준다.

맥쿼리가 호주에서 인프라 투자업을 개시한 1990년대 초중반은 호주 정부가 재정난으로 인프라 건설 및 운영에 큰 어려움을 겪던 시기였다. 당시 호주 정부는 연금제도도 개혁했는데(노동자들이 연금 보험료 중 일부를 자율적으로 주식시장에 투자할 수 있게 했다), 덕분에 시민들은 여유 자금으로 인프라펀드의 주식을 살 수 있었다. 이렇게 노동자들의 노후 자금이 맥쿼리의 펀드를 통해 인프라에 투자되면서, 호주는 인프라 투자업의 발상지가 된 것이다.

사실 인프라는 투자 대상으로서 상당한 매력이 있다. 잘 나가는 벤처기업에 투자하면 일확천금을 맛볼 수도 있겠지만, 기업이 갑자기 망하는 바람에 주식이 휴지조각으로 전락할 수도 있다. 그러나 도로 등 인프라는 불황에 크게 영향 받지 않는다. 아무리 시민들의 주머니 사정이 좋지 않다 해도 도로나 지하철을 이용하지 않을 수는 없다. 더욱이 다른 상대와의 경쟁에 져서 망할 위험도 크지 않다. 서울-춘천 도로의 수익성이 아무리 좋아도 바로 그 옆에 경쟁 도로를 급하게 만들기는 힘들다. 한마디로 인프라에 투자하면 긴 세월 동안 현금이 꾸준히 안정적으로 들어온다는 장점이 있다. 인프라가 투자의 안정성을 중시하는 연기금들의 투자 대상으로 각광받는 이유다.

세계로 확산되는 인프라 투자

맥쿼리가 인프라 투자업에서 성공한 이후 이 사업은 전세계로 확산됐다. 맥쿼리가 다른 나라로 진출했을 뿐 아니라 미국과 영국, EU의 거대 금융기업들도 인프라 투자업에 뛰어들었다. 금융자본이 금융수익을 극대화할 목적으로 공공시설을 운영하는 사례가 세계적으로 늘어나고 있다는 의미다. 한국에서도 신한은행 등 민간 금융기관, 국민연금공단 같은 사실상의 '국유 펀드'들이 토종 인프라펀드를 만들어 활용하고 있다.

그리고 이들의 투자 및 운영 행태는 사실 매우 비슷하다. 맥쿼리가 외국 금융자본이라고 해서 한국 토종 인프라펀드에 비해 특별히 이상한 짓을 하는 것은 아니다. 더욱이 한국의 맥쿼리 계열사(서울지하철 9호선 등을 지배했던)에 투자한 주주들은 대부분 한국인이다.

2012년 서울지하철 9호선 요금인상 논란 당시 맥쿼리인프라(맥쿼리 계열사로 서울지하철 9호선에 투자)가 문제를 일으킨 이유는, 이 회사가 외국자본이었기 때문이 아니다. 그보다 가급적 짧은 기간 동안에 큰 수익을 올려야 하는 금융자본이 '인프라 투자'라는, 매우 긴 기간에 걸쳐 수익을 회수해야 하는 불확실한 사업 영역에 뛰어들었기 때문이라고 보는 것이 적절하다. 인프라 투자의 난점이다.

인프라 투자의 난점 1

인프라 투자는 투자라는 측면에서 볼 때 매우 특별한 측면이 있다. 우선 투자금 규모가 매우 크다. 국내외 인프라 투자의 사례를 보면 인프라의 운영권을 매입하는 데만 수천억에서 수조 원의 돈이 필요하다. 그러나 이 투자에 대한 수익은, 투자 시점으로부터 수십 년에 걸쳐 조금씩 회수된다. 투자라고 할 때 우리가 가장 쉽게 떠올리는 것은 주식투자다. 주식투자는, 짧게는 몇 시간, 길어도 수개월에서 수년 내에 손익을 판가름할 수 있다. 그런데 인프라투자는, 투자 시점과 수익 시점 사이에 다른 금융업과는 질적으로 다른 시간적 간극이 존재하는 것이다.

또한 국가가 세금이나 국채로 자금을 조달해 인프라를 건설·운영하는 경우, 해당 인프라를 통해 올릴 수 있는 수익은 아무래도 부차적 문제다. 국가의 공식적 목표는 공익이고, 국가의 대리인인 정치인이나 공무원들 역시 인프라의 수익보다 시민들 사이에서의 인기에 더 신경 쓰기 때문이다.(물론 여기에도 나름의 문제점이 있다.) 그러나 인프라펀드는 어떻게든 인프라를 통해 가급적 큰 수익을 내야 한다.

더욱이 인프라펀드 측이 일단 공공기관(중앙정부나 지자체)과 인프라 운영 계약을 체결하면, 그 다음부터는 '로드 킬' 당한 동물 처리부터 시설 수리와 자질구레한 비용 조달까지 운영에 관한 모든 것을 책임져야 한다. 만약 한 인프라펀드가 도로운영권을 100년 동안 빌렸는데 50년 뒤에는 너도 나도 자가용 비행기를 타고 다녀서 통행료 수입이 절대적으로 줄었다고 치자. 특별한 다른 계약이 없는 한, 이 경우에도 인프라펀드 측이 전적으로 손해를 감수해야 한다.

그래서 인프라펀드는 거액의 투자를 감행하기 전에 과연 긴 세월 동안 적절하고 안정적인 수익을 올릴 수 있는지 나름 면밀하게 검토한다. 예컨대 도로의 경우, 이후 수십 년 동안 얼마나 많은 사람이 그 도로를 이용하면서 얼마나 많은 요금을 낼 것인지 추정해야 한다. 인프라펀드는 결국 앞으로 들어올 현금을 보고 투자하는 것이기 때문이다.

이 과정에서 인프라펀드는 계약 대상인 공공기관과 머리싸움을 벌인다. 공공기관의 입장에서는, 특정 인프라의 건설 및 운영에 재정을 투입하지 않아도 된다는 점이 반가울 것이다. 그러나 인프라의 이용료가 지나치게 높게 책정된다면 시민들의 따가운 비판이 빗발칠 것이므로 가급적 이용료를 내리려고 한다. 반면, 인프라펀드 측에서는 요금이 높아야 빨리 투자금을 회수하고 기대한 수익을 거둘 수 있을 것이다. 더욱이 인프라펀드의 입장에서는 요금이 적어도 물가인상률만큼은 매년 올라야 한다. 다른 물가는 오르는데 인프라 요금만 제자리에 멈춰 있으면 결과적으로 엄청난 손해를 보게 된다. 그래서 국가와 인프라펀드 간의 계약에서 가장 중요한 조항 중 하나는, '인프라 이용료를 매년 물가인상률만큼 올린다'는 것이다. 그런데 국가나 지자체에게 공공시설 이용료 동결은 물가안정을 위한 전통적 정책수단의 하나다. 서민 경제가 어려울 때 지하철 요금 등을 인상하지 않는 경우를 종종 볼 수 있듯이 말이다. 이는 일단 공공시설이 민영화되고 나면 물가안정을 위한 정책수단 중 하나가 힘이 없어진다는 의미이기도 하다.

또한 인프라펀드의 투자 기간은 수십 년에 달하는 만큼, 그 수익률 역시 수개월 혹은 수년 정도 기간에 불과한 다른 투자보다 당연히 높아야 할 것이다. 협의를 통해 국가와 인프라펀드는 적절한 수익률에 합의하고서, 추정한 이용자 수와 합의된 수익률에 맞춰서 인프라의 요금과 인상 방법 등을 결정한다.

한편 인프라 이용자 추정이 틀릴 경우에도 대비한다. "추정치보다 이용자 수가 적을 경우, 그 차액을 국가(지자체)가 보전해준다"라는 조항을 계약서에 삽입하는 것이다. 예컨대 한 해 동안 100억 원의 이용료가 수금되어야 하는데 60억 원밖에 들어오지 않았을 경우, 나머지 40억 원을 국고로 보전해준다는 식이다. 한국의 대다수 민자 시설에서 말썽이 되고 있는 최소운영수입보장MRG이 바로 이것이다.

인프라펀드는 이런 여러 과정을 통해 바라는 수익률을 올릴 수 있다고 추정할 때 인프라 위탁을 계약하게 된다. 서울지하철 9호선의 '요금 50% 인상 시도' 이후, 서울시와 메트로9(서울지하철 9호선의 운영사) 간의 계약이 불공정하다는 언론보도가 잇따랐는데 이는 사실이 아니다. 오히려 멀리 내다보지 못한 지자체들의 단견과 인프라펀드에 대한 무지 때문에 '불리한' 계약이 이뤄졌다고 해야 할 것이다.

인프라 투자의 난점 2

앞에서 인프라 투자에서는 초기 투자비가 매우 큰 편이지만 수익을 회수하는 기간이 매우 길다는 점을 지적했다. 그런데 문제가 또 있다. 인프라펀드의 사업 초기엔, 아무래도 이용자가 적은 반면 비용은 많이 들어 순수익이 발생하지 않는다. 그러나 사업 초기에도 주주(인프라펀드는 인프라에 대해서는 투자자 입장이다. 그런데 인프라펀드에 투자한 사람들도 있다. 이들이 인프라펀드의 주주다. 여기서 투자의 방향은 '주주⇒인프라펀드⇒인프라')와 은행에게 배당금(주주) 및 이자(은행)를 지급해야 한다. '들어오는 돈'은 없는데 '나가는 돈'은 많은 것이다.

예컨대 어떤 인프라펀드가 새롭게 건설되는 도로의 운영권을 1000억 원으로 매입했다고 가정하자. 이 인프라펀드는 500억 원은 주식을 팔아 만들었고(이 500억 원은 인프라펀드의 밑천, 즉 자본금이다. 이 자본금으로 인프라펀드를 만든 사람들이 주주다), 나머지 500억 원은 은행에서 빌렸다. 주주와 은행엔 각각 '배당금과 이자'(금융비용)를 지급해야 한다. 그러나 사업 초기라 이용료로 들어오는 돈은 얼마 안 되고 이런저런 비용은 많이 들어서 금융비용도 지급하기 힘든 형편이다.

이럴 때 금융비용을 지급할 수 있는 가장 간편한 방법은 다시 외부에서 돈을 빌리는 것이다. 배당금과 이자를 주기 위해 부채를 더 늘리는 것이다. 이는 주택 소유자가 주택대출 이자를 내기 위해 다시 돈을 빌리는 것과 비슷하다. 그래서 인프라펀드의 부채는 한 동안 계속 늘어나는 경향이 있다. 인프라펀드의 재무상황은 매우 부실한 경우가 많다. 금융비용을 지급하고 나면 적자다.

물론 인프라펀드들에 따르면, 이는 일시적인 문제일 뿐이다. 장기적으로 보면, 갈수록 이용자는 늘어나고 부채는 줄어들어 운영권을 반환하는 시점엔 부채를 완전히 청산하게 된다. 그러나 이런 계획이 실제로 실현될지는 사실 현 시점에서 알 수 없다. 세계 각지에서 인프라 투자가 본격화된 것은 1990년대 중후반 이후고 대다수의 계약은 지금부터 수십 년이 더 지나야 끝난다. 만약 1990년대 초반 이후의 세계적 저금리 시대가 끝나고 고금리가 대세가 되면, 부채 많은 인프라펀드들이 잇따라 도산할 것이라는 추정도 있다. 일부 금융 전문가들은 '부채를 갚기 위해 다시 부채를 빌리는' 인프라펀드의 행태를 '사실상의 폰지 사기(일종의 다단계 사기로 이윤을 못 내면서 계속 투자자를 모집해 기존 투자자에게 새로운 투자자의 돈을 지급하면서 투자자를 늘려가는 사기)'로 부르기도 한다.

그런데 이를 '사기'로 부르는 것은 적절하지 못하다. 만약 인프라펀드가 단순히 '인프라를 운영하는 회사'일 뿐이라면, '들어오는 돈'보다 '나가는 돈'이 많은 사업 초기에 도산하고 말 것이다. 그렇기 때문에 인프라펀드가 나타나기 이전까지는 국가 이외의 민간 자본이 인프라를 운영하기는 매우 어려웠다. 그러나 인프라펀드들은 어떻게든 외부의 자금을 조달해서 주주와 은행에게 배당금 및 이자를 지급한다. 이렇게 말하면 단순한 대출로 보일 수 있겠지만,

사실은 국가별-기간별 금리 차이를 이용하는 꽤 복잡한 금융기법이 동원된다. 한편으로 인프라펀드의 부채를 늘리는 것은 효율적인 절세(탈세) 수단이기도 하다. 혹은 인프라펀드의 자산(자본금과 부채로 이루어짐)에서 자본금과 부채의 규모를 조정하면서 수익을 '만들어내기'도 한다. 자세한 내용은 이후에 서술할 이 기막힌 수법을 확인할 수 있다.

특히 맥쿼리 같은 거대 금융복합기업의 경우엔 인프라펀드 하나를 만들면 다른 계열사들을 통해 이 회사에 금융 서비스를 제공하고 그에 따른 수익을 창출할 수도 있다. 예컨대 맥쿼리 계열 투자은행은 맥쿼리 계열 인프라펀드의 주식발행을 대행한 뒤 그 수수료를 받을 수 있다. 또한 이 인프라펀드에 맥쿼리 계열 은행이 대출한 뒤 이자를 받는 경우도 있다. 혹은 맥쿼리 계열 컨설팅사나 자산운용사가 해당 인프라펀드의 경영자문이나 자산운용을 담당하면서 수수료를 챙긴다.

이런 인프라펀드의 영업활동이 실제 사례에서 어떻게 구현되었는지 한 번 살펴보자.

수질 악화를 방관한 영국의 템스워터

템스워터는 영국 최대의 '물 기업'으로 런던 일대의 시민 1800만여 명에게 용수를 공급하고 있다. 템스워터의 소유주(주주)는, 조세피난처인 룩셈부르크에 등록된 페이퍼 컴퍼니 '켐블워터 홀딩스 Kemble Water Holdings'다. 이 켐블워터 홀딩스를 지배하는 회사가 바로 맥쿼리다. 즉 템스워터는 맥쿼리의 지배를 받는 회사다.

이 템스워터가 2008년 3월 이후 2013년 초까지 5년 동안 주주에게 지급한 배당금은 14억 파운드(약 2조4000억 원)에 달한다. 이토록 많은 배당금을 줄 수 있다면, 수익성 역시 엄청나게 높은 회사일 것처럼 보인다. 그러나 영국의 진보적 신문 『옵저버』에 따르면, 템스워터가 5년 동안 낸 법인세는 0파운드에 가까우며 오히려 정부로부터 4370만 파운드(약 760억 원)를 환급받기까지 했다.

이런 일이 어떻게 가능할까. 템스워터 홈페이지에 올라와 있는 2011년 연례 보고서(2011년 3월~2012년 3월)에서 확인할 수 있다. 이 1년 동안, 템스워터는 6억4780만 파운드 규모의 영업이익(기업의 주된 영업활동에서 나오는 이익)을 올렸다. 그런데 이자가 무려 4억2320만 파운드였다. 한편 당기순이익은 2억4720만 파운드. 당기순이익은, 기업이 1년 동안 벌어들인 돈에서 각종 비용과 이자, 세금을 내고 남은 순수익이다. 이 당기순이익 중 일부는 미래 투자금 등으로 기업 내에 보유하고 나머지는 배당금으로 주주에게 지급한다. 일반적으로 배당금 규모는 당기순이익보다 많을 수 없다. 그러나 템스워터의 2011년 배당금은 2억7950만 달러로 당기순이익보다 3000만 달러 정도 많았다. 도대체 어떻게 된 일일까?

템스워터의 이자비용이 이토록 높은 이유는 2012년 말 현재 부채 규모가 83억9760만 파운드에 달하기 때문이다. 『옵저버』는 템스워터가 이렇게 많은 부채를 지게 된 이유는 '빌려서 배당해왔기' 때문이라고 주장한다. 실제로 2000년대 초까지만 해도 템스워터의 총부채는 18억 파운드에 불과했다. 불과 10여 년 만에 총부채가 4

금융은 어떻게 세상을 바꾸는가

배 이상으로 증가한 것이다.

그런데 이렇게 부채가 많아지면, 템스워터의 지배 기업인 맥쿼리에겐 오히려 여러 가지 이점이 있다. 우선 템스워터가 이자를 많이 내면 수익이 줄어들어 세금을 아주 적게 내거나 심지어 내지 않아도 된다. 물론 템스워터가 낸 이자가 맥쿼리와 아무 관련 없는 기업들에게 간다면, 세금을 적게 내봤자 도움 될 것이 없다. 그러나 템스워터의 총부채 80여억 파운드 중 60억 파운드 정도는 '은행 이외에서 대출받은 돈'으로, 이 중 상당 부분은 맥쿼리 그룹 산하의 다른 계열사에서 빌린 것으로 보인다.

즉, 맥쿼리 계열사가 템스워터에 높은 금리로 돈을 빌려주고 이자를 받으면, 전체 맥쿼리 그룹 차원에서는 엄청난 금융수익이 발생하지만 템스워터의 수익은 크게 줄어 세금을 낼 필요가 없는 것이다. 실제로 템스워터는 2010년에는 세금으로 2600만 파운드를 냈으나 2011~2012년에는 오히려 7960만 파운드를 환급받았다. 수익 대부분이 맥쿼리 그룹 차원의 금융수익으로 흡수되고 만 것이다. 그러니 시설을 개선하는 데 투자해야 할 자금이 템스워터에 있을 리 없다. 영국 자유민주당 소속 사이먼 휴스 의원은 "템스워터의 소유자(기업)들이 돈을 빌려서 자기들끼리 배분한 것이다. 이 돈은 모든 시민들의 이익을 위해 (템스워터의 설비에) 장기 투자했어야 한다"라고 『옵저버』와의 인터뷰에서 말하기도 했다.

이와 관련해서 2012년엔 영국에서 템스워터 논쟁이 벌어졌다. 조사 기관들에 따르면, 하수도 시설의 노후화로 매년 3900만 톤의 폐수가 템스 강으로 새어나가고 있었다. 이에 따라 런던을 동서로 가로지르는 '슈퍼 하수관Super Sewer' 프로젝트가 추진되는 중이었다. 7년 동안 40억 파운드 규모의 비용이 드는 대역사大役事다. 그런데 누가 이 돈을 낼 것인가. 런던 시민(=정부)인가, 템스워터인가?

이는 템스워터가 정부 산하 기관이거나 공기업이라면, 던질 필요도 없는 질문이다. 그러나 템스워터는 순수 민간기업으로 맥쿼리 등 주주들에게 엄청난 배당금을 주고 있다. 더욱이 막대한 부채로 인한 이자(상당 부분이 계열사로 들어가는) 때문에 세금도 내지 않는다. 주주나 채권자들이 큰 수익을 올릴수록 템스워터의 재정 상태는 악화되는 구조인 것이다. 이는 템스워터가 소비자들을 위한 서비스 개선은 물론 미래의 위기 상황(예컨대 템스 강으로의 폐수 유출)에 대비할 자금력도 가지지 못한 기업이라는 의미다. 그러면서 정부에 손을 벌린다. 더욱이 이렇게 부채가 많은 기업이 도산이라도 하는 경우엔 정부가 납세자의 돈을 모아 구제금융을 제공해야 한다.

물론 영국 정부와 시민들은 템스 강의 수질 악화를 방관할 수가 없는 처지다. 슈퍼 하수관 공사가 추진되면 세금이나 상하수도 가격 인상 등으로 런던 시민들은 매년 평균 40~120파운드(약 7만 ~21만 원)를 더 내야 한다. 그러나 이 공사로 직접적인 이익을 얻을 수혜자는 템스워터 주주들이다. 수익은 금융자본이 챙기고 비용은 사회적으로 부담하는 구조다. 이런 공사에 왜 시민들이 세금으로 '퍼주기'를 해야 하는 것일까? 사이먼 휴스 의원은 『옵저버』 인터뷰에서 이렇게 말했다.

"템스워터가 주주들에게 2000년 이후 제공한 배당금 중 50%만 유보했어도 21억 파운드를 비축할 수 있었다. 슈퍼 하수관 건설에 필요한 경비의 절반이다. 오랫동안 도리에 어긋난 대출과 너무 높은 배당금을 지급해 스스로 재무 상태를 악화시킨 기업을 정부가 지원해야 하는 이유를 모르겠다."

영국에서는 물 기업 중 76%가 사모펀드의 지배를 받고 있다. 이런 기업들의 공통점은 매년 엄청난 배당금을 투자자나 형제 기업 혹은 해외 조세피난처에 있는 지주회사에 지급한다는 것이다. 공기업이었다면 미래의 인프라 투자를 위해 간직했을 것이다.

서울지하철 9호선의 사례

한국에도 인프라펀드의 수익 추구와 공공성이 충돌한 잘 알려진 사례가 있다.

2012년 4월 15일, 개화역과 신논현역을 잇는 서울지하철 9호선 역사들엔 기본요금을 50% 올리겠다는 공고문이 나붙었다. 당시 공고문에 따르면, 요금인상 이유는 다음과 같았다. "개통 이후 현재까지 운영수입 및 운영비 부족에 따른 적자 확대가 지속되어 더 이상은 정상적인 운영이 불가능한 상황에 이르게 되었습니다."

9호선을 운영하는 회사가 적자 때문에 고심하다가 불가피하게 요금을 올리게 되었다는 이야기다. 그러나 지하철을 공공시설로 인식하고 있는 서울 시민들은 엄청나게 반발할 수밖에 없었다. 공공요금이 50%씩 오르는 사례는 일찍이 없었기 때문이다.

그런데 알고 보니 지하철 9호선을 운영하는 '서울메트로9호선 주식회사'(메트로9)는 공기업이 아니었다. 서울시가 메트로9에 공개사과 요구와 함께 사장을 해임하겠다고 압박하자 이 회사는 이렇게 되받아 쳤다. "민간기업 사장을 강제로 그만두라고 할 수 없다. 사장 선출권은 주주들에게 있다." 지하철 9호선을 운영하는 메트로9는 순수한 민간기업이었던 것이다.

서울 시민들은 9호선을 운영하는 메트로9를 공기업 정도로 생각해왔을 것이다. 그러나 소유 구조로 볼 때 메트로9는 '당당한' 민간기업이다. 정부 지분은 단 한 푼도 들어가 있지 않았다. 2004년 설립된 메트로9의 최대 주주는 현대그룹 계열사인 철도 전문업체 현대로템이다. 지분 25%를 소유하고 있다. 이 외에도 포스코 ICT(10.19%), 현대건설(7.64%) 등 건설사들이 지분의 30%를 점유하고 있었다. 나머지 45%는 금융사들이었다. 맥쿼리한국인프라투융자회사(맥쿼리인프라)가 지분 24.53%로 2대 주주이며, 신한은행(14.90%), 신한생명(2.99%) 등도 주요한 주주였다. 제조업체와 금융업체가 소유권을 반분하고 있었던 셈이다.

한국인들 중엔 철도·수도·교육·에너지·도로 등 공공서비스는 당연히 국가가 제공하는 것으로 알고 있는 사람들이 많다. 그러나 한국에서도 이미 공공서비스 중 교통(철도와 도로) 부문엔 이미 민간 자본이 참여해왔다. 박근혜정부의 '공약 가계부'에 따르면, 앞으로도 정부의 SOC 사업에 민간자본을 적극 활용하기로 했기 때문에 계속 늘어날 것이다. 아무튼 이 방법을 적용한 지하철 9호선에서 요금 폭탄 사태가 일어났던 것이다.

9호선의 미스터리—왜 일부러 비싼 이자를 물었나

　그렇다면 2009년 7월에 개통한 9호선의 적자 규모는 어느 정도였을까? 운영사인 메트로9는 2012년 4월 기준으로 '누적 적자가 1820억 원에 이르러 자본잠식 상태'라고 주장했다. 그렇다면 자본잠식이란 무엇일까? 한마디로 적자 규모가 커져서 자본금보다 '자본총계'가 적어진 상태를 의미한다(30~31쪽 참조). 만약 자본총계가 마이너스 단위로 진입하면 이를 '완전 자본잠식'이라고 한다. 당시 메트로9의 자본금이 1670억 원이었으니 개통 3년 만에 완전 자본잠식에 이르게 되었던 셈이다. 메트로9의 공고문대로 요금을 올려야 하는 명분으로 충분하다.

　그런데 운영사의 재무 상태를 자세히 들여다보면 생각이 바뀐다. 2011년 말 운영사인 메트로9의 장기 부채 규모는 자본금(1671억 원)의 3배인 4960억 원이었다. 더욱이 금리도 매우 높았다. 2011년의 경우, 메트로9의 매출액(1년간 통행료 등의 총합)이 935억 원이었는데, 이자로 낸 돈이 461억 원이었다. 2009년 개통 이후로 보면, 3년간 지하철 9호선은 모두 1634억 원 규모의 순손실을 기록했다. 그런데 같은 시기의 이자비용이 무려 1000억 원이다.

　이는 장기부채 규모가 큰 데다 이자율도 높은 편이었기 때문이다. 부채 4960억 원 중 4291억 원의 연이자율은 6~7%였다. 나머지 668억 원의 경우, 금리가 무려 15%에 달한다. 이른바 '후순위 대출'이라서 그렇다.

　후순위 대출이란 무엇인가? 기업은 자금을 주식을 판 자본금과 부채로 조달한다. 그런데 기업이 망하는(청산하는) 경우, 가장 먼저 돈을 돌려줘야 하는 대상은 채권자(돈을 빌려준 사람)다. 자본금을 낸 주주는 그 기업의 주인으로 간주되므로 맨 나중에 남은 돈을 받는다. 그런데 주주와 거의 같은 자격으로 돈을 빌려주는 것이 바로 후순위 대출이다. 높은 이자를 받는 대신, 해당 기업이 청산되는 경우 '가장 나중에'(후순위) 돌려받겠다는 것이다. 그래서 후순위로 돈을 빌려준다는 것은 기업이 망했을 때 대출금을 돌려받지 못해도 좋다는, 매우 책임성 높은 태도다. 그런데 메트로9 같은 지하철 회사는 망하기가 힘들다. 꾸준히 현금으로 들어오기 때문이다. 이런 회사에 후순위로 돈을 빌려줄 수 있다는 것은 오히려 행운이다. 기업이 망하는 리스크는 없는데 이자는 높으니까. 메트로9는 왜 굳이 이렇게 비싼 돈을 빌려 쓰고 있는 것일까. 미스터리라고 하지 않을 수 없다.

이 미스터리가 더욱 이상해지는 부분은, 서울시가 메트로9의 이자를 낮춰주려고 했다는 것이다. 서울시가 지급보증을 해서 이자율을 4%대로 낮춰준다고 해도 정작 메트로9 측은 마뜩치 않은 표정을 지었다. 정상적인 기업이라면 이자를 낮춰준다는데 감지덕지하지 않았을까?

수수께끼는 풀렸다

이런 수수께끼는, 채권자들의 얼굴을 확인하면 쉽게 풀린다. 채권자들이 맥쿼리인프라, 신한은행 등 메트로9의 금융계 주주들이었던 것이다. 주주들이 자신이 '오너'인 기업에 고금리로 대출해주고 엄청난 이자수익을 챙겨왔던 것이다. 이 주주 겸 채권자들은 메트로9에 모두 752억 원을 주식으로 투자했고 4960억 원을 빌려준 상태였다. 그래서 수익이 안 나도 대신 엄청난 이자를 챙길 수 있었다. 심지어 고금리인 후순위 대출까지 동원했다. 과도한 이자 부담으로 자본잠식이 발생하자, 이를 빌미로 급격한 요금인상을 추진했던 것이다.

평범한 주주들은 자신이 투자한 기업이 나쁜 실적을 내면 한숨을 내쉬기 마련이다. 배당금이 적어지고 주가가 떨어질 것이기 때문이다. 심지어 완전 자본잠식인 경우에는 상장 폐지로 보유 주식이 쓰레기가 되어버릴 수도 있다. 그러나 메트로9의 주주 겸 채권자들은 달랐다. 이들은 서울지하철 9호선이라는 '금융자산'에 모두 5712억 원을 투자(752억 원)와 부채(4960억 원) 형태로 투입했다. 이들은 총 5712억 원을 '자본금 3000억 원-부채 2712억 원'으로 투입할 수도 있었을 것이다. 그랬다면 자본금은 늘어나고 이자는 크게 줄어들어 메트로9의 재무 상황은 훨씬 건전했을 것이다. 그러나 그렇게 하지 않았는데 이엔 '합리적'인 이유가 있었다.

계속해 말했듯 금융 투자자 입장에서는 투자한 돈을 빨리 회수하는 것이 필요하다. 그런데 서울지하철 9호선을 운영하면서 향후 비용이 줄어들고 고객이 많아져 당기순이익이 발생하고, 이에 따라 배당금으로 투자금을 회수하기까지는 상당한 시간이 걸린다. 이보다는 '지금 당장' 이자를 받을 수 있는 부채로 돈을 투입해서 이자를 받는 편이 나았던 것이다. 이들의 입장에서는 메트로9라는

말 많은 지하철 9호선 맥쿼리 결국 손 뗀다

이달 말까지 지분 매각 협상
서울시 9호선 운영 개입 확대
경전철 민자사업에 영향 줄 듯

서울지하철 9호선의 운영에 문제가 많다는 사실이 알려지고 시민들의 비난이 들끓으면서, 맥쿼리인프라는 주식을 팔고 떠났다. 서울시는 메트로9의 주주를 바꾸고 최소운영수입보장(MRG)을 폐지하는 등 사업구조를 전면 재편했다.(서울신문, 2013년 8월 9일)

금융상품에 투자한 돈을 돌려받는 형식이 배당금에서 이자로 바뀌었을 뿐이다. 위에서 쓴 것처럼 메트로9의 자산 중 '자본금과 부채의 규모를 조정'하는 방법으로 '지금 당장'의 수익을 만들어낸 것이다.

물론 이 때문에 운영사인 메트로9의 재무구조는 심각히 부실해졌다. 그러나 금융 투자자들 입장에서 '운영사 부실화'는 큰 문제가 아니다. 이들의 사업 전망에 따르면, 메트로9의 재무 상태는 사업 초기엔 큰 규모의 이자 때문에 악화되겠지만, 시간이 지날수록 이용자가 많아지고 부채 규모도 줄어들기 때문에 사업 중반기 이후엔 흑자로 돌아설 것이기 때문이다. 이때부터는 맥쿼리인프라 등 메트로9의 주주 겸 채권자들도 이자가 아니라 배당금 형태로 투자금을 회수하게 된다. 메트로9가 서울지하철 9호선을 위탁운영하기로 계약된 기간은 30년(2009~2038년)이었다.

또 하나의 이유는 절세 때문이다. 만약 메트로9가 자본금을 확충해서 재무 상태가 건강해지고 이자 비용이 준다면, 순이익이 발생하고 금융권 주주들에게도 배당금을 줄 수 있게 될 것이다. 그러나 순이익이 발생하는 만큼 메트로9는 법인세를 내야 한다. 그만큼 주주들의 금융수익도 축소된다. 그러나 메트로9가 이자 형태로 금융기관 주주들에게 돈을 주는 경우는 어떨까? 일단 메트로9 처지에서 보면 이자는 비용이므로 세금을 낼 필요가 없다. 맥쿼리인프라 등 금융투자회사는 메트로9로부터 받은 이자 중 정해진 부분(배당 가능 이익의 90%)을 자기네 주주들에게 배당하면 세금을 내지 않아도 된다. 즉, 메트로9는 **부실해져야만** 주주들에게 더 많은 금융수익을 제공할 수 있는 회사인 것이다.

말하자면 메트로9의 적자와 자본잠식 상태는 승객이 적거나 요금이 낮아서 발생한 것이 아니라 스스로 초래한 구조적인 문제인 것이다. 결코 이를 빌미로 요금인상을 요구할 수 있는 명분이 되지 못한다.

결국 서울시는 2013년 10월, 메트로9의 주주를 바꾸면서 요금 결정 권한을 되찾았다.

인프라를 민간 금융자본에 맡겨야 할까?

다시 한번 강조하고 싶은 것은 이런 투자 및 수익 구조가 단지 외국계 자본인 맥쿼리만이 아니라 인프라펀드 일반의 모습이라는 것이다. 그저 '검은 머리 외국인'이 일으키는 문제가 아닌 것이다.

결국 관건은 공공서비스와 관련된 비용과 수익을 누가 책임지고 누리느냐. 예컨대 맥쿼리 같은 인프라펀드의 주주들은 공공서비스를 맡은 기업이 부실해져도 이 역시 예상했던 일이고 위탁 기간 동안엔 운영 책임을 전적으로 지기 때문에 아무 문제가 없다고 주장한다. 그러나 사고란 언제나 예상치 못한 리스크 때문에 터지는 것이다. 2008년 세계금융위기는, 미국의 거대 금융사들이 리스크를 미처 예측하지 못하고서 위험한 금융상품을 세계 전역에 마구 팔았기 때문에 발생했다. 더욱이 인프라펀드의 수익률을 보장하려면 이용료를 지속적으로 계속 올려야 하는 등 공공시설의 공익성이 심각하게 떨어질 우려가 크다. 서울지하철 9호선의 경우도, 당초 협약대로라면 위탁 기간이 끝나는 2038년에 이르면 요금이 5883원까지 오를 수 있었다.

그러나 만약 인프라펀드가 없다면 국가(정부와 지자체)는 재정만으로 도로나 철도 등 인프라를 건설해야 할 것이다. 이는 그만큼 많은 세금을 걷어야 한다는 뜻이기도 하다. 물론 이와 반대로 정부가 인프라 건설에 인프라펀드의 자금을 끌어들여서 사회적 적정 수준을 훨씬 넘는 불요불급한 도로나 철도를 마구 만드는 경향도 나타난다.

인프라를 많이 만들면서 세금도 적게 내고 요금도 안정되는, '더 이상 좋을 수 없는 상황'은 오지 않을 것이다. 결국 선택해야 한다. 인프라 건설과 운영에 대한 통제권을 국가(시민)가 보유할 것인가, 아니면 민간 금융자본에게 맡길 것인가.

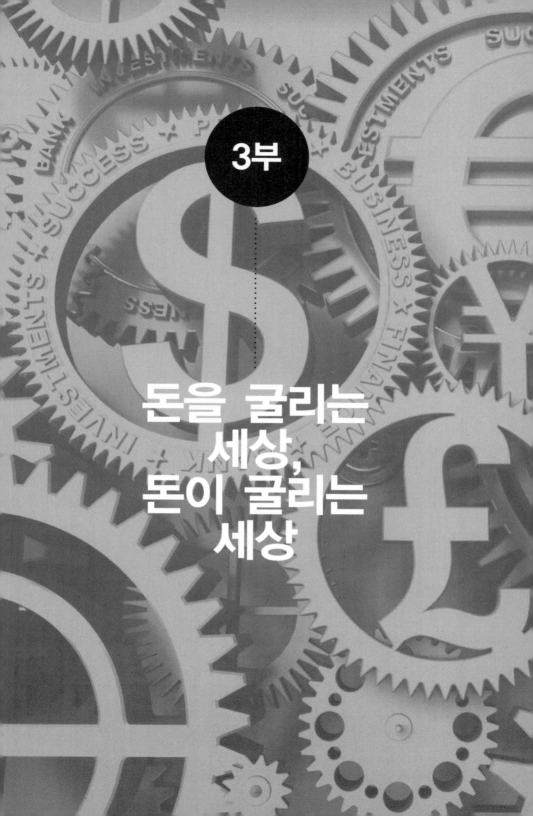

3부

돈을 굴리는
세상,
돈이 굴리는
세상

1장

금융이 만든
오늘의 세계

1980년대 미국 월스트리트의 금융혁명 이후, 금융은 '실물경제에 대한 조력자'라는 구차한 직분을 벗어 던졌다. 그리고 금융 그 자체로 엄청난 돈을 벌어들이는 고부가가치 '산업'으로 눈부신 변신을 거듭했다. 이 '금융의 시대'는 모든 사물을 '금융자산'으로 만드는 과정이었다고 할 수 있다.

우선, 기업이 금융자산으로 전락했다. '기업 그 자체'가 자본시장(주식, 채권 등이 거래되는 시장)을 통해 자유롭게 사고팔 수 있는 상품으로 존재 형태를 바꾼 것이다. 금융자산이 된 기업에게 제일 중요한 것은 고용을 늘리거나 시장 점유율을 확대하는 게 아니라 자사의 기업(주식)가치를 올리는 것이다. 기업가치가 떨어지면 다른 기업에게 쥐도 새도 모르는 사이 인수당할 수 있다. 또한 기업가치를 올리려면 고용형태를 최대한 유연하게 하고 연구개발 등

수익을 내기까지 오랜 시간이 필요한 투자는 가급적 억제하는 것이 좋다. '기업의 주인'인 주주들은 자신들의 금융자산(기업)으로부터 가급적 짧은 기간 내에 높은 수익을 얻고 싶어 하기 때문이다. 안정된 고용형태나 연구개발은 해당 기업이나 전체 국가경제에 장기적으로 이롭지만, 단기간에 금융수익을 내야 하는 투자자들에겐 선행일 수 없다.

이런 '금융자산으로 바꾸기'는 이미 자본시장에 나와 있는 민간기업(주식회사)에 국한되는 것이 아니다. 국가 소유의 공기업을 민영화하면, 그 가치에 해당하는 주식이 새로 발행되어 사고팔릴 수 있게 된다. 그만큼 자본시장의 규모도 커질 것이다. 금융자본이 거래할 수 있는 상품(주식, 나아가서 기업 그 자체)이 많아진다는 소리다. 교육이나 의료 등 공공적 성격의 서비스 부문도 금융자산으로 만들 수 있다. 바로 교육기관이나 의료기관을 주식회사로 바꾸면 된다. 대학들을 주식시장에 상장할 수 있다면 이를 통해 금융자본이 돈을 벌어들일 수 있는 기회가 또 얼마나 많아지겠는가. 물론 그 대학은 주주들에게 많은 수익을 주기 위해 지금보다 훨씬 더 돈벌이에 혈안이 되어야 할 것이다.

이 같은 '금융의 시대'는, 민간기업과 공기업 심지어 교육·의료 등의 공공서비스까지 모두 금융수익을 올리기 위한 수단으로 전화시키려는 경향을 가진다. 앞에서 시민의 발인 지하철을 민간기업이 운영하며 수익을 창출하는 과정을 봤듯이 말이다. 그러면서 모든 시민들의 삶은 금융시장에 직간접적으로 연결된다.

심지어 기업과 금융기관은 물론 국가에까지 신용등급이 부여된다. 신용등급은 '얼마나 안심하고 금융거래를 할 수 있는 대상'인지 나타내는 지표다. 공공성의 상징이었던 국가마저 일종의 금융자산으로 간주되고 있는 것이다. 이렇게 금융자산으로 전락해버린 국가의 역할은 자국을 금융거래가 자유롭고 활발하게 이뤄질 수 있는 공간으로 바꾸는 것이었다. 이른바 금융자유화니 금융허브니 하는 정책들이 의미하는 내용이다. 한국에서도 노무현정부 시기부터 '동북아 금융허브'를 국가적으로 추진했었다.

'금융의 시대'에 대한 대중적 반란

이런 '금융의 시대'에 대한 사실상 최초의 대중적 반란이 바로 2011년 하반기부터 진행된 '월스트리트 점령Occupy Wall Street'이다. 이 운동의 진원지는 캐나다의 급진주의 매체 『애드버스터Adbusters』다. 『애드버스터』는 2011년 9월 초 발간한 97호에 '월스트리트 점령'이라는 자체 광고를 실었다. 9월 17일, 초대형 금융기관이 밀집한 뉴욕 맨해튼 남부 지역에 모여 텐트와 바리케이드로 '평화 점거'를 벌이자는 내용이었다. 『애드버스터』 측은 같은 해 '중동의 봄' 당시 이집트 혁명을 격발시킨 타흐리르 광장 시위대로부터 영감을 받았다고 밝혔다. '중동의 봄'을 '미국의 가을'로 이어가려는 시도였다고 할 수 있다.

그리하여 2011년 9월 17일, 150명 정도가 참여한 '월스트리트 점령'은 20여 일이 흐른 10월 초에는 1~2만 명 규모의 대형 시위로 발전했다. 그리고 워싱턴, 로스앤젤레스, 시카고 등 미국의 주요 도

금융자본이 점령한 사회를 되찾기 위해 미국의 젊은 세대들이 월스트리트 점령 운동을 벌였다. 금융의 시대에 대한 최초의 대중적 반란이었다.

시로 확산되었다. 요구 사항도 처음에는 '돈과 정치를 분리시키라'는 극히 추상적인 내용이었다. 그러나 갈수록 로비스트 규제, 금융기관 겸업 해체 등 구체적 의제로 발전했다. 이 운동은 미국의 정치·경제를 장악한 '1%'의 금융자본을 주적으로 삼았다. "우리 99%는 너희 1%의 탐욕과 부패를 더 이상 인내하지 않겠다"는 것이었다.

세계금융위기 초래한 1% '원흉'

이 1%는 골드만삭스, 씨티그룹, 뱅크오브아메리카BOA 등 월스트리트에 본사를 둔 초국적 거대 금융복합체를 가리킨다. 세계경제위기의 주범인 금융복합체들은 2008년 세계금융위기 당시 파산 위기로 내몰렸으나, 정부재정(=시민들의 세금)으로 조성된 수조 달러 규모의 구제금융 덕분에 살아남았다. 그러나 이 때문에 재정위기가 발생하자, 금융계는 '재정긴축'으로 복지 제도를 축소하고 부자 감세로 경제를 살리라고 선동했다. 물에 빠진 사람 구해줬더니 보따리 내놓으라고 대드는 격이다. 공화당과 티파티 같은 극우 단체가 이들의 혈맹이다.

금융복합체는 긴축의 명분으로 재정건전성이나 '민간경제 살리기' 등 허울 좋은 경제이론들을 내건다. 그러나 긴축은 전적으로 금융자본을 위한 조치다. 정부 지출이 늘어나 물가가 오르면 금융자본은 앉아서 손해를 볼 수 있다. 금융자본이 가장 싫어하는 것이 인플레이션이다.(예컨대 당신이 스마트폰이 100만 원인 시기에, '5년 뒤 100만 원을 돌려받는' 채권을 샀다고 가정하자. 말하자면 당신이 가진 채권은 '5년 뒤 스마트폰 1대'의 가치를 지니고 있는 것이다. 그러나 물가 인상으로 5년 뒤 스마트폰이 200만 원으로 올라버렸다면, 당신이 가진 채권의 가치는 '스마트폰 1/2대'로 줄어든다. 금융자본이 물가인상을 싫어하는 이유다.) 적절한 인플레이션은 경제성장을 촉진시키는 측면이 있는데도 그렇다. 이처럼 금융자본과 시민의 이익이 상반된다는 사실이 명확해지면서 1% 대 99%의 전선戰線이 그어졌다.

골드만삭스 등 금융복합체가 비약적으로 성장한 것은 미국의 제조업 경쟁력이 일본·독일 등에게 잠식된 1980년대 중반부터다. 당시 미국은 새로운 성장 동력으로 금융산업을 채택했다. 이에 따라 1990년대부터 미국에서는 금융기관을 대형화·겸업화하고 각종 규제를 허무는 작업이 정부와 민간 차원에서 전개되었다. 금융기관 인수합병의 광풍이 불었다.

1999년 클린턴정부는 대공황 이후 지켜왔던 상업은행과 투자은행 간의 장벽을 허문다. 이른바 겸업화다. 이를 주도한 인물이 골드만삭스 출신인 로버트 루빈 당시 재무장관과 로렌스 서머스 차관, 그리고 필 그램 상원의원이다. 그리고 루빈은 금융계로 돌아가 씨티그룹 회장이 된다. 서머스와 그램은 2000년 금융현대화법 제정을 주도해 파생금융상품 시장에서 대부분의 규제를 제거한다. 이후 그램은 헤지펀드의 컨설턴트가 되어 매년 수천만 달러를 벌어들이고 있다. 서머스는 재무장관과 하버드대학 총장을 거쳤으며, 오바마정부에도 참여했다. 이들이야말로 2008년 세계금융위기의 원인으로 지목되는 '금융기관 대마불사'와 '파생상품 탈규제'의 원흉이다.

이런 조치에 힘입어 2000년대 미국에는 직원 수만 명, 자본금 100억 달러 규모에 은행업(상업은행)과 증권업(투자은행)을 넘나들며 1조~1조5000억 달러 정도(자산)를 운용하는, 괴물 같은 금융복합체가 5개 등장한다.(한국의 2013년 GDP가 1조2000억 달러 정도다. 그리고 자산이 1조 달러라는 것은 해당 금융기관의 소유 재산이 1조 달러라는 것이 아니라 운용하는 돈이 1조 달러라는 의미다.) 골드만삭스·리먼브러더스·메릴린치·모건스탠리·씨티그룹이다.

그런데 한 금융기관이 1조 달러 넘는 돈을 운용한다는 것은 어떤 의미일까. 그것은 세계 금융시장에 대한 지배력을 갖는다는 걸 뜻한다. 마음만 먹으면 다른 나라 금융상품(주식이나 채권)의 가격

금융은 어떻게 세상을 바꾸는가

을 마음대로 올리고 내릴 수 있다. 경제규모로 세계 11~15위 사이인 한국의 코스피에 등록된 상장회사 전체의 시가총액이 2013년 말 1조 달러 정도였다. OECD 국가 중 폴란드, 체코 등은 그 절반 정도다. 한국 금융시장은 외국 투자자들이 10억 달러 정도만 빼내가도 출렁거린다. 즉, 미국의 금융복합체 등 초국적 거대 금융기관들은 한국 같은 나라들의 주식이나 채권을 대량 구매해서 가격을 올린 뒤 파는 방식으로 엄청난 수익을 올릴 수 있다는 의미다. 말하자면 초국적 거대 금융기관들은 단지 시장에 참여하는 것이 아니라 시장을 움직일 수 있다. '시장 참여자'가 아니라 '시장 지배자'다. 전세계 금융기관의 목표인 '대형화'의 진정한 노림수는 단지 '규모의 경제'가 아니라 '시장지배력 획득'인 것이다.

월스트리트가 강요한 삼중고

그런데 자본금이 100억 달러 정도밖에 안 되는 미국 투자은행들이 어떻게 그 100배인 1조 달러를 운용할 수 있었을까? 바로 규제 완화다. 어느 나라나 금융기관이 자본금보다 지나치게 많은 부채를 가지지 않도록 규제한다(건전성 규제). 자칫 부실해져서 망하면 국민경제에 막대한 타격을 줄 수 있기 때문이다. 그런데 미국은 2000년대에 극히 과격한 조치를 취한다. 골드만삭스 등 5대 투자은행에 대해서는 건전성 규제를 사실상 면제해준 것이다. 2004년 골드만삭스 CEO였던 헨리 폴슨의 강력한 로비로 이뤄진 어처구니없는 사태다. 헨리 폴슨은 2006년에는 재무장관까지 된다.

이런 조치를 통해 미국 금융자본은 엄청나게 돈을 빌려 극히 위험한 상품을 만들고 이에 투자하면서 막대한 수익을 거둬왔다. 금융위기 직전에는 미국 기업 전체 수익 중 40% 이상이 금융 부문에서 나오는 경이로운 성과를 거뒀다. 전세계적으로 상당수의 국가들이 미국처럼 금융산업을 집중 육성하는 길을 따라갔다. 한국이나 독일, 프랑스는 물론이고 아일랜드, 아이슬란드, 아라비아 반도의 토후국인 두바이도 금융허브 육성 대열에 뛰어들었다.

그런데 이런 금융산업이 주도하는 경제는 부유층에게는 유리하지만 노동자·서민에게는 굉장히 피곤한 체제다. 이 시스템에서 기업은 더 이상 생산 및 고용의 거점이 아니다. 단지 '금융투자의 대상'일 뿐이다. 월스트리트는 주식을 대량 매입해 기업 경영권을 획득한 뒤 구조조정으로 주가를 올려서 되팔아 높은 수익을 챙겼다. 이런 방식이 경제 전체에 확산되면서 기업 경영의 최대 목표는 '주가 올리기'가 되었다. 앞서 애플의 사례에서 이런 주주자본주의가 기업에 실제로 미치는 영향을 구체적으로 볼 수 있었다.

그래서 1980년대 이후 미국에서도, 정부가 집중 지원한 방위산업 및 IT 부문을 제외한 다른 제조업 부문의 경쟁력은 대체로 하향 곡선을 그어 동아시아와 유럽에 뒤처지게 된다. 한때 세계를 기술력으로 압도했던 GE나 GM은 제조업이 아니라 인수합병이나 금융 자회사로부터 대부분의 이익을 챙기게 됐다.

또한 노동자는 가급적 해고하는 편이 주가 올리기에 도움이 된다. 임금이 줄면 수익이 늘어나고 이에 따라 배당금도 많이 줄 수 있지 않겠는가? 더욱이 구조조정이나 인수합병이 활발해야 하는

금융은 어떻게 세상을 바꾸는가

주주자본주의 시스템에서 이에 방해되는 강력한 노동조합은 '절대 악'일 수밖에 없다. 그래서 GM처럼 노동조합과 정부를 상대로 양보를 요구하며 여차하면 공장을 옮기겠다고 협박하기도 한다. 이에 따라 노동권은 약화되고 일자리는 불안해진다. 임금 수준이 정체되거나 심지어 떨어지는 것은 너무도 당연한 일이다.

그런데 이렇게 대중이 빈곤해져 유효수요가 부족한 상황에서 미국 경제는 어떻게 지탱해왔을까. 역시 금융 부문에서 해법이 나왔다. 시민에게 대규모의 소비 대출을 실시한 것이다. 예컨대 씨티그룹은 2000년대 초반 '부유하게 사세요Live Richly'라는 슬로건을 내걸고 부동산 담보 대출에 주력했다.(같은 시기 한국에서는 신용카드 회사가 '부자 되세요'라는 광고 카피를 내세웠다.) 광고비로만 10억 달러를 지출했다. 이렇게 빌린 돈을 미국인은 주식과 부동산에 투자했다. 2000년대 초반의 닷컴 버블, 2000년대 중반 부동산 버블의 정체다. 그러나 금융위기 이후 미국 시민은 일자리는 없고, 투자한 돈은 잃고, 빚 독촉에 시달리는 삼중고를 겪어왔다. 한국에서도 무분별한 부동산대출 등으로 신용불량자와 하우스푸어가 무수히 늘어났으며, 세계 다른 나라에서도 상황은 비슷했다.

로비스트 3000명, 개혁 법안 막아

이로 인해 터진 세계금융위기 이후 집권한 오바마정권에게 금융개혁은 역사적 소명이었을 터이다. 선거운동 기간 동안 오바마는 급진적 금융개혁을 공약하기도 했다. 2010년 7월에는 대공황 이후 가장 강력한 금융 규제안으로 불리는 도드-프랭크 법안을 통과시켰다. 그러나 이로부터 1년여 지난 2011년 6월 『가디언』 기사에 따르면, 이 법안에 명시된 380개 규제조항 중 명확한 시행 방침이 확립된 것은 30개에 불과하다. 금융자본의 강력한 로비 때문이다. 미국 금융기관이 이 법안 발효 이후 의회에 투입한 로비스트는 무려 3000여 명으로 추산된다. 의원 1인당 로비스트 5명이 달라붙은 것이다.

사실 오바마 행정부 내부에는 금융위기 주범이 많이 있었다. 티머시 가이트너 당시 재무장관은 투자은행들의 사실상 대변인인 뉴욕 연방준비제도이사회 총재 출신이다. 미국 국가경제위원회 의장을 맡았던 로렌스 서머스는 금융기관 비대화와 탈규제에 누구와도 비견할 수 없이 공헌한 월스트리트의 1등 공신이다. 이런 서머스가 오바마의 경제자문위원으로 월스트리트 개혁을 지휘했다. 건전성 규제 철폐를 관철한 헨리 폴슨 골드만삭스 전 CEO도 오바마 경제팀에 큰 영향을 미쳐온 것으로 알려졌다. 이런 상황에서 개혁이 제대로 이뤄지리라 기대할 수 있을까?

이와 함께 대중의 공분公憤을 불러일으킨 것은, 금융기관의 범죄와 모럴 해저드였다. 골드만삭스는 내부 이메일에서 '쓰레기'라고 부른 위험한 파생상품을 '수익성 높다'고 선전하며 내다 팔았다. 그러면서 이 파생상품 가격이 떨어질수록 큰돈을 벌 수 있는 다른 금융상품에 투자한 것이 밝혀졌다. 이 밖에 뇌물, 분식회계 등 이루 헤아릴 수 없는 범죄 행위가 적발되었으나 기소된 금융인은 극히 드물다. 한국에서 있었던 키코 사태 역시 은행이 의도적으로 고객 기업을 속인, 사실상 사기라 할 수 있지만 아무도 처벌받지 않았다.

더욱이 월스트리트는 자신들의 이익은 절대 포기하지 않는 뻔뻔함을 보여줬다. 메릴린치는 수십억 달러 규모의 구제금융을 받은 직후인 2008년 12월 임직원에게 36억 달러에 달하는 보너스를 지급했다. 이 회사의 스탠리 오닐 회장은 1억6000만 달러의 퇴직금을 챙겼다. 모건스탠리는 금융위기 다음해인 2009년에도 임직원들에 대해 100억 달러 이상의 보너스를 책정했다. 민주당이 구제금융을 받은 금융기업의 보너스에 중과세하는 법안을 제출했으나 통과되지 않았다. 금융위기로 서민들이 집을 빼앗기고 거리로 내몰리는 상황에도 그렇게 만든 '원흉'은 승승장구한 셈이다. 이런 와중에 복지제도가 축소되는 등 시민들의 일방적인 내핍을 강요하는 재정긴축 압력이 전세계로 확산됐다.

신세대가 주도하는 계급 전쟁의 조짐

작가 데이비드 그레이버는 『가디언』에 기고한 글을 통해 "지금 신세대는 교육을 모두 이수한 뒤에 직업을 갖기는커녕 엄청난 규모의 부채를 감당해야 하는 운명이다. 사회는 이런 신세대를 패배자나 무뢰한으로 간주한다"라고 말했다. 이런 신세대의 반발과 도전이 '월스트리트 점령'이라는 것이다.

'월스트리트 점령'은 금융자본이 훼손하고 있는 민주주의 질서에 대한 반발이란 면에서 보면 민주화 운동이었다고도 할 수 있다.

30여 년 명맥을 이어온 금융자본주의가 한 일은 결국 1%의 이익을 위해 나머지 99%를 사회의 바닥으로 내몰아 '계급화'한 것이다. 지금은 사그라들었지만 '월스트리트 점령'은, 제2차 세계대전 이후 계급·계층 간 갈등이 좀처럼 표출되지 않았던 미국에서, 젊은이들이 주도하는 '계급 전쟁'의 가능성을 보여준 사건이다. 이는 결코 미국만의, 남의 이야기가 아니다.

금융은 어떻게 세상을 바꾸는가

2장

양적완화, 경기 회복을 위한 최후의 시도

2008년 세계금융위기 이후 지구 경제의 3대 주축국이라 할 수 있는 미국, 유럽연합, 일본은 모두 '양적완화'로 경기를 부양하려 시도했다. 미국과 유럽은 이미 지난 2009~2010년경부터 양적완화를 여러 차례 추진했다. 일본 역시 2013년 초부터 본격적인 양적완화에 돌입했다.

'통상적'인 경기부양 정책: 재정정책과 통화정책

그렇다면 양적완화란 무엇인가? 양적완화量的緩和에서 '양量'은 '통화(돈)의 양'을 의미한다. 완화緩和는, 문자 그대로 '푼다' 혹은 '늘린다'는 의미다. 즉, '통화의 양을 늘려' 경기를 부양하는 정책이 양적완화다.

그런데 곰곰이 생각해보면, 통화를 늘려 경기를 부양하는 정책은 그리 낯설지 않다. '통상적'으로 세계 각국 정부들은 경기가 침체되면 재정(확대)정책과 통화(팽창)정책으로 경기를 부양해왔다.

간단히 말하면, 재정(확대)정책은 정부 예산을 공공사업 등에 써서 수요를 일으키는 것이다. 민간에서 투자가 이뤄지지 않는 상황에서, 정부가 건설 등의 사업을 시작해 철강이나 시멘트 업체의 제품을 구입하고, 고용되는 노동자들에게 임금을 준다. 이렇게 정부 예산을 사용해 민간 부문으로 돈을 흐르게 해서 새로운 수요를 발생시키는 것이 재정정책의 목표 중 하나라고 할 수 있다.

이에 비해 통화(팽창)정책의 목표는 금리를 낮춰 시중에서 돈이 많이 돌게 하는 것이라고 할 수 있다. 금리가 내려가면 민간 경제 주체들은 그만큼 쉽게 돈을 빌려 투자나 소비에 사용할 것이다. 금리를 내리려고 선진국에서 가장 널리 사용하는 정책수단이 바로 '공개시장조작'이다. 이는 중앙은행이 시중은행이 보유한 국채 등을 일정한 규모로 사들이는 조치다. 그렇게 되면 중앙은행이 더 많은 국채를 보유하게 되는 대신 그만큼의 돈이 시중은행으로 들어간다. 시중은행은 돈이 늘어났기 때문에 더 많이 대출할 수 있고, 이에 따라 통화량이 늘어나면서 금리(돈의 값)가 낮아진다.

'이례적인' 경기부양 정책: 양적완화

그런데 세계금융위기 이후 미국, EU, 일본이 감행한 양적완화는 조금 전에 설명한 공개시장조작과 외형상 매우 비슷하다. 중앙은행이 민간 금융기관이 보유한 국채 등 채권을 매입하는 방법으로 돈을 방출했기 때문이다. 그러나 양적완화는 공개시장조작과 매우 다르다. 공개시장조작이 '통상적인' 경기부양 정책이었다면, 양적완화는 '이례적인' 경기부양 정책이었다. 왜 그런가?

공개시장조작 등 통화(팽창)정책의 목표는 금리인하라고 했다. 그러나 2008년 세계금융위기 직후 미국, EU, 일본의 정책금리는 이미 0%에 가까웠다. 말하자면 금리를 더 떨어뜨릴 수 없는, 매우 '이례적인' 상황이었다. 그럼에도 불구하고 중앙은행들은 연간 평균 1조 달러(유로) 규모의 막대한 국채(와 다른 채권)를 민간 금융기관으로부터 매입했다. 그만큼의 돈을 민간 금융기관들에게 마구 내보내면서 경기부양 효과를 노렸다. 선진국 중앙은행들은 금리를 더 떨어뜨릴 수 없다는 것을 알면서도, 왜 엄청난 규모의 돈을 풀었을까?

저축할수록 손해로 만들어라!

결론부터 말하자면, 조금 이상하게 들리겠지만, 금리를 더 떨어뜨리려고 했던 것이 맞다. 이미 금리가 0% 수준인데 더 인하시키려 했다? 이 수수께끼를 풀려면, '금리'라는 것을 좀 더 세부적으로 이해할 필요가 있다. 독자들의 이해를 돕기 위해 '금리'라는 용어만 계속 사용했는데, 위에서 '이미 0% 수준인 금리'는 이른바 '명목금리'다. 이에 비해 선진국 중앙은행들이 더 떨어뜨리려고 했던 '금리'는 '실질금리'라고 할 수 있다.

그렇다면 '명목금리'와 '실질금리'는 어떻게 차이가 날까? 예컨대 당신이 1000만 원을 연이율 20%로 은행에 예금했다고 치자. 그리고 이 시점에서 스마트폰 한 대 가격이 100만 원이라고 가정하자. 당신은 스마트폰 10대에 해당하는 돈을 저축한 것이다. 그리고 1년 뒤 당신은 원금과 이자를 합쳐 1200만 원을 받는다. 그런데 이 돈으로 스마트폰 12대를 살 수는 없다. 그동안 물가가 10% 올라 스마트폰 한 대 가격이 110만 원이 되었기 때문이다. 이 경우 당신이 살 수 있는 스마트폰은 11대(정확히는 10.9대)뿐이다. 스마트폰 10대의 값을 예금해서 받은 이자는 스마트폰 2대(20%)가 아니라 1대(10%) 값에 불과한 것이다. 즉, 물가인상을 고려하면 당신이 '실질적'으로 받은 이자는 20%가 아니라 10%다. 여기서 은행이 제시한 연이율 20%가 '명목금리'라면 10%는 '실질금리'다. 이처럼 실질금리는 명목금리에서 물가인상률을 뺀 수치라고 할 수 있다(실질금리=명목금리-물가인상률).

여기서 주의할 것은, 명목금리는 누구나 알 수 있지만(계약서 등에 표기되어 있으니까), 실질금리는 그렇지 않다는 것이다. 좀 심하게 말하면 실질금리는 사람들의 **마음속에** 있다. 예를 들어 명목금리가 연 20%인데, A씨가 앞으로 1년 동안 물가가 10% 오를 것으로 예상한다면 A씨의 실질금리는 10%다(실질금리 10%=명목금리 20%-물가인상률 10%). 그런데 A씨의 친구인 B씨가 이후 1년간 물가인상률을 30%로 예상한다면, B씨의 실질금리는 마이너스 10%다(실질금리 -10%=명목금리 20%-물가인상률 30%). 이른바 '마이너스 실질금리' 상태다.

　　　　　　　　　　　　　　　　금융은 어떻게 세상을 바꾸는가

이 경우, A씨와 B씨는 어떻게 행동할까? A씨의 경우, 다른 대안이 없다면 10%의 이자라도 받기 위해 예금할 것이다. 그러나 B씨는 그 돈을 예금하지 않고 소비(혹은 투자)할 가능성이 높다. 예금하면 가만히 앉아서 10%나 손해 보는 것이니, 그냥 뭐라도 사는 게 낫다. 이처럼 '마이너스 실질금리'는, 빌려주는(저축하는) 사람이 이자를 받기는커녕 빌리는(대출하는) 사람에게 돈을 지급하는 상황이다. 저축하면 무조건 손해다.

이제 양적완화가 '이례적인 경기부양 정책'으로 불리는 이유를 이해할 순서가 되었다. 경기침체란, 경제주체들이 투자도 소비도 하지 않는(=돈을 쓰지 않는) 상황이다. 그냥 저축(여기서 저축은 단지 '은행 저축'뿐 아니라, 돈을 투자하거나 소비하지 않고 그냥 보유하는 포괄적 상태를 의미한다)만 하고 있는 것이다. 이런 경제주체들이 돈을 쓰게 하려면, 앞에 나온 B씨처럼 만들면 된다. 즉, '실질금리가 낮기 때문에 저축할수록 손해'라고 생각하게 해야 한다. 그렇다면 실질금리를 어떻게 낮출 것인가? 우선 명목금리를 낮추는 방법이 있다.('실질금리=명목금리-물가인상률'이므로 명목금리가 낮아지면 실질금리도 떨어질 것이다.) 그런데 당시 선진국의 명목금리는 이미 0%에 가까웠다. 명목금리를 0% 이하로 낮출 수는 없다. 명목금리가 마이너스라는 것은, 은행에 예금을 했는데, 이자를 받기는커녕 오히려 '보관료'를 내야 하는 상황이다. 많이 예금할수록 많이 낸다. 엄청난 사회적 혼란이 일어날 것이다. 그렇게 되면 사람들이 예금 전액을 찾기 위해 은행으로 몰려가 사회 전반적으로 이른바 '뱅크런'이 발생할 것이고 이에 따라 금융 시스템 전체가 붕괴할 가능성도 있다.

그러니 경제주체들이 '앞으로 물가가 크게 오를 것'이라고 예상토록 하는 것이 훨씬 낫다. 앞에 나오는 B씨처럼 말이다.

양적완화로 엄청난 돈이 시중은행으로 들어가고, 이로 인해 은행들이 대출을 늘리다 보면, 사람들은 '이렇게 돈이 넘치니 앞으로 물가가 오르겠다'고 생각을 품을 것이고 그런 심리가 사회적으로 조성될 것이다. 많은 사람들이 큰 폭의 물가인상을 예상할수록 그들 마음속의 실질금리가 내려가면서 결국 돈을 쓰게 될 것이다. 이에 따라 투자 및 소비가 활성화되어 물가 역시 상승하는('물가인상 기대' 혹은 기대 인플레이션의 자기실현) 선순환이 이뤄지면서 경제가 디플레이션 국면을 탈출하는 것이 '양적완화'의 목표였다. 그래서 양적완화는 흔히 '경기부양의 최후 수단Last resort to stimulate the economy'으로 불린다.

실제로 선진국들이 실행한 양적완화 정책의 목표 중 하나는 인플레이션이었다. 2008년 금융위기 전후로부터 지금까지 디플레이션이 지속되고 있다. 가계는 소비하지 않고 기업은 투자하지 않으며 이로 인해 경기가 침체되고 물가는 제자리걸음을 하거나 심지어 떨어지는 국면이다. 가계, 기업 등 경제주체들 입장에서는 물가가 지금 수준으로 유지되거나 오히려 떨어질 때는 돈을 그대로 갖고 있는 것이 이익이므로 더더욱 돈을 쓰지(소비나 투자) 않는다. 그러나 인플레이션처럼 물가가 올라가는 상황에서는 돈을 그냥 가지고 있는 것 자체가 손해이므로(돈의 가치가 떨어지므로) 소비와 투자를 할 것이고 이에 따라 경기가 회복 국면에 진입할 수 있을 것이다.

그래서 미국 연준의 경우는, 2013년 말 1%에 미치지 못하는 물가인상률이 2.5% 이상으로 올라가고 실업률이 6.5% 이하로 떨어질 때까지 양적완화 정책을 지속시키겠다고 공언했다. 그러나 미국의 양적완화가 마무리되기 시작한 2014년 현재까지도 이 목표가 실현된 것 같지는 않다.

탈날 수 있는 독성 금융상품까지 매입하다

공개시장조작과 양적완화 사이엔 또 하나의 중요한 차이가 있다. 공개시장조작의 경우, 중앙은행이 사들이는 증권은 주로 국채다. 중앙은행은 원래 매우 안정적인(그 가치가 폭락할 위험성이 별로 없는 증권으로 국채가 대표적인 사례) 증권만 보유하는 것이 원칙이다. 그 이유는 다음과 같다.

중앙은행이 사들이는 증권은 중앙은행의 '자산'이 된다. 그리고 중앙은행은 이 '자산'에 기반해서 화폐를 발행한다. 만약 중앙은행의 자산이 불안정한 것이라면, 중앙은행이 발행하는 화폐 역시 불안정한 것으로 여겨질 수밖에 없다. 이는 최첨단 기술과 설비, 서울 강남의 부동산 등 든든한 재산을 가진 기업의 약속어음에 비해 가진 것이라곤 거액의 부채밖에 없는 부실기업의 약속어음이 환영받지 못하는 사정과 마찬가지다.(화폐는 중앙은행이 그 화폐를 가지고 있는 사람들에게 지고 있는 부채라고 할 수 있다.)

그런데 미국의 중앙은행인 연준은 양적완화 과정에서 엄청난 양의 '독성 금융상품'도 매입했다. 2008년 금융위기 이전에 대량으로 발행되었다가 대대적인 부도 사고를 일으켜 세계금융위기를 촉발한 모기지담보부채권MBS 등 파생금융상품(일종의 채권)들 말이다. 민간 금융기관들은 이 MBS를 대량으로 안고 있으나 팔지도 못하는 상태였다. 거래가 안 되므로, 그 가격 역시 매우 낮거나 심지어 책정 자체가 불가능했다. 그런데 양적완화 과정에서 미국 연준은 이런 MBS까지 높은 가격으로 매입해줬던 것이다.

이렇게 되면 민간 금융기관들의 경우, '악성 자산'인 MBS 대신 현금을 보유하게 되면서 재무 상태가 개선될 수 있다. 재무 상태가 개선되면 대출을 늘려 경기부양에 기여할 여력도 생긴다. 더욱이 중앙은행이 은행 보유 MBS를 사주면 그만큼 시중에 있는 MBS 양이 줄어들면서 그 가격이 오를 수도 있다. 또한 이런 식으로 MBS 가격이 오르면, 침체된 금융시장과 부동산시장이 다시 활성화될 수 있다는 기대도 깔려 있었다. 그러나 한 나라의 중앙은행이 앞으로 어떻게 될지 모르는 MBS 같은 '독성 금융상품'을 자산으로 대량 보유한다는 것은 그만큼 해당 중앙은행과 통화(예컨대 달러)에 대한 신뢰도를 떨어뜨릴 수 있다.

미국 국채의 가치

한편 중앙은행들이 양적완화의 수단으로 국채를 매입하는 이유는 무엇일까? 국채는 양적완화뿐 아니라 국가의 금리정책에서 대단히 중요한 지위를 차지하고 있다. 특히 미국의 국채인 재무부채권은 금융상품의 세계에서 대단히 특이한 역할을 하는 상품이니만큼 그 역할을 잘 이해할 필요가 있다.

어떤 재화든 수요가 증가하면 가격이 상승하는 경향이 있다. 이는 국채 같은 금융상품에서도 마찬가지다. 연준이 양적완화 과정에서 민간 금융기관으로부터 미국 국채를 집중적으로 사들였다는 것은 이미 여러 차례 서술했다. 연준은 2012년 말부터는 매달 850억 달러 규모의 증권을 민간 금융기관으로부터 매입했는데(3차 양적완화), 이 중 60% 정도가 재무부채권(미국 국채)이었다. 이렇게 국채를 사들이는 이유 중 하나는 국채의 가격을 올리기 위해서다. 국채 가격을 올리면 시중금리는 내리는 경향이 있다. 그 메커니즘을 알아보자.

국채는 국가가 돈을 빌리는 대신 주는 증서다. 정부는 국채를 발행·매각할 때 원금과 함께 어느 정도의 이자를 만기일까지 줄 것인지 미리 기입해놓는다. 국채를 갖는다는 것은 만기일까지 원금과 미리 정해진 이자를 받을 권리를 보유하는 의미다. 만약 당신이 어떤 회사의 주식을 사는 경우, 10만 원에 주식을 샀는데 팔 때는 5만 원일 수도 있고 20만 원일 수도 있다. 그러나 국채는 만기일에 받을 수 있는 돈의 규모가 처음부터 정해져 있다.

이처럼 '받을 돈'이 결정되어 있는 반면, '국채가 시중에서 거래되는 가격(국채 가격)'은 시장 상황에 따라 계속 변한다. 그래서 '국채수익률'도 계속 변한다. '국채수익률'이란 국채를 샀을 때 어느 정도의 수익을 올릴 수 있는지를 수치로 나타낸 것이다. 국채를 10만 원에 샀는데, 만기일에 정부에게 받기로 '정해져 있는' 돈(이자와 원금)이 14만 원이라면, 국채수익률은 40%다(4만 원/10만 원×100). 그런데 국채에 대한 수요가 줄어 국채 가격이 10만 원에서 8만 원으로 떨어졌다면, 국채수익률은 40%에서 75%로 올라간다(수익금이 6만 원이므로 6만 원/8만 원×100). 그러나 국채 가격이 10만 원에서 12만 원으로 상승하면, 국채수익률은 16.7%로 떨어진다.(2만 원/12만 원×100) 참고로 여기서 든 사례는 계산의 편의를 위해 일부러 수익률을 높게 잡은 것으로 실제 국채수익률은 이보다 훨씬 낮다.

즉, 국채 가격이 오르면 국채수익률은 떨어진다. 반대로 국채 가격이 내리면 국채수익률은 올라갈 것이다. 중앙은행이 국채를 대량 매입하는 직접적 이유는, 국채 수요를 증가시켜서(국채 가격을 올려서), 국채수익률을 하락시키는 것이라고 할 수 있다. 왜냐하면 이 '국채수익률'을 최저 기준으로 해서 다른 모든 이자율이 형성되기 때문이다.

국채의 채무자는 국가다. 그리고 적어도 국가가 빌린 돈을 떼먹지는 않을 것이라고, 절대 다수의 시민들은 믿는다. 그러므로 국가에 돈을 빌려주고 받는 이자는, 다른 경제주체(돈을 떼먹을 위험이 있는)에게 빌려주고 받는 이자보다 현격히 낮아야 한다. 특히 미국은 세계 최강대국이며 기축통화인 달러를 발행하는 국가다. 그렇다면 미국 정부가 돈을 빌리기 위해 발행하는 국채는 세계에서 가장 믿을 만한 금융상품이고, 이에 투자하고 얻을 수 있는 금융수익 역시 세계에서 가장 낮아야 마땅하다. 그렇기에 예컨대 미국 정부가 발행한 국채를 사서(미국 정부에 돈을 빌려줘서) 얻을 수 있는

금융은 어떻게 세상을 바꾸는가

수익률이 2%라면, 다른 선진국에 빌려주는 경우엔 3~4%, 초국적 대기업엔 6~7%, 중소기업엔 20%라는 식으로, 일종의 '금리 피라미드'가 형성된다고 상상해볼 수 있다. 그런데 미국 국채의 수익률이 내려간다면 다른 금융 수익(혹은 이자율)도 자동적으로 떨어질 것이다. 연준이 미국 국채를 사들인 이유다. 사회 전반적으로 이자율을 내려 경기를 부양하려 한 것이다.

한편 국채를 사서 낼 수 있는 수익(국채수익률)이 작아야, 민간의 경제주체는 국채를 사지 않고 주식이나 기계설비, 고용 등 실물경제 부문으로 돈을 돌릴 것이다.

요약하자면 양적완화는 시장이자율을 낮추고 실물 경기와 주식시장을 부양하기 위한 정책으로도 정리할 수 있다.

자국 돈의 가치를 낮추기 위하여

양적완화에는 한 가지 이유가 더 있다. 양적완화로 통화량이 늘어나고 시장금리가 아주 낮은 수준으로 되면, 그 통화의 가치는 다른 나라 돈에 비해 떨어질 수밖에 없다. 예를 들어, 시장금리가 2% 수준인 A국과 5% 수준인 B국이 있다고 치자. 만약 국가간 자금이동이 자유롭다면, A국 사람들은 자국에서 금리 2%로 돈을 빌려 금리 5%인 B국의 은행에 예금하거나 증권에 투자할 것이다. 그렇게 하려면 우선 A국 통화로 B국 통화를 사야 한다. 반면 B국 사람들은 A국에 예금하거나 투자하지 않을 것이다. 이에 따라 'A국 통화 팔자, B국 통화 사자'의 흐름이 만들어지면, A국 통화는 가치

가 하락하고 B국 통화는 가치가 올라간다. 이렇게 되면 양적완화
가 시행된 A국에서는, 수출품 가격은 떨어지고 수입품 가격은 올
라 국제수지를 개선할 수 있다. 즉, 양적완화는 자국 통화가치 절
하로 수출을 늘려 국내 경기를 부양하는 전략이기도 한 것이다.
2013년 시작된 일본의 아베노믹스 정책은 양적완화로 인한 수출
증대의 효과를 잘 보여주었다.

3장

그 많은 돈은
어디로 가버렸을까

앞 장에 서술했다시피, 미국 연준의 양적완화 목표는 '물가인상률 2.5% 이상' 그리고 '실업률 6.5% 이하'를 달성하는 것이었다. 이렇게 경기가 호전될 때까지 양적완화를 계속 추진하겠다고 했었다. 두 목표는 일맥상통한다. 물가가 어느 정도 올라야 경기가 활성화되어 실업률이 내려갈 것이기 때문이다.

그런데 2013년 말, 대충 마무리된 미국 양적완화의 성과는 어땠을까? 결론부터 말하자면, 대공황Great Depression은 막았으나, 세계 경제를 '침체'에서 탈출시킬 정도로 성공적이지는 못했다는 평가가 많다. 물론 미국의 중앙은행인 연준은, 그동안의 양적완화가 일정한 성과를 거뒀다고 자평하며 2014년 초부터 채권매입(=통화팽창) 규모를 계속 줄여나가기로 했다. 그러나 외부의 평가는 많이 다르다. 더욱이 양적완화를 축소시키는 과정에서 그동안 세계 경제의 견인차 노릇을 했던 이머징마켓들에게 엄청난 경제적 타격을 가할 가능성도 조심스럽게 제기되고 있다.

그 많은 돈은 어디로 가버렸을까?

미국 양적완화의 최대 수혜자는 대형 금융기관들이다. 양적완화로 금리가 아주 낮은 상태로 유지된다는 것은, 금융기관에겐 '자금을 싸게 빌려 고수익이 기대되는 부문에 투자할 수 있다'는 의미다. 쉽게 말하자면, 밑천 안 드는 장사다.

양적완화의 원래 취지는, 금융기관들이 미국 시민들에게 대출을 많이 하게끔 해 경기를 회생시키는 것이었다. 그러나 미국이 양적완화로 자국의 경기부양이라는 성과를 거뒀는지에 대해서는 회의적이다. 이미 봤듯이 양적완화의 가장 기본적인 가정 중 하나는 유동성(자금)을 공급하면 은행이 다시 민간에 대출하고 이에 따라 경기가 살아날 것이라는 믿음이다. 그러나 미국의 경우만 봐도 이런 선순환은 이뤄지지 못했다.

미국 매사추세츠대학 정치경제연구소의 로버트 폴린 교수가 발간한 『완전고용으로의 회귀Back to Full Employment』에 따르면, 미국이 양적완화를 실시하여 늘어난 자금은 대형 은행과 대기업 사이에서만 돌아다녔을 뿐 서민경제에는 거의 도움이 되지 않았다. 예컨대 사실상 은행과 대기업을 뺀 중소기업과 자영업이라 할 수 있는 '비법인 기업non-corporate business'이 은행으로부터 빌린 자금 규모는 2007년 5260억 달러에서 2009년 말 '마이너스 3460억 달러'로 약

9000억 달러(미국 GDP의 6%) 정도 줄었다. 양적완화가 두 차례나 시행된 2011년 말에도 비법인 업체 부문의 대출 규모는 사실상 0 달러였다. 유동성은 크게 늘어났지만 그 대부분은 서민경제 부문으로 흘러가지 못한 것이다. 양적완화의 당초 취지는 실패했다고 보는 것이 옳다.

그렇다면 그 많은 돈은 어디로 가버린 것일까? 우선 상당량은 은행들이 그냥 쥐고 있다. 2012년 1월 현재, 미국의 은행이 보유한 준비금Reserve Holdings(예금 등 은행의 부채 지급을 위해 보유하는 현금성 자산)이 무려 1조6000억 달러에 달한다. 세계금융위기 직전인 2007년엔 200억 달러에 불과했다. 은행들은 연준이 공급한 돈을 서민에게 대출하는 대신 그냥 가지고 있었던 것이다.

그 나머지는 어디로 갔을까? 해외로 나갔다. 금융기관 입장에서는 투자수익률이 낮은(앞 장에서 설명했다시피, 연준은 국채수익률을 낮춰 은행 이자 등 미국의 각종 금리를 낮게 유지하려 했다) 미국 내에서 자금을 운용할 필요가 없었다. 그러나 밖에는 비록 안전하진 않지만 높은 수익률을 약속하는 이머징마켓이 있었다. 이런 나라의 주식이나 채권에 투자한 것이다. 미국의 금리가 낮으므로, 본국에서 싸게 빌려 수익률 높은 외국에 투자하면 꽤 큰 재미를 볼 수 있었다. 덕분에 미국의 양적완화가 지속되던 5년(2009~2013년) 동안 이머징마켓 국가들의 주식·채권 시장은 활황을 누렸다. 이 나라들의 통화가치도 치솟았다.

이런 흐름이 바로 2008년 금융위기 이후에도 세계 금융시장이 활황을 누렸던 속사정이다. 세계 경제의 성장률이 역사적 평균 이

하인 상황에서도 금융시장만은 꿋꿋하게 전진했다. 미국의 양적완화 5년은 세계 경제가 '금융 거품'을 버팀목으로 버틴 기간이었다고 할 수 있다. 2008년 세계금융위기의 주범인 미국 대형 금융기관들이, 위기 해결을 위해 정부가 뿌린 돈을 다시 투기에 사용하면서 또 하나의 지구적 리스크를 만들어놓은 것이다.

테이퍼링(양적완화 축소)의 개시

미국 연준은 2013년 5월부터 양적완화 축소 및 졸업을 언급하기 시작한다. 그동안 목숨이 위태로웠던 환자에게 제공했던 산소호흡기를 서서히 떼어내겠다는 소리였다. 의사(연준)가 볼 때 환자(미국 경제)의 건강이 많이 호전되었기 때문이다. 이 언급만으로, 엄청난 규모의 자금이 이머징마켓에서 빠져 나갔다. 이머징마켓들은 통화가치와 주식시장 지수가 폭락하는 일대 혼란을 겪었다. 그러자 연준은 특별한 기한을 두지 않은 채 '양적완화를 당분간 지속할 것'이라는 립서비스를 보내기도 했다. 그러다 연준은 2013년 12월 18일에 '양적완화 축소' 방침을 공식적으로 확정·발표했다.

그러나 연준의 발표는 매우 애매해서 다양한 의미로 해석될 수 있었다. 결론부터 말하자면, 양적완화의 축소 규모와 종료시점(2014년 연말)은 확정된 것이 아니다. 경제 상황에 따라 얼마든지 변동될 수 있다. 당시 버냉키 연준 의장이, 이후의 미국 경제실적에 따라 '양적완화 축소'를 조정하겠다고 덧붙이기도 했다. 즉, 미국의 실업률이 2014년에도 7~8%에 머물거나 심지어 올라가는 경우엔 양적완화 축소(졸업) 결정을 철회할 수도 있다. 물론 목표 실업률인 6.5%를 조기 달성한다면, 양적완화를 더 빨리 종료할 수도 있을 것이다.

또 연준은 양적완화 축소와 별도로 정책금리를 0~0.25%(2013년 12월 말 현재 0.25%)로 유지하겠다고 발표했다. 설사 실업률이 6.5%까지 내려갈 정도로 경기가 개선되어도 초저금리 정책은 당분간 밀고 나간다는 것이다. 그동안 국내에서 싸게 빌려 수익률 높은 이 머징마켓에 투자하는, '밑천 안 드는 장사'를 해온 금융기관들에 겐 대단한 복음이다. 양적완화 축소 발표에도 불구하고 당시 주가지수가 오히려 폭등했던 것은 이 때문으로 보인다. 이미 여러 차례 언급했다시피, 양적완화는 사실상 금융 거품을 조성해 대형 금융기관들의 수익을 보장해준 정책이기도 했다. 이 기조 자체는 계속 유지하겠다고 연준이 선언한 것이다.

대규모 경기침체의 시대로

그러나 심각한 문제가 있다. '미국 경제가 정상화되기 시작해서 양적완화를 축소한다'는 연준의 시각과 달리 경기침체가 계속되고 있다는 것이다. 예컨대 2013년 7월 11일자『파이낸셜타임스』의 '렉스' 칼럼(국제금융시장의 흐름을 매일 칼럼 형식으로 게재)에 따르면, 기업들은 오히려 점점 더 투자를 줄이고 있다.

"글로벌 차원에서 기업들은 4조 달러 규모의 현금을 보유하고 있으나 자본지출(투자)은 기피하는 실정이다. S&P 자료에 따르면,

글로벌 설비투자 규모capex는 2000년대 중반엔 두자리 수의 비율로 성장했으나 (2008년) 세계금융위기 때부터 정체되었다. 그런데 2013년부터는 설비투자 규모가 오히려 떨어지기 시작했다. 2013년엔 1.5% 정도 빠질 것으로 보이는데 2014년엔 5%까지 떨어질 수 있다."

더욱이 미국의 전 재무장관인 로렌스 서머스가 연준의 얼굴에 재를 뿌리기도 한다. 그는 2013년 11월 국제통화기금 연례 콘퍼런스에 참석해서 미국 등 선진자본주의 국가들이 '영속적 경기침체secular stagnation' 국면에 빠져들었다고 일갈했다. 여기서 '영속적'이라는 형용사가 의미하는 바는, '경기침체'가 자본주의(혹은 시장경제)의 일시적 질병이 아니라 체질, 즉 '정상적normal'인 상태로 자리잡았다는 이야기다. 연준이 '미국 경제가 정상화되기 시작했다'고 말하는 상황에서, 서머스는 '경기침체가 지속될 것이며 심지어 일상적인 상태가 될 것'이라고 말한 셈이다. 더욱이 서머스에 따르면, 양적완화는 소기의 목적을 달성하지 못했다. 미국과 일본의 경우에서도 양적완화를 통해 아무리 통화량을 늘려도 물가는 좀처럼 올라가지 않았다.

무서운 이야기다. 양적완화 같은 '이례적' 수단으로도 '경제 살리기'에 실패했다는 소리니까! 이는 자본주의 시장경제에 대한 근본적인 회의로 연결될 수도 있다. 자본주의 시스템이 스스로는 충분한 고용과 경제성장률을 달성할 수 없는 '불구의 시스템'일지도 모른다는 회의 말이다.

그래서 이에 대한 서머스의 대안은 대규모 재정투자다. 국가가,

금융은 어떻게 세상을 바꾸는가

민간에서 투자(소비)하지 않고 저축해둔 돈을 국채 발행 등으로 빌려 사회기간시설과 바이오메디컬 등 첨단산업에 투자하는 방안이다. 이렇게 하면 수요가 늘어나는 건 물론이고 사회 전체적으로 생산성이 올라가 이후의 경기상승을 이끌어낼 수 있다. 더욱이 "지금처럼 정부가 (사실상) 마이너스 이자율로 돈을 빌릴 수 있는 시기에 대형 공공투자를 기피하는 것은 미친 짓"이라는 게 그의 생각이다.

물론 국가부채는 더욱 비대해질지도 모른다. 이에 대해 서머스는 "경기침체의 정도로 볼 때, 미국 경제에서 재정 팽창이 위험하다는 것은 나에게 다이어트가 위험하다는 것과 비슷한 이야기다"라고 농담을 하기도 했다. 서머스는 굉장히 뚱뚱한 편인데, 일단 살을 빼고 봐야지 다이어트로 인한 건강 악화 등을 운운하는 것은 지금 의미가 없다는 이야기다. 이렇게 보면 국가의 경기부양 정책(재정지출, 통화량 팽창)은 '필요악'이 아니라 '필수선善'인 셈이다.

여러 평가들을 종합해볼 때 미국의 양적완화 정책은 지난 5년간 금융거품을 일으키면서 단기적 경기부양엔 성공했으나 실물경제 부문의 활력은 더욱 떨어뜨리고 말았다. 이에 따라 금융시장이 어떻게 활황이 되든 불황이 되든 상관없이 세계 경제의 장기 침체 국면은 계속될 것으로 보인다. 결론적으로 양적완화는 대공황Great Depression은 막았지만 '대규모의 경기침체Great Stagnation'는 막지 못한 채 마무리되고 있는 것이다.

4장

앞으로 10년,
새로운 질서가 온다

연준의 양적완화 축소(종료) 선언은, 이머징마켓에도 큰 충격을 줄 것이다. 이는 1990년대 이후 브릭스(브라질·러시아·인도·중국)로 대표되는 이머징마켓이 이끄는 구조였던 세계 경제 시스템이 다시 '대전환기'를 맞았다는 의미이기도 하다.

양적완화와 이머징마켓의 원동력

지난 20여 년 동안 이머징마켓의 성장은 실로 눈부신 것이었다. 『이코노미스트』에 따르면 1990년대에 세계총생산 중 이머징마켓의 비중은 3분의 1(구매력 기준)에 미치지 못했다. 그러나 2013년에는 그 비중이 절반 정도에 달했다. 이런 급성장 추세에 따라 세계의 돈이 안정적인 선진국보다 불안하지만 급속히 성장하는 이머징마켓으로 몰리기도 했다. 특히 2010년 이후 이머징마켓의 금융시장이 호경기를 누렸던 것은, 미국과 유럽연합이 각각 수조 달러(유로) 규모로 시행하고 있었던 '양적완화' 덕분이다.

그러나 양적완화가 종료되면, 자금의 흐름이 기존의 '선진국⇒이머징마켓'에서 '이머징마켓⇒선진국'으로 반전될 수밖에 없다. 그동안 미국은 양적완화를 통해 '국채 매입⇒국채 가격 상승⇒국채수익률 하락⇒시중금리 인하'를 실현시켜왔다. 양적완화가 축소된다면, '국채 수요 하락⇒국채 가격 하락⇒국채수익률 상승⇒시중금리 상승'의 메커니즘이 작동될 것이다. 미국 금리가 오른다는 이야기다. 실제로 미국의 국채수익률은 '양적완화 규모 축소' 이야기가 나오던 2013년 5월 초 1.6% 정도에서 3% 수준으로 급격히 올라 세계금융시장을 놀라게 했다.

이런 경로로 미국 금리가 오르면, 투자자들이 다른 나라에 묻어뒀던 돈을 미국에 투자하기 위해 달러화로 바꾸려 할 것이고 그러면 달러화 수요가 많아져 달러 가치 역시 높아지게 된다. 투자자 입장에서는, 미국의 금리가 오르는 경우, 더 이상 위험한 이머징마켓에 돈을 묻어둘 유인이 작아진다. 그래서 투자자들이 자금 회수에 나서면서 이머징마켓에서 돈이 빠져나가고 있는 것이다.

외환위기란 무엇인가

해외 투자자들의 철수는 통화가치 하락을 가져온다. 투자자들이 이머징마켓의 주식과 채권을 대량으로 판 뒤 그 돈을 달러로 바꾸기 때문이다. 예컨대 미국 투자자가 터키의 주식을 팔면 터키 주가는 하락한다. 투자자가 미국으로 돌아가려면, 터키 주식을 팔고 회수한 리라(터키 화폐 단위)를 달러로 바꿔야 한다. 이는 '리라 팔자-달러 사자'이므로, 리라 가치는 떨어지고 달러 가치는 높아진다. 또한 투자자가 터키 국채를 매각하면 터키의 국채 가격은 떨어지고 이에 따라 국채수익률은 상승해서 시장의 각종 이자율 인상으로 이어진다. 이렇게 되어 대다수 이머징마켓은 갑작스러운 주가 하락, 통화가치 하락, 이자율 상승이라는 삼중고를 당한다. 더욱이 상당수 이머징마켓의 가장 큰 수입원은 원자재 수출인데, 원자재 가격마저 '세계의 공장'인 중국 경제의 부진으로 앞으로 크게 떨어질지 모른다.

이 같은 통화가치 하락은 매우 위험하다. 인도·터키·남아프리카 공화국처럼 경상수지 적자가 큰 나라들의 경우, 외환위기가 발생할 수도 있다.

외환위기란, 한마디로 해외에 지급해야 할 외환이 모자라다는 이야기다. 설명상 편의를 위해 터키를 놓고 이야기해보자. 터키가 외환을 거래하는 경우는 크게 두 가지다. 하나는 무역이다. 터키의 기업이 상품을 수출한 대가로 외환(이를테면 달러화)을 받는 것이다. 물론 터키 기업이 미국 기업의 상품을 수입할 때는 이를 달러화로 지급해야 한다. '받는 달러'가 '주는 달러'보다 많으면 무역수지 흑자고, 그 반대의 경우는 무역수지 적자다.

또 하나는, 예컨대 미국 투자자가 터키 정부가 발행하는 국채나 터키 기업의 주식을 매입하는 경우다. 이 경우 미국 투자자는 터키

은행 등을 통해 달러화를 터키의 리라화로 바꾼(달러화를 팔고 리라
화를 산다) 다음 터키 주식이나 국채를 산다. 터키의 은행 입장에서
는 리라화를 주고 달러화를 산 것이 된다. 반대로 터키 투자자가
미국 주식을 매입할 때는 먼저 은행에 리라화를 팔고 달러화를 사
야 한다. 이런 식으로 '해외에서 터키에 투자한 돈'이 '터키에서 해
외에 투자한 돈'보다 많으면 터키로서는 '자본수지 흑자'고, 반대
의 경우엔 '자본수지 적자'다.

그리고 터키 중앙은행은 이런저런 이유로 달러화 등 외화를 보
유한 터키 기업이나 은행에게 리라화를 주고 달러화 등을 사들인
다. 이런 과정을 거듭하다 보면 터키 중앙은행엔 달러화 등 외화가
쌓일 것이다. 이렇게 중앙은행에 비축된 외화를 '외환보유고'라고
한다. 터키의 민간 기업이 많은 달러화를 가지고 있다고 해서 그것
이 곧 터키의 '외환보유고'인 건 아니다. 중앙은행이 민간 기업의
외환을 매입해 비축하고 있는 것만을 외환보유고라고 부를 수 있
다.

그런데 터키는 무역수지 적자국이다. 나라 전체적으로 무역 관
계에서는 '받는 달러'보다 '줘야 하는 달러'가 더 많다는 이야기다.
즉 다른 나라에 물건을 팔아 얻은 달러로, 다른 나라에서 산 물건
의 대가를 치를 수 없다. 그러나 해외에서 투자 목적으로 들어온
달러화가 있다. 이 덕분에 터키는 무역 부문에서 모자란 달러를 보
충할 수 있었다. 이를 흔히 '경상수지 적자를 자본수지 흑자로 메
운다'고 표현한다. 인도, 터키 등 무역수지 적자국들은 선진국의
양적완화로 활발해진 투자로 들어오는 외환이 있었기에 국가부도

를 내지 않고 버텨왔다. 그런데 이렇게 외환을 퍼올려 주던 펌프(선진국의 양적완화)가 서서히 작동을 멈추어가는 중인 것이다. 만약 경상수지와 자본수지를 통틀어 해외에 지급할 외환을 융통할수 없게 되면 그 나라는 이른바 국가부도 상태에 이르게 되어 외국과의 어떤 금융거래도 불가능한 상황에 빠진다.

이런 국가부도를 차단하려면, 이머징마켓들은 어떻게 해서든 자국 통화가치의 절하를 중단시켜야 한다. 이머징마켓엔 수출경쟁력이 높은 상품이 많지 않으므로 가까운 시일 내에 무역수지에서 흑자를 거두기는 힘들다. 그렇다면 자본수지에서 흑자를 올려야 하고 이를 위해서라면 어떻게든 해외 투자를 유치해야 한다. 그러나 통화가치가 계속 내려간다면, 해외 투자자들은 점점 더 투자를 망설이게 될 것이다.

예를 들어 환율이 '1달러=2리라'일 때 주당 가격이 100리라인 터키 주식 100주를 매입하려면 모두 5000달러(1만 리라)가 필요하다. 주가에 변화가 없다면, 보유 주식을 팔아 받은 1만 리라를 다시 5000달러로 환전해 미국으로 돌아가면 된다. 그러나 '1달러=4리라'로 터키 통화가치가 폭락해버리는 경우, 보유 주식을 팔아 1만 리라를 확보해도 환전하면 2500달러밖에 안 된다. 앉아서 손해보는 장사다. 그러므로 이머징마켓 국가들이 해외의 투자를 계속받으려면 통화가치를 유지해야 하는 것이다. 만약 무역수지 적자인 상황에서 해외로부터 투자 형식의 달러까지 들어오지 않으면, 나라 전체 차원에서 해외로 줄 달러가 바닥나는 외환위기가 불가피하다.

통화가치를 유지하려면, 그동안 쌓아둔 외환보유고(주로 미국 국채 등 달러화 표시 채권으로 구성되어 있는) 중 일부를 팔아 달러를 마련한 뒤 이 돈으로 자국 통화를 매입하는 방법이 가장 쉽다. 그 결과 『파이낸셜 타임스』에 따르면, 2013년 7월 한 달 동안 이머징마켓의 외환보유고는 에콰도르에서 8%, 카자흐스탄과 쿠웨이트에서 6%, 인도네시아에서 5.5%나 줄어들었다. 특히 터키의 외환보유고는 2013년 들어 15%나 감소했다.

20년을 풍미한 자본주의 핵심 구조의 종언

같은 시기 브라질은 헤알화 가치를 유지하기 위해 550억 달러를 외환시장에 퍼붓기로 했다. 이를 위해 심지어 헤알화를 사는 외국 투자자에 대해 이후 헤알화 가치가 떨어지면 이전 가격으로 다시 사들이겠다는 파격적인 조건까지 제시했다. 건설회사가 부동산 구매자에게 시세가 떨어지는 경우 이전의 가격으로 되사겠다며 아파트 매입을 권유하는 것과 같다.

이런 사정들 때문에 '개도국발發 세계금융위기설'이 조심스럽게 제기되기도 했다.

하지만 1980년대 남미나 1997년 동아시아 같은 외환위기에는 이르지 않으리라는 낙관론도 많다. 무엇보다 이머징마켓 국가들이 확보한 외환보유고가 당시에 비하면 상당히 크기 때문이다. 예컨대 인도의 외환보유고는 1991년 위기 당시엔 15일 정도 버틸 수준이었는데 지금은 6~7개월까지 가능하다는 것이다. 그러나 이 방법은 지속 불가능하다. 어쨌든 이들 나라의 외환보유고에도 바닥이 있기 때문이다.

외환위기가 일어나지 않는다 해도 앞으로 이머징마켓의 영향력이 급격히 줄면서 세계 자본주의 시스템은 크게 변화될 수밖에 없을 것이라는 전망이다. 이 같은 이머징마켓의 쇠퇴는 짧게는 지난 10년, 길게는 지난 20년을 풍미한, 이 같은 세계 자본주의 체제의 핵심 구조가 사실상 수명을 다했다는 걸 의미한다. 향후 10년은 '새로운 질서'가 만들어지는 시기가 될 것이다.

5장

만약 미국이
부도가 난다면

　어느 날 갑자기 이 세상에서 모든 철강이 사라져버린다면? 단언컨대 세계는 아수라장이 될 것이다. 우리가 사는 아파트는 물론이고 자동차·지하철 등의 교통수단, 컴퓨터, 주방기구에 이르기까지 어떻게 보면 세상은 철로 이루어져 있으니까.

　그런데 이와 비슷한 일이 실제로 발생할지도 모를 상황이 있었다. 국가·개인·기업이 서로 돈을 빌리고(투자받고) 빌려주는(투자하는), 지구적 자금의 흐름이 갑자기 단절되는 사태다. 이런 일이, 지난 2013년 10월 16일, 정말 터질 뻔했다. 이날, 미국 정부의 부도가 선언될 예정이었기 때문이다.

세계에서 두 나라만 있는 정부부채 한도

　미국 재무부는 미국 정부의 재산을 관리하는 부서다. 국채를 발행해서 국내나 해외에 팔고(돈을 빌리고), 이에 대한 원금과 이자를 갚는 것도 재무부 소관이다. 2013년 10월 17일은 미국 재무부가 그동안 빌린 돈을 더 이상 상환하지 못하게 되는 날이었다. 그 시점에서 재무부가 보유한 돈보다 줘야 하는 돈이 훨씬 많아지기 때문이다. 물론 이런 경우에는 다시 국채를 발행하고 매각해서 빚 갚는 데 필요한 돈을 마련하면 된다. 세계의 모든 정부가 그렇게 한다. 그러나 미국은 그렇게 못 한다. 미국에는 이른바 '정부가 빌릴 수 있는 돈의 총액'(2013년 10월 10일 현재 16조7000억 달러), 즉 '정부부채 한도debt ceiling'라는 제도가 있기 때문이다.(세계에서 미국과 덴마크만 이 제도를 시행한다.) 이는 개인으로 따지면 '신용카드 한도액'과 비슷하다. 예컨대 당신이 신용카드로 300만 원까지 대출할 수 있는데 이 '한도'를 올리려면 카드사의 심사를 다시 받아야 한다. 마찬가지로 재무부가 부채 상환용 자금을 빌리려면 '정부부채 한도'를 올려야 하는데, 이에는 미국 의회의 승인이 필요하다. 문제는 미국 의회(공화당이 다수를 차지한 하원)가 이를 거부했다는 것이다.

정부부채 한도제가 미국에 도입된 것은 1917년이다. 제1차 세계대전에 참전하는 데 필요한 전비를 융통하기 위해서였다. 미국 정부가 엄청난 돈을 빌리려는 것에 대해 우려가 쏟아지니까 '이번엔 급한 대로 일단 빌리도록 허용해주면 앞으로는 정부가 얼마까지 빌릴 수 있는지 한도를 정하겠다'고 한 것이다. 그래서 부채 한도액을 설정하고, 올릴 때마다 반드시 의회의 승인을 받도록 했다. 그러나 이 제도는 1974년부터 유명무실해진다. 의회가 정부예산

금융은 어떻게 세상을 바꾸는가

2013년 하원의회가 정부부채 한도 인상에 동의해주지 않으면서 미국 연방정부가 일시적으로 폐쇄되는 사태가 벌어졌다. 세계 금융경제의 중심이자 기반인 미국 정부가 부도 나면 파국적인 결과가 닥칠 것이다.

구성에 직접 참여하게 됐기 때문이다. 의회 스스로 승인한 정부지출로 발생한 빚 때문에 부채 한도액을 올리겠다는데, 의회로서는 반대할 명분이 없는 것이다. 실제로 1940년 이후 최근까지 미국 의회는 80여 차례나 정부부채 상한액을 올리는 데 동의했다. 1년에 평균 1회 이상 정부부채 상한액을 올린 셈이다.

정부부채 상한제가 정쟁의 수단으로 등장한 것은 2010년 중간선거로 공화당이 하원에서 다수를 차지하면서부터다. 덕분에 2011년 들어서자마자 미국 정부의 디폴트 위기가 거론되기 시작했다. 공화당은 2011년 초부터 오바마정부의 부자 증세 및 복지 확대 정책 등에 시비를 걸면서 부채 상한을 올려줄 수 없다고 버텼다. 오바마 행정부는 재무부 자금이 바닥나기 이틀 전인 2011년 7월 31일에야 공화당 측과 극적인 타결을 이루었다. 그러나 이 여파로 국제 신용평가사인 S&P가 미국 정부의 신용등급을 최우량 등급인 AAA에서 AA+로 낮추는 일도 벌어졌다.

2013년 공화당의 요구안은, 이미 의회 통과와 대통령 서명을 마친 뒤 시행만 남겨둔 '오바마케어(모든 국민에 대한 건강보험 적용)'를 사실상 폐지하라는 것이었다. 구체적으로는 오바마케어로 증액된 부분을 삭감하지 않으면 2014년도 예산안(2013년 10월~2014년 9월)을 통과시켜주지 않겠다고 했다. 2013년의 경우, 재무부 보유금이 사실상 바닥나는 것으로 추정된 날은 10월 17일이었다. 그 전날까지 공화당이 정부부채 한도를 올리는 데 동의하지 않으면 미국은 사상 초유의 국가부도(디폴트) 사태에 빠지게 되는 운명이었다.

"2008년 금융위기는 하찮아 보일 수도"

미국이 국가부도로 빚을 갚지 못하면 어떻게 될까? 미국은 물론 전세계에 유례없는 경제 재앙이 덮친다. 웬만한 건설사 하나가 망해도 그 회사에 돈을 빌려준 은행들과 분양자들이 재무 위기를 겪고, 주가지수가 추락하기도 한다. 하물며 미국 정부는 전세계의 정부·중앙은행·금융기관들로부터 돈을 빌린(=전세계의 정부·중앙은행·금융기관들에게 국채를 매각한) 지구상 최대의 채무자다. 미국 정부의 채무 규모는 모두 12조 달러 정도다. 이런 채무자가 '돈 못 갚는다'고 나자빠지면 선진국과 이머징마켓 주식시장이 폭락하고, 세계 경제는 1930년대를 무색하게 만드는 초대형 불황에 빠질 수 있다. 2008년 미국 투자은행 리먼브러더스가 파산하여 세계금융위기를 초래했을 때 그들의 채무액은 5170억 달러였다. 산술적으로 보면 2008년 위기의 23배(12조 달러)에 달하는 파국이 인류를 위협하는 것이다. 세계적 경제지 『블룸버그』는 미국이 디폴트를 내는 경우 리먼브러더스로 인한 금융위기는 하찮아 보일 것이라고 주장하기도 했다.

왜 미국의 국채가 중요할까

미국 국채는 다른 나라의 국채와는 그 의미가 완전히 다르다. 미국 국채는 세계적으로 모든 '금전 거래'의 주춧돌 같은 지위에 있다.

우리는 누군가에게 돈을 빌려줄 때 자연스럽게 그 돈을 '돌려받지 못할 가능성'을 우려한다. 그리고 돌려받지 못할 가능성이 클수록 많은 이자를 받는다. 역으로 돌려받지 못할 가능성이 작을수록 이자 역시 적다. 그렇다면 빌린 돈을 '돌려주지 못할(디폴트) 가능성'이 가장 작은 것은 누구일까? 아무래도 정부다. 정부라면 하다 못해 돈을 새로 찍어내서라도 빚을 갚을 것이다.

물론 지금까지 여러 금융위기를 보면 각국의 정부들도 부도를 낸다. 그런데 이 정부들이 돈을 갚지 못한 대상은 자국 시민이나 기업이 아니다. 자국 시민이나 기업이라면 그냥 중앙은행에서 조폐기를 돌려 자기 나라 돈을 주면 된다. 그러나 해외 은행이나 기업이라면 사정이 다르다. 예컨대 어떤 정부가 예컨대 달러화로 100억 달러를 빌렸는데, 만기 시점에 그만큼의 달러화를 보유하지 못했다면 '외환위기(국가부도 위기)'가 터지는 것이다. 미국 이외의 정부가 달러화를 찍어내서 빚을 갚을 수는 없지 않은가.

이런 달러화를 발행하는 주체가 바로 세계 최강대국 미국의 정부(정확하게는 미국 중앙은행인 연방준비위원회)다. 그러니 미국 정부만큼은 부도를 내지 않을 것이라는 믿음이 굳건히 있다. 즉, 세계의 모든 부자와 기업과 정부 중 '돈 떼먹을 우려'가 가장 적은 주체는 미국 정부인 것이다. 여차하면 달러화를 찍어서 돈을 갚으면 되니까 말이다. 그래서 심지어 미국의 국채는 '무위험 자산', 즉 '절대로 떼일 위험이 없는 증권'이라고 불린다.

투자자 입장에서 볼 때 예컨대 1000달러짜리 미국 국채를 사고(=미국 정부에 돈을 빌려주고) 얻을 수 있는 수익이 30달러라면, '미국채수익률'은 3%다. 그렇다면 세계의 어떤 다른 나라 정부나 기업에 돈을 빌려줘도 최소한 3% 이상의 수익률은 올려야 한다. 만약 다른 나라 정부의 국채를 사도 3%의 수익률밖에 올리지 못한다면, 차라리 수익률은 같지만 '가장 안전한' 미국 국채를 매입하는 것이 훨씬 현명한 선택이다. 그래서 금융시장에서는, 미국 국채를 매입해 얻을 수 있는 수익을 최저 기준으로 다른 금융상품들(다른 나라 정부의 국채, 민간기업 발행 채권, 주식 등)의 수익을 측정한다. 예컨대 미국 국채수익률이 3%라면, 한국 국채는 5%, 세계적 대기업에 투자(돈을 빌려주거나 주식을 매입)할 때는 적어도 본전의 6%

정도 수익을 올려야 하고, 중소기업은 30%라는 식이다. 그러므로 미국 정부가 돈을 못 갚겠다고 하는 것(디폴트)은, 즉 미국 국채에 대한 신용이 산산조각 나는 것은, 세계적 차원에서 자금거래 질서의 지반이 무너지는 사태다.

또한 미국 국채는 그 안정성 때문에 세계적인 '부富의 축적 수단'으로 사용된다. 예컨대 한국은행의 외환보유고는 3500억 달러(2014년 2월 현재) 정도다. 그런데 이는 한국은행이 지하 금고에 달러화를 쌓아둔 것이 아니다. 3500억 달러 규모의 가치를 지닌 미국 국채 등 안정적 증권이나 금을 가지고 있다는 의미다. 그래서 미국이 발행한 국채 중 절반 정도가 외국 정부나 금융기관들에 보유되어 있다. 규모로 보면, 중국이 1조3000억 달러, 일본은 1조1000억 달러 등이다.

각국 금융기관들 역시 밑천(자본금)으로 미국 국채를 갖고 있다. 어느 나라에서나 금융기관에 적용되는 가장 중요한 규제는 충분한 '지불능력(자본금)'을 지니고 있는지 여부다. 금융기관은 돈을 빌리고 빌려주는 자금중개업체다. 그래서 언제든 원래 돈 주인의 요구가 있을 때는 상환할 능력을 갖춰야 한다. 금융기관들은 이 '지불능력'을 주로 증권으로 보유한다. 이 증권은 가급적 안전한 (가치 변동이 거의 없는) 것이어야 한다. 가치변동이 심하다면, 해당 증권의 가치가 크게 하락할 경우 지불능력 역시 떨어질 것이다. 이 경우, 시장에서 퇴출되거나 금융감독 당국의 제재를 받을 수 있다. 그래서 금융기관들은 지불능력 중 상당 부분을 미국 국채로 보유한다.

더욱이 미국 국채는 금융기관이 대규모 자금을 조달하는 데 가장 중요한 담보다. 예컨대 초국적 금융기관들은 하루 만기로 수천억 달러에 달하는 현금을 빌리고 빌려준다. 하루 단위로 이뤄지는 이런 거래에서 매번 까다로운 계약을 체결할 수는 없는 일이다. 그래서 안정적인 증권을 담보로 주고(받고) 현금을 빌린다(빌려준다). 여기 주로 사용되는 담보 역시 미국 국채다.

미국 정부가 디폴트를 낸다는 것은 한국·중국·일본 등이 그동안 미국 국채로 쌓아둔 천문학적 국부國富가 허공으로 사라진다는 것을 의미한다. 또한 금융기관들의 밑천(자본금) 중 상당 부분이 손실을 내면서(미국 국채 가격이 폭락하므로) 재무 상태가 악화될 것이다. 그러면 금융기관들의 대출 능력이 경련하듯 위축되어 사회적으로 돈줄이 마르게 된다. 이 같은 금융경색으로 자산(주식, 부동산 등) 시장이 폭락하고 금융비용이 폭등하면, 세계 경제는 다시 불황 국면으로 빠져들 수밖에 없다. 이에 더해 미국의 달러화가 폭락하면서 세계 경제의 중심인 미국의 지위는 심각한 위기에 놓일 것이다.

이렇듯 미국의 디폴트는 미국은 물론 전세계 경제를 파국적인 재앙으로 몰아갈 수 있다. 세계적인 '투자 귀재' 워런 버핏이 2013년 말 미국 경제지 『포춘』과의 인터뷰에서 "정치인들이 정부부채 한도제를 정치적 무기로 사용해서는 안 된다. 이 제도는 너무 무섭기 때문에 오히려 사용할 수 없는, 핵미사일 같은 것이다"라고 경고한 것은 이 때문이다.

금융은 어떻게 세상을 바꾸는가

"오바마는 반미 공산주의자"라는 티파티

그런데 이처럼 엄청난 위험을 무릅쓰면서 미국 공화당이 정부
부채 한도를 올리지 않겠다고 고집하는 이유는 무엇일까? 공화당
은 보수 정당인 만큼 안정적인 정국 운영을 기조로 삼아왔다. 하
지만 2010년 이후로는 국가의 운명을 인질로 삼아 민주당을 협박
하는 벼랑 끝 전술로 일관한다. 공화당이 사실상 폐지를 주장하는
오바마케어는 이미 의회와 백악관을 통과해 법률로 제정된 제도
다. 더욱이 공화당은, '나라가 망하는 한이 있어도 정부부채를 늘
릴 수 없다'는 '긴축 강경파debt hawk'도 아니었다. 하버드대학 케네
스 로고프 교수는 영국 신문 『가디언』 기고문에서 "지난 2012년
대선에서 공화당 대통령 후보였던 밋 롬니만 해도 향후 10년 동안
미국 정부부채를 수조 달러 높일 공약을 제안했다"라고 썼다.

이 같은 공화당의 변모는 극우 시민단체인 '티파티'가 사실상
공화당을 지배하고 있기 때문이다. 공화당이 2010년 중간선거에
서 승리한 가장 큰 이유는 티파티의 지지를 얻은 것이다. 티파티의
회원이거나 그 영향력 아래에 있는 공화당 의원은 2013년 말 현재
모두 60명 정도로 추정된다. 민주당은 상원에서만 가까스로 우위
를 유지하고 있다.

티파티는 2009년 오바마 대통령의 경기부양 정책에 대한 반발
로 구성된 단체다. 이데올로기적으로는 '큰 정부'를 반대하고 '개인
의 자유와 선택'을 지지한다.

이들에 따르면 오바마가 부도 위기의 금융기관들이나 GM 등

대기업을 구제한 것도 '개인의 자유'와 시장 질서를 파괴한 것이다. 이런 믿음은 미국 특유의 기독교 신앙과 결합되어 있다. 말하자면 '신의 의지'는 '개인의 자유와 책임, 그리고 자유로운 시장'이라는 것이다. 그렇다면, 로마군에 대항한 마사다 요새의 유대인들이 항복해서 생존(현실적 이익)하기보다 전멸(이교도에 굴복하지 말라는 '신의 의지')을 선택한 것처럼, 미국 역시 '신의 의지'인 '자유롭고 책임지는 시장'을 선택해야 한다. 그런 관점에서 보면 미국 정부가 2008년 금융위기로 파산 위기에 빠진 골드만삭스나 GM을 구제한 것은, 신의 의지를 거스른 악悪이다. 골드만삭스나 GM은 방만한 경영으로 파산 위기에 몰린 것이므로 스스로 책임을 지고 파산하게 내버려두는 것이 하느님의 뜻이라는 이야기가 된다. 아무리 그 결과가 처참해도 그것이 '신의 정의'이기 때문이다.

티파티는, 사회(정부)는 악이고 개인은 선이라는 일종의 종교적 믿음을 가지고 있다. 그래서 맹목적이고 과격하다. 정부부채 상한액을 올리는 데 반대한 티파티 측 의원들의 발언을 보면, 오바마케어라는 신성모독적인 '사회주의'(?)가 실현되는 꼴을 보니 국가부도를 내서라도 저지하겠다는 '미필적 고의'까지 엿보인다.

공화당의 티파티 계열 정치인 중 가장 유력 '스타'인 테드 크루즈 상원의원(텍사스)은 2013년 여름 헤리티지 재단의 후원으로 오바마케어를 반대하는 전국 투어 중 이렇게 말했다. "정부 폐쇄(예산 부족으로 공무원 보수나 공공기관 운영비용을 대지 못해 정부 기능이 마비되는 사태)가 반드시 미국이나 공화당에 재앙인 것은 아니다." 그는 예산안 통과를 지연시켜 민주당의 '오바마케어 포기'를 끌어내

금융은 어떻게 세상을 바꾸는가

겠다며 "쓰러질 때까지 연설하겠다"라고 공언해 극우파의 환호를 받기도 했다. 테드 크루즈는 실제로 '2014년도 예산안 통과' 관련 의회 일정에서 21시간 19분 동안 연설했다. 이 같은 티파티 의원들의 노력 덕분에 미국 의회는 2014년 회계연도가 시작되는 10월 1일(2013년) 이전에 예산안을 통과시키지 못했고 이에 따라 연방정부는 한동안 문을 닫아야 했다.

어처구니없게도 티파티 출신 공화당 의원 중 상당수는 국가부도(디폴트)가 뭔지도 잘 몰랐다. 공화당 소속 테드 요호 의원(플로리다)은 "(부채 한도를 올리지 않으면) 세계 시장이 안정될 것으로 보인다. 미국이 단호하게 국가부채를 억제하기로 했다는 것을 세계가 확신하게 되기 때문이다"라고 말했다. 그러면서 "지금 쓰나미가 몰려오면서 대지가 진동하고 있지만, 나는 절대 부채 한도를 올리지 않을 것이다"라며 자신의 단호함을 과시했다. 『비즈니스 인사이더』는 이 주장에 대해 "부채 상한에 대한 가장 어리석기 짝이 없는 발언"이라고 비아냥거렸다. 공화당 리처드 버 의원(노스캐롤라이나)은 "부채 한도 문제를 크게 걱정하지 않으며, 그 이유는 미국 국채의 유일한 매입처가 (미국 중앙은행인) 연방준비위원회이기 때문이다"라고 말했다. 미국 국채 절반 정도가 해외에 있다는 사실도 모르는 것이다. '무식하면 용감하다'는 시쳇말이 가장 적합한 경우라고나 할까. 한국인들은 한국 정치인이 세계에서 가장 부패하고 무능하다고 생각하지만, 미국 정치인 가운데에도 이렇게 무능하고 무지한 자들이 의외로 많으니, 너무 자학할 필요는 없을 것 같다.

티파티의 신념은 '오바마는 해외에서 태어난 반미 공산주의자'라는 풍문을 '팩트'라고 우기며 더욱 강화된다. 티파티 회원들은 오바마가 국제공산당가인 〈인터내셔널〉을 콧노래로 흥얼거리며 아침식사를 하러 간다고 믿는다.(『크리스천 사이언스 모니터』 2010년 7월 1일자) 지난 몇 년 전부터 한국에서 유행하는 '노무현과 김대중은 나라를 북한에 넘기려 한 종북세력'이라는 신념과 일맥상통하는 사회현상이다.

티파티의 인터넷 사이트(teaparty.org)에는 한때 소련 공산당의 공식 기관지였으나 지금은 반공 황색지로 전락한 러시아 신문 『프라우다』의 칼럼이 전재되어 있다. 이에 따르면 오바마는 "의심할 여지없는 공산주의자"이며 "남이 눈치챌 수 없게 (마르크스의) 공산당 선언을 실현하는" 인물이다. 그리고 "오바마를 따르는 바보들과 스탈린을 따랐던 바보들은 똑같은 환상에 사로잡혀 있다"고 주장한다. 이런 '좌빨'이 어떻게 미국 대통령으로 선출될 수 있었을까? 그것은 미국 교육기관들이 오래전부터 "공산주의에 장악되어" 어린 학생들에게 사회주의적인 '수정주의 역사관'을 심어뒀기 때문이다. 한국에서 민주당 출신 대통령들과 전교조에 대해 나오는 이야기들과 크게 다르지 않다.

디폴트는 면했지만

미국이 사상 초유의 국가부도 위기를 면한 시점은, 협상시한 마지막 날인 2013년 10월 16일이었다. 민주당과 공화당이 국가부도

　　　　　　금융은 어떻게 세상을 바꾸는가

가 일어나기 불과 1시간 30분 전에 극적인 타결을 이뤘던 것이다. 이로써 10월 1일 이후 계속된 정부폐쇄가 풀리긴 했다. 그러나 공화당이 정부부채 한도를 올리는 데 동의한 것은 아니다. 그냥 2014년 2월 7일까지 정부부채 한도(현재 16조7000억 달러)를 잠정적으로 적용하지 않기로 했을 뿐이다. 그러나 '당리당략을 위해 국가부도까지 아랑곳하지 않는 집단'이란 여론의 비난이 쇄도하면서 2014년 2월 공화당은 백기를 든다. 아무 조건 없이 정부부채 한도를 올리는 데 동의한 것이다.

6장
일본의
마지막 희망

일본 아베정권의 양적완화는, 지난 20여 년 동안 이 나라 경제를 옥죄어온 디플레이션에 대한 최후의 몸부림이었다.

디플레이션이란 한마디로 물가가 지속적으로 떨어지는 현상이다. 언뜻 물가 인하는 소비자들에겐 매우 반가운 소식으로 느껴질 것 같다. 그러나 경제 전체적으로 보면 정말 무서운 현상이다. 예컨대 오늘 100원짜리 소비재(나 생산설비)가 내일 50원으로 떨어질 것이 거의 확실하다면 사람들은 어떻게 행동할까? 시민들은 소비를 미룰 것이고, 기업들은 생산설비 구입(=투자)을 연기할 것이다. 조금만(?) 더 기다리면 지금보다 더 싸게 살 수 있기 때문이다. 그러나 모든 경제 주체가 이런 식으로 소비와 투자를 미루다 보면, 국민경제 전체적으로는 제품이 팔리지 않아 기업들이 생산을 줄이거나 폐업하는 현상이 속출할 것이다. 기업이 생산을 줄이면 고용이 축소되어 다시 소비와 투자가 감소하는 악순환이 나타날 수밖에 없다.

이런 상태가 일본에서는 지난 20여 년 동안 이어져 사실상 경제성장이 중단되었다. 지금의 GDP가 1990년의 GDP와 거의 비슷할 정도다. 이러는 동안 '평생직장'이 대세였던 일본은 취업인구 중 무려 35%가 파트타임 노동자인 나라로 전락했다. 국가부채와 민간 부채를 모두 합치면 GDP의 500%에 이른다. 1990년대까지 세계적으로 명성을 떨친 소니, 파나소닉 같은 회사들이 삼성전자 같은 추격자에게 패배해 변방으로 떠밀리고 있다. 일본인들은 '2류 국가'로 추락한다는 불안감에 휩싸여 있다.

일본 디플레이션의 기원

일본은 불과 30여 년 전까지만 해도, 전세계의 좌우파를 감동시킨 나라였다. 우파는 일본 기업의 경쟁력과 온순한 일본 노동자들에게 감탄했다. 좌파는 종신고용으로 상징되는 안정적 노사관계에도 불구하고 높은 생산성을 유지하는 일본 경제에 '인간의 얼굴을 한 자본주의'라는 찬사를 보냈다. 노·사·정이 협력해서 고도성장과 높은 수준의 복지를 성취한 '제조업 대국' 일본은 '동아시아 자본주의'의 모범이었다. 그러나 파국이 태평양을 건너 일본을 엄습한다.

문제의 시발점은 1984년에만 1300억 달러에 이르렀던 미국의 무역적자였다. 이 중 30%가 대일 적자였다. 미국은 이를 빌미로 대일 무역전쟁을 선포하고 일본에 시장개방을 강제했다. 그래도 미국의 무역적자가 줄지 않자 매우 놀랍고 황당한 대안을 제시한다. 엔화 가치를 높이라는 것이었다. 이렇게 하면 미국에서 팔리는 일본 제품 값은 오르고 일본에서 팔리는 미국 제품 값은 떨어져, 미국의 대일 무역적자가 어느 정도 개선될 가능성이 있었다. 결국 1985년 9월, 엔화(와 독일 마르크화) 절상 등을 미국·일본·서독·이탈리아·프랑스 정상이 합의한다. 이른바 '플라자 합의'다.

이후 엔화 가치는 급속하게 올랐다. 1985년 9월 1달러당 240엔이었던 것이 다음 해 9월엔 140엔까지 치솟은 것이다. 일본 정부로서는 자국 통화가치가 불과 1년 만에 두 배 가까이 오르게 허용했으니 좋게 말하면 관대한 것이고 나쁘게 말하면 마치 미국을 식민지의 모국처럼 대접한 것이다. 그러나 미국은 만족하지 않았다. 1986년 말엔 달러화 가치가 지나치게 떨어졌다며(=엔화 가치가 지나치게 올랐다며), 일본과 독일에 금리 인하를 요구해서 관철시킨다. 이른바 '루브루 합의'다.

일반적으로 금리를 내리면 그 나라 통화가치가 떨어지는 경향이 있다. 국제 투자자들은 가급적 금리가 높은 나라에 돈을 묻어두려 하기 마련이다. 예컨대 일본의 금리가 미국보다 높다면, 미국 투자자들은 달러화로 엔화를 매입한 다음 일본의 은행 등에 예치한다. 이 경우, '달러화 팔자, 엔화 사자' 흐름이 되고 이는 '달러화 수요 하락, 엔화 수요 증가'를 의미하므로 달러화 가치는 내리고 엔화 가치는 오른다. 그런데 일본이 금리를 내리면, 이런 투자자들이 돈을 다른 고금리 국가로 이동시킬 터이고 이번엔 '엔화 팔자

금융은 어떻게 세상을 바꾸는가

(엔화 수요 하락)' 흐름이 형성되면서 엔화 가치가 내리게 된다. 반사적으로 엔화에 대한 달러화 가치는 올라갈 것이다.

아무튼 루브루 합의에 따라 일본은 1986년 12월부터 두 차례에 걸쳐 당시로서는 매우 놀라운 수준인 2.5%까지 금리를 내린다. 물가상승률을 감안한 실질금리는 사실상 0%였다. 이렇게 금리가 내리자 경기가 과열되었다. 엔화 가치도 다시 떨어졌다. 일본 정부 입장에선 경기를 안정시키려면 금리를 올려야 했다. 그러나 이는 당시 선택할 수 없는 방안이었다. 미국이 엔화가 오르면 달러화가 절하된다며 반대했기 때문이다.

그러나 일본과 함께 미국의 압력을 받고 있던 독일은 호락호락하지 않았다. 1987년 하반기, 경기과열 조짐이 나타나자 금리인상을 단행한다. 이렇게 되면 독일 마르크화 가치가 올라가고 달러화 가치는 하락하게 된다. 미국 주식이나 채권을 보유한 투자자들은 가만히 있으면 손해 보게 된다는 의미다. 이에 따라 국제 투자자들은 미국 주식과 채권을 앞다퉈 내다 팔았고 이는 1987년 10월 19일의 블랙 먼데이(다우지수가 이날 하루 동안 22.6% 하락했다)로 귀결되었다.

이런 상황이니 일본은 미국을 비롯한 다른 나라의 낯을 봐서라도 저금리를 유지해야 하는 상황으로 몰렸다. 만약 일본 정부가 금리를 올리고 이에 따라 엔화 가치가 다시 오르면 또 하나의 블랙 먼데이가 올지도 모른다. 따라서 세계 경제의 안녕을 위해서라도 일본이 이자율을 실질금리 0%인 상태로 유지할 것이라는 인식이 확산되었다. 또한 일본이 저금리를 유지하는 한 호경기도 계속

될 것이라는 '상상'이 있었다. 이런 상황에서 일본 기업들은 엄청난 수출실적을 계속 기록했고, 이렇게 벌어들인 돈은 일본 내 자산시장에 투입되어 주식·부동산 가격이 천정부지로 치솟았다. 시민들도 낮은 금리 덕분에 무작정 돈을 빌려 주식과 부동산에 투자할 수 있었다. 이에 따라 "도쿄 특별구의 땅값이라면 미국 전체를 살 수 있다" "드디어 일본이 미국을 따라잡았다"라는 일본 자본주의 찬가가 전세계에 울려 퍼지기도 했다.

그러나 1990년 초, 일부 금융기관이 이런 상황이 영원할 수는 없다고 내다보면서 금리인상을 단행한다. 금리가 오를 때 가장 곤혹스러운 집단은 돈을 빌려 자산(주식, 부동산 등)에 투자한 사람들이다. 결국 시민과 기업이 빌린 돈을 갚기 위해 자산을 시장에 마구잡이로 내놓는 패닉이 벌어졌다. 불과 6개월여 사이에 일본의 부동산 시세가 무려 절반으로 떨어졌다. 1억 원 하던 집이 6개월 뒤 5000만 원이 된 셈이다. 이렇게 자산시장이 붕괴하면서 일본은 자본주의 역사에서 유례없는 장기 디플레이션기로 접어들었다.

결국 일본이 미국의 무역·통화 정책에 휘둘린 것이 버블 발생과 붕괴, 장기 디플레이션의 근본 원인인 것이다. 미국은 적어도 일본에 대해서는 '자식을 집어 삼키는 크로노스'였다. 제2차 세계대전 직후 폐허로 전락한 일본경제를 제도개혁 및 자금, 기술 지원 등으로 부활시킨 나라가 미국이다. 그러나 최전성기를 누리는 '자식(일본)'을 습격해서 수십 년 동안 기도 못 펴게 만든 나라 역시 미국이다.

디플레이션과 일본 토건국가

1990년대 초반, 디플레이션에 대한 일본 정부의 대안은 공공 투자였다. 민간에서 경제 활력이 살아나지 않자 국가가 도로·다리·댐·제방·테마파크 등 공공시설에 거대한 규모의 재정을 투입한 것이다. 어떻게 보면 불황으로 없어진 일자리와 소득을 공공 토건 사업으로 대신 제공했다고 할 수 있다. 이에 따라 '토건국가'로 불릴 정도로 전체 경제에서 토건 부문이 차지하는 비중이 과대해졌다.

대표적인 사례로는, 일본 정부가 1998년에 발표한 '국토 그랜드 디자인'에 포함된 '슈퍼 제방' 프로젝트가 있다. 일본에서는 200년에 한 번씩 대홍수가 발생한다고 한다. 이를 방지하기 위해 일본의 주요 강들을 따라 제방을 쌓고 그 주변에 수백 미터 규모로 흙을 쌓아 다지는 방식으로 사실상 국토를 바꾸기로 한 것이다. 완공엔 1000년이 걸릴 것으로 예상이 됐다. 미국의 동아시아 연구자인 개빈 맥코맥은 이에 대해 "정신병리학적 계획"이라며 냉소하기도 했다.

그러나 일본 정부의 토건 사업엔 나름 정당한 이유가 있었다. 디플레이션으로 경제가 바닥을 기고 있는 상황에서 쓸데없는 공공 사업으로라도 일자리와 민간 소득을 창출해야 했던 것이다.(경우는 조금 다르지만, 이명박정부 시기 실행된 4대강사업 역시 토건사업으로 경기를 부양하려는 목적이었다고 할 수 있다.) 사실 일본의 토건 사업은 그나마 국가경제를 버티는 동력이자 사회통합 기제이기도 했다.

1990년대 이후 전체 노동인구의 10%인 100만여 명이 이 부문에서 직간접적 수입을 얻었다. 나름 '변형된 케인스주의'이며, 대다수 국민이 혜택을 누린 강력한 포퓰리즘 체제이기도 했던 것이다. 일본 정부는 이런 토건사업에 1990~2000년대에 걸쳐 매년 40조~50조 엔(400~500조 원)을 쏟아 부은 것으로 추정된다.

이 돈은 어디서 나왔을까? 주로 일본 정부가 국채를 발행·매각해서 조달했다. 빌린 돈을 공공 토건사업에 투입해서 장기 디플레이션에 처해 있던 일본 경제를 버텨온 것이다. 이러다 보니 일본의 국가(정부)부채는 2013년 말 현재 GDP의 240%에 달할 정도로 과도해졌다. 엄청난 규모다. 2013년 말 현재, 빚 많다는 미국이 고작(?) 73%, 한국이 37% 정도라는 것을 감안하면, 일본 국가부채의 심각성을 짐작할 수 있을 것이다.

그런데 이쯤에서 일본 정부가 어떻게 이 정도의 빚을 질 수 있었는지(국채를 발행해서 팔 수 있었는지) 살펴볼 필요가 있다. 빚을 많이 지는 것은 결코 쉬운 일이 아니다. 알겠지만 이미 빚을 많이 진 사람한테는 누구나 돈을 잘 안 빌려주려고 한다. 설사 빌린다 해도 엄청난 이자를 내야 한다. 그러나 일본 정부는 적어도 지금까지는 이럭저럭 계속 빚을 늘려나가며 싼 이자를 물고 있다. 이런 상황 자체에 일본 국채와 경제 전반을 둘러싼 비밀이 숨겨져 있다.

일본 정부가 엄청난 빚을 질 수 있었던 비결

일본 정부는 매우 싼 금리로 돈을 빌리는 것이 가능하다. 10년 만기 국채를 예로 들면, 미국이 3%를 웃도는 반면 일본은 1.5% 정도다. 사실 있을 수 없는 일이다. 정상적인 금융시장에서라면 투자자들은 당연히 더 많은 이자를 주는 미국 정부에 돈을 빌려줄 것이다. 이런 일이 가능한 이유는, 일본 정부에겐 아무리 이자가 적어도 기꺼이 돈을 빌려주는 '누군가'가 있기 때문이다.

그 '누군가'는 바로 우정국, 후생연금펀드 등 일본의 준정부기관들이다. 일본 시민들은 자금운용 스타일이 세계적으로도 매우 보수적인 편에 속한다. 원금이 손실될 수도 있는 주식보다는 저축을 선호한다. 일본의 주식시장이 경제규모에 비해 발전하지 못한 것은 이 때문이라고 할 수 있다. 이런 일본 시민들이 가장 선호하는 저축기관이 바로 우정국이다. 1% 이하의 초저금리인데도 저축이나 보험 형태로 우정국에 돈을 맡긴다.

일본 우정국은 한국의 우체국과 많이 다르다. 우정국은 일본 전국에 2만5000여 지국을 거느린 우편배달 시스템일 뿐 아니라 이 나라 최대의 저축·보험 기관이기도 하다. 우정국이 운용하는 자산이 무려 300조 엔에 달한다. 한국 원화로는 3000조 원(한국 GDP가 2013년 말 현재 1300조 원 정도다), 달러화로는 3조 달러에 해당하는 금액이다.(세계 최대 금융기관인 미국 BOA의 운용 자산이 1조5000억 달러 정도다.) 우정국은 단일 기관으로는 세계 최대 자금창구이며, 일본 민간 자금의 50~60%를 관리한다. 이런 우정국이 운용자금의 대부분을 일본 국채에 투자한다(일본 국채를 산다).

한편 후생연금펀드는 한국의 국민연금공단과 비슷한 기관이다. 2013년 말 현재 1조3000억 엔 정도를 운용하고 있다. 그런데 이 후생연금펀드 역시 2000년대 말까지 자금의 70% 정도를 국채에 투자했다. 즉, 일본 정부는 이런 유관 기관들 덕분에 토건산업에 투입할 자금을 극히 저렴한 이자로 조달할 수 있었던 것이다. 거꾸로 말하면, 우정국이나 후생연금펀드 덕분에 일본 국채의 가격이 높게 유지되고(국채수익률이 낮게 유지되고), 디플레이션 국면에서 저금리 기조나마 유지할 수 있었다는 이야기도 된다. 이는 '토건국가 일본'의 금융적 인프라라고 할 수 있을 것이다.

이런 측면에서 고이즈미 전 총리가 주도했던 우정국 민영화는 '토건국가 일본'의 토대를 뒤흔들 만한 의제였던 셈이다. 우정국 민영화는 단지 '우체국 기능이 사기업에 넘어가 산골 주민들은 우편배달 등의 공적 서비스를 받지 못할까 우려된다' 수준의 사건이 아니었다. 당초 일본에 우정국 민영화를 종용한 것은 미국이다. 2001년 총리로 취임한 직후 미국을 방문한 고이즈미는 우정국 민영화에 대한 부시의 관심을 전달받자 이렇게 답변했다. "최선을 다하겠습니다."

미국이 일본 우정국의 개혁을 이토록 끈덕지게 원한 이유는 무엇이었을까. 우정국 민영화는, 우정국에 축적된 300조 엔이라는 거대한 자금의 운영권을 '일본 국가'에서 '세계 금융시장'으로 넘긴다는 것을 의미한다. 그리고 세계 금융시장을 주도하고 있는 것은 미국의 초대형 금융기관들이다. 미국이 우정국 민영화를 원했던 이유다.

이런 민영화가 성공해서, 일본이나 미국의 민간 금융기관이 우정국 자금을 운영하게 되었다면 어떤 사태가 일어났을까? 민간 금융기관이라면 일본 국채를 지금까지처럼 순순히 매입하지 않을 것이다. 훨씬 수익성 높은 금융상품이 세계 도처에 널려 있다. 이렇게 되면, 우정국에 저축한 일본 시민들은 이전보다 높은 금융수익을 올리는 것이 가능해질 것이다. 그러나 다른 한편으로는, 일본 정부의 공공사업 중 다수가 중단되거나 추진되지 않으면서 토건사업 관련 일자리와 소득이 대폭 줄어드는 것이 불가피했을 것이다. 어떤 정부든 피하고 싶은 사태다. 더욱이 우정국 등이 일본 국채를 매입하지 않으면 국채 가격이 폭락하면서(다시 말해 국채수익률이 폭등하면서) 금리가 상승해 일본 경제 전반에 엄청난 충격을 가할 수도 있었을 것이다.

그러니 고이즈미 이후 일본 정부가 우정국 민영화에 대한 입장을 여러 차례 번복해온 것은 어쩌면 당연한 일이다. 이런 지지부진한 상황이 계속되던 2013년 말 집권한 아베정부가 내건 슬로건이 바로 '세 개의 화살' 정책이다. 가장 중요한 화살은 '무제한적 양적완화'였는데, 그 핵심 역시 대규모 국채 매입이다. 결국 일본 경제의 앞날은 국채에 달려 있다고 해도 과언이 아닐 것이다.

아베가 쏜 세 개의 화살

아베 총리는 지긋지긋한 디플레이션을 '세 개의 화살'로 퇴치하겠다고 약속했다. 그 화살 하나가 '양적완화'이며 나머지 두 개는 '정부지출 증가'와 '규제완화 및 철폐'다.

'무제한적 양적완화'의 발상 자체는 단순하다. 디플레이션이 물

일본의 아베 총리는 양적완화, 정부지출 증가, 규제완화 및 철폐라는 세 개의 화살을 쏴서 일본 경제의 장기 불황을 물리치려 했다. 그러나 그 화살도 먹히지 않은 것으로 보인다.

가 하락 현상이라면 돈을 무한대로 풀어(양적완화) 물가를 올리면 되지 않겠냐는 것이다. 2013년 초, 일본의 물가인상률은 '마이너스 0.3~0.4%'였다. 물가가 내려가고 있다는 이야기다. 이 물가인상률이 2%로 오를 때까지 돈을 풀겠다고, 아베정부는 천명했다. 나름 확실한 신호를 준 것이다. 각 경제주체들이 '앞으로는 물가가 오를 것'이라고 확신해야 소비와 투자가 확대될 것이기 때문이다.

그래서 일본은행은 2013년 4월 현재 135조 엔 규모인 본원통화량('중앙은행이 발행한 돈'으로 통화창출의 마중물 같은 역할을 한다)을 2014년 말까지 두 배인 270조 엔으로 늘리겠다고 했다. 시중 금융기관이 보유한 일본 국채 등 각종 증권을 135조 엔 규모까지 추가로 사들이겠다는 것이었다. 양적완화의 방법은 미국 연준과 비슷하지만, 속도 측면에서는 훨씬 과격하다. 미국은 세계금융위기가 터진 2008년 말부터 2012년 말 사이 4년여 동안 양적완화로 본원통화를 2배 정도 늘렸다. 그러나 일본 중앙은행의 계획은 겨우 1년

금융은 어떻게 세상을 바꾸는가

8개월 동안 본원통화를 두 배로 늘리겠다는 것이었다.

이렇게 시중은행이 많은 '현금'을 보유하게 되면 대출도 활발하게 이루어질 것이고, 이에 따라 경기가 활성화될지도 모른다. 또한 공급이 늘면 가격이 떨어지는 만큼, 엔화 역시 통화가치가 절하되어 일본 기업들의 수출 실적을 개선할 것이다. 일본 양적완화의 목표 중 하나가 엔화 가치를 떨어뜨려 수출을 늘리는 것이라는 사실은 공공연한 비밀이다.

이런 아베노믹스는 처음엔 성공을 거두는 것처럼 보였다. 시행 직후인 2013년 1, 2분기 일본의 GDP 성장률은 예상했던 것보다 훨씬 높은 4%(연간 성장률로 환산했을 때) 내외로 나타났다. 아베정부가 집권하기 직전인 2012년 11월에 비하면, 엔화 가치가 2013년 들어 달러화 대비 20% 가까이 떨어졌다.(원화 대비로는 25% 정도 떨어졌다.) 자동차기업을 비롯한 수출업체들의 재무 상태도 개선되었다. 일본 대표 기업들을 모아놓은 닛케이225지수는 2013년 말까지 88%나 올랐다.

그러나 시간이 흐를수록 아베노믹스는 어려운 국면으로 몰리고 있다. 우선 엔화 가치가 떨어지면서 수출은 다소 늘었다. 그러나 그러면 반대로 수입품 가격은 오르게 마련이다. 일본의 경우, 수입품 중 가장 비중 높은 것이 에너지다. 특히 지난 2011년 3월 동일본 대지진 이후 원전 가동이 중단되면서 필요 에너지의 30% 정도를 수입하게 되었다. 에너지 수입량이 늘어났는데 그 가격마저 엔저 때문에 올라간 것이다. 해외에서 수입하는 원자재나 중간재의 가격도 치솟았다. 이로 인해 '수출 대국'인 일본이 2013년 말엔 사상 최대의 무역적자(11조4745억 엔)를 기록하게 되었다.

아베 총리가 원하던 대로 2013년 중반 이후 물가는 지속적으로 오르고 있다. 일본 총무성에 따르면 2014년 2월 '소비자물가지수 CPI'는 전년 동기 대비 1.3% 올랐다. 일본은행의 목표치인 2%엔 미치지 못했지만 그런대로 바람직한 현상이라고 할 수 있다. 그러나 문제는 이 같은 물가인상의 원인이다. 만약 투자 및 소비 심리가 호전되어 수요가 증가하고 이에 따라 물가가 올랐다면 이는 다시 투자·소비 심리를 부추겨 경제성장을 촉진하는 선순환을 이끌 것이다. 그러나 상당수 전문가들은 2014년 초까지 물가인상의 주요 원인으로 엔저에 따른 수입품 가격 상승을 들고 있다. 경기 활성화로 물가가 오른 것이 아니라는 이야기다.

게다가 바람직한 물가인상이라도 경제성장으로 선순환 효과가 발휘되려면 시민들의 소득, 특히 임금이 올라야 한다. 그래야 소비가 증가할 것이다. 만약 아베정부의 소원대로 물가는 인상되었는데 임금이 제자리걸음을 하고 있으면, 소비 수준은 더 떨어지고 이에 따라 '디플레이션 극복'이 힘들게 될 수 있다. 그래서 아베 총리 등은 집권 직후부터 일본의 대기업 경영자들을 직접 만나 임금인상을 권유했다. 아소 다로 일본 부총리 겸 재무장관은 노동조합에 투쟁을 권유하기도 했다. "노동분배율(기업의 부가가치 중 인건비의 비율)을 높이는 것이 렌고(일본노동조합연합)가 할 일 아닌가." 보수정당 자민당이 노동자들과 스크럼을 짜고 연합할 기세였다. 그러나 2014년 초까지도 토요타, 히타치 등 일부 수출 대기업을 제외한 대다수 업체들의 반응은 싸늘한 편이다.

이에 더해 2013년 4월, 소비세(한국이라면 부가가치세)가 5%에서 8%로 오르고, 의료비와 연금보험료 등 준조세가 잇따라 오를 예정이라 소비는 더욱 위축될 것이다. 일본이 스테그플레이션(경기침체와 물가인상이 겹치는 상황)에 빠질지 모른다는 우려가 제기되는 이유다.

흔들리는 일본의 희망

이런 상황이니 다시 '일본 국채 위기'가 거론되고 있다. 아베정부 양적완화의 핵심은 결국 중앙은행이 국채를 매입해서 국채 가격을 높은 수준으로(국채수익률을 낮은 수준으로) 유지하는 것이다. 그래야 금리 인상을 막을 수 있다. 어떻게 보면 일본 중앙은행뿐 아니라 우정국과 후생연금펀드까지 이 과제에 매달려 있다.

국채가 흔들리면 일본 경제 전체가 흔들린다. 그러나 현재 일본 국채의 지위는 생각보다 허약하다. 예컨대 미국은 세계 패권국가인만큼 '미국 정부에 대한 신뢰도'는 좀처럼 깨지기 힘들다. 심지어 미국 월스트리트가 진원지인 세계금융위기 직후에 투자자들이 오히려 미국 국채를 앞다퉈 사들여 그 가격이 폭등했을 정도다. 부자들이 물가가 불안정할 때 재산 가치를 지키기 위해 금을 사들이는 것처럼, 투자자들은 미국발 위기인데도 불구하고 미국 국채와 달러화가 가장 안정적이라고 본 것이다. '썩어도 준치'다. 그러나 일본은 미국이 아니다. 더욱이 'GDP 대비 정부부채 비율'이 세계에서 가장 높은 나라고 이에 대한 불안감과 우려가 광범위하게 있다.

어쩌면 별것 아닌 작은 사건에도 일본 국채의 안정성이 흔들리면서 '팔자' 주문이 쇄도할 수 있다. 이런 사태가 벌어지면, 일본 국채의 가격은 폭락하고 이에 따라 국채수익률이 상승하면서 다른 각종 금리가 함께 오를 것이다.

이렇게 되면 일본 정부는 새로 국채를 발행할 때마다 더 높은 이자를 약속해야 한다. 이미 정부 총지출에서 국채 이자로 지급하는 돈이 25%에 이른다. 국채의 불안정화는 자칫 국가부채의 기하급수적 증가로 이어져 재정위기를 일으킬 수 있다.

이런 위험은 현실이다. 지난 2013년 5월 23일, 벤 버냉키 미국 연준 의장이 '양적완화 축소'를 언급하자 일본 금융시장에서 해외로 돈이 빠져 나가면서 닛케이지수가 하루 동안 7.3%나 떨어졌다. 해외 투자자들은 일본 국채도 팔고 나갔다. 이에 따라 10년 만기 국채 가격이 크게 떨어지면서 국채수익률이 1%까지 올랐다. 50여 일 전인 2013년 4월 초(0.315%)의 3배였다. 일본은행은 황급히 2조 엔을 투입해서 시중은행 등이 보유한 국채를 사들였다. 이 같은 대규모 매입으로 국채 가격을 올려 국채수익률을 겨우 0.85%까지 떨어뜨릴 수 있었다. 문제는 같은 패턴이 반복되고 있다는 점이다. 국채수익률이 1% 선을 위협하면, 일본은행이 개입해서 다시 떨어뜨리는 일이 반복되고 있다. 이런 상황에서 일본의 무역수지가 더욱 악화되거나 재정위기설이 어느 정도 현실적 근거를 기반으로 확산되면 일본 국채의 미래는 장담할 수 없다.

더욱이 물가를 올리면서 국채수익률(국채 가격)을 안정적으로 유지하려는 아베정부의 전략은 기본적으로 모순이 있다. 사실 국채 보유자들 처지에서는 물가가 오르는 것이 달갑지 않다. 만기에 받을 돈이 정해져 있는 만큼 물가가 인상되면 무조건 손해다. 그래서 국채 보유자들은 일본은행의 전략이 성공해서 물가 인상 조짐이 보이면 국채를 내다팔 수밖에 없다. 그러면 국채 가격은 내려가고 국채수익률(과 각종 이자)은 올라 일본 경제를 위협하게 된다.

아베정부와 일본은행은 상충되는 목표를 동시에 추진하고 있는 것이다. 아베정부가 바라는 경제성장은 시장거래가 활발해지는 것이고 이에 따라 금리 상승을 동반하는 경우가 많다. 경기활성화와 금리인상 억제를 동시에 성취하기란 쉬운 일이 아니다.

물론 '좁은 길'이 있긴 하다. 국채수익률(과 각종 이자)이 오르기 전에 경제성장과 물가인상을 이루면 된다. 경제성장에 따라 세금 수입(=재정)이 늘어나면, 이후 국채수익률이 오른다(이자 부담이 늘어난다) 해도 감당할 여력이 생긴다. 그러나 일본 경제가 이런 '좁은 길'로 진입해 회생할 가능성은 점점 줄어들고 있는 듯하다.

일본 경제는 지난 20여 년 동안 서서히 몰락해왔다. 역대 정부는 불치병의 말기 환자를 관리하는 호스피스 노릇을 해왔을 뿐이다. 경제주체들도 관성에 찌들어 있다. 이런 분위기를 무제한적 양적완화라는 과격하기 짝이 없는 처방으로 일거에 뒤집은 것이 아베노믹스다. 그래서 아베정부에게는 퇴로가 없다. 아베의 퇴각은 일본 경제에서 모든 희망을 소진시킬 것이다.

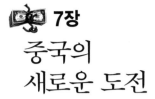

7장
중국의
새로운 도전

　　전세계를 뒤덮은 금융자유화의 물결이 아직 덮치지 않은 나라가 있다. 바로 세계에서 제일 거대한 공장이자 시장인 중국이다. 그런데 거대한 변화의 조짐이 보이고 있다. 시진핑(주석)-리커창(총리)의 중국 신정부가 '금융 개방 및 자유화'로 경제 기조를 잡은 것이다. 그동안 중국 정부는 다른 나라와 재화를 거래하는 무역 부문은 거의 통제하지 않았다. 외국 자본이 중국에 기업을 설립해서(FDI: 외국인 직접투자) 다시 해외로 상품을 수출하는 것도 권장했다. 덕분에 세계 최대의 수출국('세계의 공장')이자 외환보유국으로 입지를 굳혔다.

　　그러나 중국이 양보하지 않은 것이 있다. 바로 전략산업 부문의 대기업에 대한 중국 정부의 소유권이다. 그래서 외국인들은 중국 주요 기업의 주식을 대량 보유하거나 경영에 영향을 미치기 어려

　　　　　　　　금융은 어떻게 세상을 바꾸는가

웠다. 외국인들은 또한 중국의 통화인 위안화를 한도 이상 보유하거나 거래할 수도 없었다. 말하자면 중국 정부는 주식이나 통화에 대한 금융 통제를 기반으로 이 나라 경제를 지휘해온 것이다. 그러나 해외 투자자들은 중국 정부에 대해 주요 기업의 주식과 위안화를 자유롭게 사고팔게 하라고, 즉 금융시장 개방 및 자유화를 끈질기게 주문해왔다. 이와 함께 미국 정부는 한편으로 '위안화를 절상하라'고 압박하면서 다른 한편으로는 환태평양 및 유럽 방면에서 중국에 대한 경제봉쇄를 추진해왔다.

이런 공격에 대해 중국 시진핑(주석)-리커창(총리) 신정부는 적극적인 '금융시장 자유화 및 개방'으로 대응하려 하는 것이다. 우선 2013년 9월 중국 정부는 최대 상업도시인 상하이를 본토에서는 최초로 자유무역지대FTZ화로 선포했다. 흔히 '자유무역지대'라면 특구 내 기업들에게 세금 혜택을 주는 경제특별구역으로 알려져 있다. 그러나 '상하이 자유무역지대'의 핵심 내용은 단지 세금 혜택이 아니라 '금융시장 자유화 및 개방'이다. 그리고 이 같은 '금융 빅뱅'이 상하이에서 성공할 경우 전국으로 확대한다는 것이다.

상하이 자유무역지대

중국 정부가 현 시점에서 상하이를 통해 금융 개방을 시험해보기로 한 까닭은 무엇일까. 첫째, 한때 두 자릿수(2007년에는 14%대)를 기록했던 중국의 경제성장률이 2010년대 들어 절반 수준으로 떨어지는 추세이고, 다른 한편으로 중국에 대한 외국인 직접투자 역시 줄어들고 있기 때문이다. 중국이 '세계의 공장'으로 성장할 수 있었던 가장 큰 원동력은 값싼 노동력을 노리고 이 나라에 기업을 설립한 거대 규모의 외국인 직접투자였다. 이 같은 직접투자가 줄어든다는 것은 중국 경제의 성장동력이 고갈되기 시작했다는 이야기와 같다. 이에 따라 중국 정부는 그동안 닫아두었던 금융시장을 열고 새로운 미끼를 던져 외국 돈을 끌어들이겠다는 계획을 세운 것이다.

둘째, '세계제국'으로 대국굴기大國屈起하겠다는 오랜 꿈을 실현하기 위해서다. 중국은 이미 경제 규모에서 미국 다음의 지위를 차지하고 있다. 교역량에서도 그렇다. 그러나 세계제국이 되기에는 치명적인 약점이 있다. 바로 위안화다. 달러화는 어느 나라에서나 널리 사용 가능하고 다른 나라 돈으로 아주 쉽게 교환할 수 있다. 전문용어로 표현하자면, 태환성兌換性이 높다. 유럽연합의 유로화와 일본의 엔화도 달러에 비할 수는 없으나 전세계적으로 널리 태환된다. '세계제국'에는 그에 걸맞은 '세계적인 돈'이 필요하다. 그러나 위안화는 중국 이외의 지역에서는 거의 사용되지 않는다.

그렇다면 중국이 세계제국의 꿈을 이루기 위한 필요조건은 위안화를 전지구적으로 널리 사용되게 하는 일이다. 여기에는 위험하지만 간단한 방법들이 있다. 먼저 외국인이 위안화로 중국 주요 기업의 주식이나 채권을 살 수 있도록 허용하면 된다. 중국에는 기업가치로 따질 때 세계 10위권에 들어가는 초대형 회사들이 있다. 외국인이 위안화를 마음껏 빌려 이런 회사들의 주식이나 채권을 살 수 있게 해야 한다. 혹은 외국 기업이 중국 주식시장에 상장

금융은 어떻게 세상을 바꾸는가

해서 위안화 자금을 조달하게 허용하는 방법도 있다. 즉 위안화를 태환성 높은 '국제통화'로 업그레이드하려면, 외국인들이 금융수익을 목적으로 중국의 주식과 통화를 자유롭게 사고팔도록 허용해야 하는 것이다. 이런 조치가 바로 '금융시장 자유화 및 개방'이다.

그러나 이는 매우 위험할 수도 있다. 자칫 국익에 매우 중요한 기업들이 외국인들에게 넘어갈지도 모른다. 혹은 위안화가 국제시장에서 거래되다 보면 예기치 않은 통화가치 변동으로 중국 경제에 악영향이 생기거나 최악의 경우 외환위기로 이어질 수도 있다. 1997년 동아시아 위기의 가장 중요한 원인은 금융시장 개방이었다는 것이 대다수 학자의 견해다.

『월스트리트 저널』(2013년 7월 17일자)에 따르면, 이 같은 야심을 품고서 중국 인민은행은 2015년 말까지 '위안화의 완전 태환화'를 이루겠다는 목표를 갖고 있다. 『인민일보』는 이 시기를 5년 늦은 2020년으로 잡고 있다. 이런 계획의 첫 실험지가 바로 '상하이 자유무역지대'다.

그러나 금융 개방에 대한 우려나 반발도 만만치 않아 보인다. 국제통화기금은 2013년 7월, 중국의 급진적 금융 개방 계획에 대해 향후 수년에 걸쳐 1조3500억 달러(현재 중국 GDP의 15%)가 해외로 유출될 수 있다고 경고했다. 중국 내에서는 지난 몇 개월 동안 금융 개방론자인 리커창 총리에게 금융감독 당국들이 반발하면서 치열한 갈등이 지속되었던 것으로 알려졌다.

미국이 구축하는 중국 포위망

더욱이 미국이 TPP(Trans-Pacific Partnership: 환태평양경제동반자협정)를 본격 추진하면서 중국 정부의 개혁·개방 일정은 더욱 숨 가쁘게 진행되고 있다.

TPP는 미국이 중국의 동남부 연안을 둘러 구축중인, 일종의 '대중국 경제봉쇄' 진지다. 최근까지 미국 통상 전략의 기조는, 1대 1 자유무역협정을 국가별로 하나하나씩 추진하는 것이었다.(예컨대 한·미 FTA가 그렇다.) 시간도 적게 들고 미국의 우월한 지위를 무기로 상대국을 압박하기도 좋다. 그런데 TPP의 대상은 미국을 포함해서 무려 12개국이다. 열거하면 미국·캐나다·일본·오스트레일리아·뉴질랜드·말레이시아·싱가포르·베트남·브루나이·멕시코·칠레·페루다. 북미와 남미, 동북아시아와 동남아, 오세아니아 대륙을 아우르는 규모다. 지정학적으로는 중국의 태평양(과 인도양 일부) 연안을 포위하는 경제협력체인 것이다.

싱가포르의 거대 금융그룹인 DBS에 따르면, TPP 협정을 추진하고 있는 국가들의 GDP를 모두 합치면 세계 전체의 40%에 이른다. 이런 판국에 미국은 한국과 타이완, 타이에도 TPP에 참여하라고 압박하고 있다. TPP 같은 다자간 협상은 많은 나라가 참여하는 만큼 시간도 많이 걸린다. 또 상대적 약소국들이 힘을 합쳐 미국에 대항할 가능성도 있다. 그런데도 미국이 이런 리스크를 무릅쓰는 이유는 분명하다. 미국이 TPP를 통해 겨냥하는 나라는, 지금까지 TPP 협상 및 제안에서 완전히 소외되어 있는 중국인 것이다.

금융은 어떻게 세상을 바꾸는가

더욱이 TPP는 한·미 FTA보다 한층 더 강한 '무역·투자 자유화'는 물론 노동시장 및 공기업, 지적재산권에까지 '단일한 국제 규범'을 강요하는 강도 높은 '다자간 자유무역협정'이 될 전망이다. 비회원국에 대한 배타성도 매우 강하다. 유럽의 유력 투자지『유로머니』(2013년 2월)에 따르면, TPP에서는 수출 완성품의 국적뿐 아니라 해당 제품에 들어간 원료나 중간재의 국적까지 따진다. 예컨대 TPP 회원국 미국은 같은 회원국인 칠레가 수출하는 완성품에 관세를 매우 낮게만 부과할 것이다. 다만 그 완성품에 들어간 중간재나 원료 역시 TPP 회원국에서 생산되어야 한다. 말하자면, 회원국인 일본이 미국에 수출하는 의류가 비회원국 중국의 섬유로 만들어진 것이라면 낮은 관세를 적용받을 수 없다. 그런데 2012년 중국의 총수출 중 TPP 협정에 포함된 국가들이 차지하는 비중은 무려 36%에 이른다. 수출대국 중국으로서는 사활이 걸린 문제다. 이런 판국에 미국은 최근 EU와도 TTIP(환대서양 무역·투자 동반자협정) 협상에 들어갔다.

　미국으로서는 중국을 '왕따'시킬 명분이 있다. 여러 나라가 매우 폭넓은 수준으로 무역과 투자를 자유화하는 경제협력체에 '시장주의 국가'도 아닌 중국을 포함시킬 수 없다는 것이다. 더욱이 중국은 자국 기업에 대한 외국인 투자를 제한하고 있다. 중국이 금융시장 개방 없이 TPP에 들어오면 어떻게 될까? 중국 투자자들은 다른 회원국의 알짜 기업에 투자할 수 있지만, 다른 회원국 투자자는 중국 기업에 투자할 수 없는 불공평한 일이 일어난다. 이런 측면에서 보면 미국의 TPP 전략은 중국의 체제변혁을 압박하는 것이기도 하다.

중국은 표면적으로는 불쾌감을 드러내지 않고 있다. 중국의 시진핑 국가주석이나 리커창 총리는 오바마 대통령과의 정상회담이나 다보스포럼에 나가 "중국은 TPP에 관심이 많다" "TPP와 TTIP를 개방적 마인드로 지켜보고 있다"라는 등 우호적으로 언급한다. 이와 동시에 체제변혁과 TPP 및 TTIP의 충격을 완화할 만한 중국 주도의 통상 프레임 만들기에 들어갔다. 그 구체적 표현이 바로 2013년 11월에 열린 삼중전회다.

20년간 가장 중요한 경제적 사건

2013년 11월 9~12일 나흘간 중국 베이징에서 열린 제18기 삼중전회三中全會(중국공산당 중앙위원회 3차 전체회의)의 결정은, TPP를 의식한 체제변혁 선언이라고 할 수 있다. 삼중전회는, '중국공산당 중앙위원회의 세번째 전체회의'라는 뜻이다. 중국공산당은 5년마다 전국 각지의 지역 공산당 대표들을 모아 '전국 대표회의'를 연다. 지역 공산당 대표들은 이 회의에서 중앙위원을 선출한다. 중앙위원들(18기에는 376명)은 공산당과 정부, 인민해방군에서 최고 직위를 가진 자들로, 1년에 1~2차례 전체회의를 연다. 이 '중앙위원회 전체회의(중전회)'가 사실상 중국의 최고 의사결정 기구다. 또한 이 '중전회'에서 가장 중요한 것이 바로 세번째 회의, 즉 '삼중전회'다. 중국 건국 이후 가장 중요한 결정 중 하나인 '개혁·개방'이 확정된 것은 덩샤오핑이 주재한 11기 중전회의 세번째 회의(1978년

금융은 어떻게 세상을 바꾸는가

12월 18일)였다. 이후 중국에서 새로운 지도부가 등장하면 중앙위원회의 세번째 회의(삼중전회)에서 장기 개혁 노선을 표명하는 것이 전통으로 자리 잡았다. 2013년 11월의 삼중전회가 세계의 이목을 사로잡았던 이유다.

그러나 2013년 11월 12일 종료된 삼중전회 직후 나온 코뮈니케(공식 선언문)는 실망스러운 것이었다. 무엇보다 구체적인 개혁 방안이 적시되지 않았다. 그러나 사흘 뒤인 15일, 분위기가 바뀐다. 이날 나온 '포괄적 개혁 심화를 위한 주요 문제에 대한 결정문'은, 중국 정부가 앞으로 10년 동안 추진할 '전방위적 개혁 방안'을 구체적으로 제시했다. 그 내용은 충격적이었다. 조지 소로스와 함께 퀀텀 펀드를 창립한 미국의 유력 금융투자자 짐 로저스가 『월스트리트 저널』과의 인터뷰에서 "이번에 베이징에서 일어난 일은 이후 10~20년을 통틀어 '가장 중요한 경제적 사건'이 될 것"이라고 흥분할 정도였다. 그 내용은 다음과 같다.

우선 금융 부문의 자유화다. 지금까지 중국의 은행은 모두 국가 소유였다. 이를 기반으로 중국 정부는 여·수신 금리를 통제했다. 덕분에 은행들은 반드시 일정한 수익(예대마진)을 확보할 수 있었다. 이런 은행들의 대출은 거의 국유기업에 집중되었다. 다른 한편, 중국 정부는 '자본수지 계정'을 엄격히 통제해왔다. 무역 이외의 방법으로 외국 돈이나 중국 돈이 국경을 넘어 흐르기가 어려웠다는 의미다. 예컨대 외국인들은 중국 기업의 주식이나 채권에 투자하거나 중국 은행에 예금하기 어려웠다. 중국인들 역시 해외의 금융 자산을 사기 위해 돈을 내보내지 못했다. 그런데 이번 삼중전회 결정문에 따르면, 앞으로 10년에 걸쳐 민간 은행이 설립되고 여·수신 금리도 자유화될 전망이다. 은행간 경쟁이 활발해지면서 일부 은행이 도산하는 경우에 대비해 예금보험도 실시하기로 했다. 더욱이 '자본수지 계정'도 자유화해서 외국인이 자유롭게 중국의 금융 자산을 매입하고 매각할 수 있게 할 계획이다.

또한 그동안 중국에서는 기간산업인 금융·석유화학·항공·석탄·조선·전기·군수산업 등의 부문에서 '국가 지배 원칙'이 확립되어 있었다. 이 부문의 거대 독점기업들은 국가 소유로 '당과 인민을 위해 운영된다'는 원칙을 가진 사실상의 행정기관이었다. 외국인 혹은 중국 민간투자자는 이런 국유기업의 주식을 매입해서 '의미 있는 주주(지배권 획득)'가 될 수 없었다. 그런데 이번 삼중전회에서는 이런 국유기업도 민간 부문과 해외 투자자들에게 개방하기로 했다. 이런 기간산업 부문에서 민간 기업이나 해외 투자 기업이 등장할 가능성도 있다. 이 같은 변화는 중국의 사회주의 원칙에 중대한 타격을 가하게 될 것이다. 주주의 힘이 강해지면 그 기업은 '당과 인민'이 아니라 주주를 위해 경영될 것이기 때문이다. 결국 정부가 통제해온 생필품 가격도 크게 변동하는 것이 불가피할 것이다.

이번 삼중전회는 또한 토지개혁을 명시하고 있다. 그동안 중국 농촌의 토지는 명목상 농민들의 공동 소유였다. 개별 농민은 자신이 경작하는 땅의 사용권만 가지고 있었기 때문에 당연히 팔 수 없었다. 그런데 이후 10년 내로 토지 사용권의 매각을 허용하겠다는 것이다. 더욱이 그동안 인민의 거주 이전을 가로막던 호적제(농촌에서 태어난 사람은 도시에 나가도 농촌 호적이 유지되기 때문에 취업, 교육, 보건 등에서 공공서비스를 받을 수 없는 제도)도 폐지하기로 했다.

지난 1979년 제정된 '한 자녀' 정책도 완화한다. 그동안 도시에 사는 부부의 경우 '한 자녀'만 가질 수 있었다. 그러나 앞으로는 부부 중 한 명이 외동인 경우, 두 자녀까지 가질 수 있다. 이런 정책 패키지의 목표 중 하나는 도시 노동자의 수를 늘리는 것이다. 최근 노동 가능 인구(16~59세)가 건국 이후 최초로 줄어들면서(노동 공급이 축소되면서), 중국의 국제경쟁력(낮은 임금)이 저하되고 있다는 우려가 나오고 있다. 농민들이 도시로 좀 더 거침없이 나오고 출산율이 높아지면 노동 공급이 늘어나 임금 수준을 통제할 수 있을 것이다. 어떻게 보면 중국판 엔클로저 운동이다.

지구적 금융자본주의에 대한 중국의 적응

중국은 그동안 서방국들의 경제 시스템을 거부해왔다. 그러나 삼중전회에서 TPP의 주요 요소들을 한발 앞서 수용하며 서방 시스템에 대한 적응을 준비하기 시작했다. 이런 측면에서 상하이 자유무역지대가 주목받고 있는 것이다. 중국 정부는 상하이 자유무역지대에서 금리 및 자본계정 자유화, 투자 및 무역자유화, 기업 활동에 대한 규제완화 등을 우선 시행하고, 이런 개혁이 성공하는 경우 중국 전체로 넓혀간다는 방침이다. 중국 전문가인 도시야 쓰가미가 『아사히 신문』(2013년 11월 2일)에 기고한 바에 따르면, 상하이 자유무역지대는 개방에서도 WTO나 지역 FTA(TPP 등) 방식을 취하고 있다. 해외 투자에 대한 '네거티브 리스트(문서에 기록된 품목 이외엔 어떤 부문에든 외국인 투자를 허용한다는 것)', 내국민 대우 명시 등이다. 중국은 체제변동을 통해 TPP에 들어가거나 혹은 자국을 TPP 국가들만큼 매력적인 투자처로 자리매김하려는 것이다.

중국은 이런 체제변동과 함께 TPP보다 먼저 '대안적 지역경제 통합'을 달성하려고 한다. 현재 강력하게 추진하는 것이 바로 한·중·일 FTA다. 중국은 2012년 가을부터 센카쿠 열도 영유권 문제로 일본과 다퉈왔다. 2013년 말부터는 방공식별구역(자국에 위협이 되면 퇴각을 요청하거나 격추할 수 있다고 국제사회에 선포해놓은 구역. 영공 외곽의 공해 상공에 설정된다) 설정으로 일본은 물론 한국과도 갈등 국면에 들어갔다. 그러나 한·중·일 FTA는 별도의 문제로, 그야말로 정치와 경제를 분리해서 대응하고 있다. 2013년 11월 26일, 일본 도쿄에서 예정됐던 한·중·일 FTA 3차 회의도 그대로 진행되었다.

중국의 장기 계획은 한·중·일 FTA 협상이 잘 진행되면 이를 지렛대로 16개 아시아태평양 국가(한국, 일본, 중국, 인도, 오스트레일리아, 뉴질랜드와 아세안 10개국)를 아우르는 RCEP(Regional Comprehensive Economic Partnership: 지역 내 포괄적 경제동반자협정)를 밀어붙이는 것이다. 『니케이 아시아 리뷰』(2013년 11월 14일)에 따르면, 한국은 한·중·일 FTA보다 중국과의 양자 FTA를 빨리 마무리하기를 원했다. 중국 시장에서 일본에 대한 비교우위를 유지하기 위해서다. 그러나 2013년 10월 7일, 인도네시아 APEC 회의에서 박근혜 대통령이 시진핑 주석을 만난 뒤 한·중·일 FTA로 무게중심을 옮겼다고 『니케이 아시아 리뷰』는 보도했다. 심지어 같은 해 10월 22~23일 서울에서 열린 한·중·일 FTA 3차 협상을 위한 준비회담에서는 한국 측이 RCEP까지 논의하자고 제안했다고 한다.

중국은 어떻게든 한국을 지렛대로 삼아 한·중·일 FTA를 성사시켜 RCEP로 가야 한다. 미국에게 한·미 FTA는 TPP로 가기 위한 징검다리였다. 이제 한국을 끌어와 TPP를 완료해야 한다. 한국은 냉전 시대에 열강들의 군사전략적 요충지였다. 이런 한국이 이번엔 G2가 충돌하는 세계 경제전쟁에서 다시 전략적 요충지로 등장하고 있다. 한국이 어떤 선택을 하느냐가 한국 국민들의 삶은 물론 세계의 새로운 질서의 향방에 큰 영향을 미칠 것이다.

찾아보기

금융은 어떻게 세상을 바꾸는가

금융은 어떻게 세상을 바꾸는가